Pfälzisches Sagenbuch

von

F. W. Hebel

Buchschmuck von
Hans Dietrich

Mit einem Nachwort von
Karlheinz Schauder

Impressum

Wellhöfer Verlag
Ulrich Wellhöfer
Weinbergstraße 26 • 68259 Mannheim
Tel. 0621/7188167 • Email: info@wellhoefer-verlag.de
www.wellhoefer-verlag.de

Die hier vorliegende Auflage folgt der Originalausgabe F.W. Hebel, "Pfälzisches Sagenbuch", Kaiserslautern, 1912. Es wurde eine Anpassung an die aktuelle Rechtschreibung vorgenommen.

Wir danken dem Landesbibliothekszentrum Rheinland-Pfalz/ Pfälzische Landesbibliothek für die Überlassung der Originalausgabe und Joachim Roßhirt, Drach´sche Buchhandlung Speyer, für die Anregung zu dieser hier vorliegenden Wiederauflage.

ISBN: 978-3-95428-215-9

Vorwort

(Vorwort der Originalausgabe gekürzt.)

n der deutschen Volkssage sind wohl jene Überlieferungen als älteste Bestandteile anzusehen, die man als mythische Sagen bezeichnet und in denen zumeist vorchristliche Vorstellungen obwalten, die vor allem auf Seelenglaube und Naturverehrung beruhen. Beide berühren sich häufig auf das engste und verschmelzen oft zu einem Gebilde.

Die Seele erscheint nach dem Glauben unserer Vorfahren als ein selbständiges Wesen, das nach einem tadelfreien Leben zur Seligkeit eingeht, bei sündhaftem Wandel aber an den Ort seines Frevels geheftet wird und bis zu einer an gewisse Bedingungen geknüpften Erlösung umgehen muss als ruheloser Geist, arme Seele und furchterweckendes Gespenst, entweder in Menschen- oder Tiergestalt oder auch als irrendes Licht.

Die Natur wird belegt durch eine Reihe von Geistern in Wald und Wasser, in Feld und Haus: Wir hören erzählen von Elfen und Nixen, von Zwergen und Wichten, die alle eine menschliche oder menschenähnliche Daseinsform aufweisen. Doch können diese dem Menschen meist gut gesinnten Wesen auch in Tiergestalt auftreten, wie z.B. die Hausschlange.

Weniger liebliche Erscheinungen sind die Dämonen, jene Verkörperungen der gewaltigen Naturkräfte, wie wir sie in den Drachen, Winddämonen und Riesen erblicken müssen. Dass letztere einen geschichtlichen Untergrund haben können ebenso wie die Zwerge, ist dabei nicht ganz ausgeschlossen. Im Götterglauben wird alsdann der Zusammenhang mit den Naturerscheinungen etwas gelockert, ja mitunter ganz aufgelöst.

Das Christentum gestaltete den altgermanischen Volksglauben nach seinem Sinne um. An Stelle der Riesen trat vielfach der Teufel und in seinem Bunde finden wir die Hexen und Zauberer, die gleichfalls im Besitze übernatürlicher Kräfte sind und dem Menschen nicht selten Schaden antun. Übernatürliche Vermögen schreibt die alte Kirche auch ihren Heiligen zu und davon erzählen uns die vielen Wundersagen.
Natur- und Seelenglaube und geschichtliche Bestandteile sind miteinander vermengt und verschmolzen in unsern Glocken- und Schatzsagen, die in großer Zahl umlaufen und in nicht wenigen Fällen durch ein wirkliches Ereignis, einen Fund oder eine Ausgrabung, veranlasst wurden.
Das führt uns zur zweiten Hauptgruppe, zu den geschichtlichen Sagen, die an geschichtliche Vorgänge anknüpfen, im Laufe der Zeit aber durch mündliche Überlieferungen fremdartige, sagenhafte Bestandteile in sich aufnehmen. Sie erstrecken sich auf Landes-, Orts- und Familiengeschichte und erzählen von Kriegen und Fehden und andern Nöten, von Gründungen, Stiftungen und Ortbenennungen, von Kreuzen und Steinen, von Felsen, Höhlen und Brunnen, vom heimischen Bergbau, von einzelnen Helden, regierenden Geschlechtern und ihren Wappen.
Eine dritte Abteilung von Sagen schließt wohl auch zum großen Teil an geschichtliche Ereignisse an, hat aber den bestimmten, stark hervortretenden Zweck, das Gute im Tun der Menschen zu erheben und zu verherrlichen, das Schlechte aber zu verdammen und zu verabscheuen. Das sind die ethischen Sagen, die insbesondere von allerlei Treue und Verrat und von übler Taten Lohn Bericht geben.
Ein gesundes Volk fabuliert endlich auch, um andere zu erheitern und zu ergötzen, sich an ihnen zu reiben und mit ihnen seinen Spott zu treiben. So entstehen als weitere Gruppe die humoristischen Sagen, die von Orts- und Spitznamen, von Streichen und Schwänken und mancherlei Schildbürgerstücklein in ihrer Art erzählen.
In Bezug auf die Form der Sagen blieben wir den in frühern Ausgaben geübten Grundsätzen treu und verschmähten es auch dieses Mal, ihre Echtheit und Ursprünglichkeit anzurühren und

ihnen durch Hinzufügung von Eigenem den Charakter der Volkssage zu nehmen. Diese bedarf des Aufputzes ebenso wenig wie das unter Hecken blühende Röslein und sie regt in ihrer kurzen und anspruchslosen Darstellung die Phantasie des Kindes mehr an als die in die Länge gesponnenen, das Wesen der Volkssage missachtenden "Sagenbearbeitungen".
So möge das "Pfälzische Sagenbuch" eine gleich freundliche Aufnahme finden, wie seine beiden Vorläufer und es sei ihm ein früheres Geleitwort mit auf den Weg gegeben:

So zieh´ hinaus, mein Büchlein traut
und klopf´ an jede Pforte!
Was dir Frau Sage anvertraut
in ihrem schlichten Worte,
so sollst du´s künden überall,
wo gerne man dir lauschet:
was als ein halbverklungner Hall
in Baum und Bergen rauschet,
was meldet manches Glöckleins Klang,
der Quell im Felsendüstern,
was Wassers Wogen tief als Gang
in Sternennächten flüstern,
was Winde wehen, wild und sacht,
im Tann und in Ruinen,
was lichten Tags, zur Mitternacht
dem Sonntagskind erschienen:
Es ist ein Lied von Lust und Leid
tief aus des Volkes Herzen.
Daraus erklingt´s: „Gerechtigkeit,
sie schlägt dem Frevler Schmerzen
und Sälde ist der Jugend Preis.
Dem wohl, der ihr zu dienen weiß!"

So rühr´ans Herz nach deiner Art!
Glückauf, mein Buch, zur neuen Fahrt!

Kaiserslautern, im August 1912

F.W. Hebel.

Erzähle!

„Großmütterlein, erzähle,
du kannst es gar so traut,
von Ritter, Elf´ und Wichtel,
von der verwünschten Braut."

Nach ihren Lippen schauen
die Kleinen freudig, bang.
Großmutter netzt den Finger
und zieht den Faden lang.

Und wie das Rädchen schnurret,
Großmütterlein erzählt,
wie sich der stärkste Ritter
die schönste Braut erwählt.

Drauf: wie ein armer Schlucker
zu vielem Golde kam,
weil er zu rechter Stunde
in Zucht die Zunge nahm;

von lichten, luft´gen Elfen
und ihrem leichten Reih´n,
von Riesen, ungeschlachten,
von Wichteln, winzigklein;

von grimmen, schlimmen Recken
und von der wilden Frau,
von jähem Sprung zur Tiefe,
von Teufels Felsenbau;

von Kriegesnot und Jammer,
von Schlangen, goldbekrönt,
wie die vergrab´ne Glocke
zur Mitternacht ertönt.

So weiß sie viel zu sagen
aus alter, grauer Zeit
und ihrem Wort zu lauschen
tut nimmer einem leid.

Da reißt Großmutters Faden.
„Zum Schlaf legt euch jetzt nieder."
Die Kinder folgen treulich;
doch morgen heißt es wieder:

„Großmütterlein, erzähle,
du kannst es gar so traut,
von Ritter, Elf´ und Wichtel,
von der verwünschten Braut."

F.W. Hebel.

Inhaltsverzeichnis

A. Vom alten und neuen Glauben

(Mythische Sagen)

IV. Von Teufeln, Hexen und Zauberern

V. Von Zeichen und Wundern

VI. Von Glocken und Schätzen

B. Von pfälzischer Landes-, Orts- und Familiengeschichte
(Geschichtliche Sagen)

I. Von Kriegen und Fehden und anderen Nöten

II. Von Gründungen, Stiftungen und Ortsbenennungen

III. Von Kreuzen und Steinen, von Felsen, Höhlen und Brunnen

IV. Vom heimischen Bergbau

V. Von Helden, Geschlechtern und Wappen

C. Von allerlei Gutem und Bösem
(Ethische Sagen)

I. Von mancherlei Treue und Verrat

II. Von übler Taten Lohn

D. Von Schalkheit und Torheit
(Humoristische Sagen)

I. Von Orts- und Spitznamen

II. Von Streichen und Schwänken

III. Vom pfälzischen Schilda

A.
Vom alten und neuen Glauben
(Mythische Sagen)

Man höret oft im fernen Wald
von obenher ein dumpfes Läuten,
doch niemand weiß, von wann es hallt,
und kaum die Sage kann es deuten
Von der verlornen Kirche soll
Der Klang ertönen mit den Winden;
Einst war der Pfad von Wallern voll,
nun weiß ihn keiner mehr zu finden.
(Uhland)

I. Von Seelen, Geistern und Gespenstern

1. Die Geisterschlacht

In der ersten Hälfte des zwölften Jahrhunderts ließ sich bei *Neuleiningen* ein seltsamer Spuk vernehmen. Aus einem Berge kam in gewissen Nächten eine bewaffnete Geisterschar hervor, um auf der nahen Ebene eine große Schlacht zu schlagen. Es schien jedermann so, als stritten sie zu Fuß und zu Ross mit großem Getöse. Deutlich hörte man das Klirren der Waffen, das Schnauben und Stampfen der Rosse, das Stöhnen und Wehklagen der Verwundeten. Mit der neunten Stunde zog jedes Mal das ganze Heer wieder in den Berg zurück. Drei Jahre lang dauerte dieses Wesen, und obwohl viele Menschen, gelehrte und ungelehrte, herkamen, es mit anzuhören, so wagte doch niemand, sich dieser Geisterschlacht zu nahen.

Endlich erschien der Abt Ruppert vom Kloster *Limburg* bei *Dürkheim,* ein gelehrter und frommer Mann, und wartete eines Abends unter Gebet auf die Geister. In Schlachtordnung rückten sie aus dem Berge hervor und kämpften länger und wütender als je. Als sie nun um neun Uhr den Rückzug antraten, stellte sich ihnen Abt Ruppert an dem Berge gegenüber und beschwor sie im Namen Jesu Halt zu machen und ihm Rede zu stehen. Sie standen und er fragte, wer sie seien. Da sprach der vorderste derselben: „Wir sind die armen Seelen derer, die vor etlichen Jahren im Kampfe gegen ihren rechtmäßigen Fürsten gefallen und unbegraben an diesem Berge liegen geblieben sind. Du siehst unsere Waffen, das Flämmchen aber, das du siehst, ist ein unerträgliches Feuer, das uns martert." Der Abt fragte, ob sie nicht erlöst werden könnten. „O ja", sagte jener, „durch Fasten, Beten, Almosengeben und Messelesen. O, bittet für uns!" Darauf schrieen alle zusammen: „Betet, betet" und wurden ein Feuer und eine Flamme, bis sie im Berge verschwanden. Die Qual der Unglücklichen ließ den Abt nicht rasten, alles zu tun, was denselben Ruhe verschaffen konnte. Und es gelang ihm. Nach dreißig Tagen begab er sich wieder auf das Schlachtfeld der Geister; aber diese kamen nicht mehr zum Vorschein, und statt des wilden Getöses und Klagens hörte er ihren Jubelgesang in der Höhe.

Von diesen bergentrückten Geistern erzählte eine alte Chronik aus dem Anfang des 13. Jahrhunderts also:

Im *Wormsgau* wurde an einigen Tagen eine große bewaffnete Schar von hin- und zurückziehenden Reitern gesehen. Wie zu einer beliebigen Unterredung bildeten sie bald hier bald dort Trupps, begaben sich aber um die neunte Stunde zu einem gewissen Berge, von dem man sie auch hatte ausziehen sehen. Endlich nähert sich jemand von den Bewohnern jener Gegend nicht ohne große Furcht dieser so seltsamen Versammlung, geschützt durch das Zeichen des Kreuzes. Bald beschwört er eine Person, die ihm von jenen entgegenkam, im Namen des allmächtigen Gottes, ihm die Veranlassung einer derartigen Erscheinung zu offenbaren.

Da erwiderte der Gefragte unter anderem: „Wir sind nicht, wie ihr glaubt, Gespenster, auch nicht, wie wir euch scheinen, eine Schar von Soldaten, sondern die Seelen getöteter Soldaten. Die Waffen und die Kleidung und die Pferde sind für uns jetzt Gegenstand der Pein, weil sie uns früher Werkzeug der Sünde waren, und es ist in Wirklichkeit alles brennend, was ihr an uns seht, obwohl ihr das mit leiblichen Augen nicht unterscheiden könnt."

In einem derartigen Aufzuge soll auch der vor einigen Jahren (im Jahre 1117) getötete Graf Emicho erschienen sein und mitgeteilt haben, er könne von dieser Strafe durch Gebete und Almosen erlöst werden.

2. Die Fahrt der Toten

In Lautern ruht längst kein Stein mehr auf dem andern, wo einst die stolze Feste Barbarossas prangte. Nur einmal im Jahre, am Sterbetage des großen Kaisers (10. Juni), erhebt sich um Mitternacht die untergegangene Burg und leuchtet in altem Glanze. Alsdann steigen Ritter und Knappen aus ihren Gräbern hervor und versammeln sich in stummer Trauer.

Auf den zwölften Glockenschlag setzt sich des Kaisers Trauerzug in Bewegung. Lange Reihen von schwarzen Rittern ziehen ohne Sang und Klang aus den geöffneten Toren des Schlosses. Der erste derselben trägt Barbarossas Haupt; oft glaubt man dumpf den teuern Namen des Kaisers zu hören.

Also bewegt sich der feierliche Zug durch alle Straßen der Stadt ungefähr bis zur Zeit der Hahnenkrähe; dann nimmt er seinen eiligen Rückzug in die Feste. Die Gestalten verschwinden. Die Ritter legen sich wieder ins Grab, die Kaiserburg ist wieder versunken und nur die Raben bezeichnen flatternd und krächzend die Stätte, wo weiland Barbarossa in seiner Herrlichkeit thronte.

3. Die überschiffenden Mönche

In der Stadt Speyer lebte vor Zeiten ein Fischer. Als dieser eine Nacht an den Rhein kam und sein Garn ausstellen wollte, trat ein Mann auf ihn zu, der trug eine schwarze Kutte in Weise der Mönche. Nachdem ihn der Fischer ehrsam begrüßt hatte, sprach der Fremde: „Ich komm' ein Bote fernher und möchte gern über den Rhein." „Tritt in meinen Nachen ein", antwortete der Fischer, „ich will dich überfahren."

Da er nun diesen übergesetzt hatte und zurückkehrte, standen noch fünf andere Mönche am Gestade, die begehrten auch zu fahren und der Fischer frug sie bescheiden, warum sie doch bei so eitler Nacht reisten. „Die Not treibt uns", versetzte einer der Mönche, „die Welt ist uns feind, so nimm dich unserer an und Gottes Lohn dafür."

Der Fischer verlangte zu wissen, was sie ihm geben wollten für seine Arbeit. Sie sagten: „Jetzo sind wir arm. Wenn es uns wieder besser geht, sollst du unsere Dankbarkeit schon spüren."

Also stieß der Schiffer ab. Wie aber der Nachen mitten auf den Rhein kam, erhob sich ein fürchterlicher Sturm. Wasserwellen bedeckten das Schiff und der Fischer erblasste. „Was ist das“, dachte er bei sich, „bei Sonnenniedergang war der Himmel klar und lauter und schön schien der Mond, woher dieses schnelle Unwetter?“ Und wie er seine Hände hob, zu Gott zu beten, rief einer der Mönche:
„Was liegst du Gott mit Beten in den Ohren, steuere dein Schiff!“ Bei diesen Worten riss er ihm das Ruder aus der Hand und fing an, den armen Fischer elend zu schlagen. Halbtot lag der im Nachen. Der Tag begann zu dämmern, die schwarzen Männer verschwanden und der Himmel war wieder klar wie vorher. Der Schiffer ermannte sich, fuhr zurück und erreichte mit Not seine Wohnung.
Des andern Tages begegneten dieselben Mönche einem Boten, der früh aus Speyer wollte, in einem rasselnden, schwarz bedeckten Wagen, der aber nur drei Räder und einen langnasigen Fuhrmann hatte. Bestürzt stand er still, ließ den Wagen vorüber und sah bald, dass er sich mit Prasseln und Flammen in die Lüfte verlor. Dabei vernahm man Schwerterklingen, als ob ein Heer zusammenginge. Der Bote wandte sich, kehrte zur Stadt und zeigte alles an; man schloss aus diesem Gesicht auf Zwietracht unter den deutschen Fürsten.

4. Der ewige Jäger

In der Gegend um *Bliesbolchen* und *Mengen (Bliesmengen)* hörte man lange Zeit um die Mitternacht hoch in den Lüften ein wildes Treiben: Hallo- und Jagdrufen, Hundegebell und Hörnerschall. Das währte bis zum ersten Hahnenschrei, wo es plötzlich wieder still ward. Jedermann wusste, dass das der ewige Jäger sei, und wer den Zug ruhig vorübergehen ließ, dem geschah kein Leid. Wer aber spottend nachrief, der wurde heftig gestoßen und geschlagen, ohne dass er dabei jemand gesehen hätte.
Jetzt hört man nur noch in der St. Hubertusnacht den Zug des ewigen Jägers. Das Volk weiß von ihm, dass er im Leben ein wüster und roher Mensch war, der sich wenig um Gott und die Welt kümmerte und gerade an Sonntagen die schlimmsten

Jagden hielt.Einst war er auch an einem Feiertage draußen und störte alles durch sein wildes Jagdgeschrei. Da kam ihm ein Hase in den Weg, dem er lange vergebens nachjagte. Endlich schrie er voller Zorn: „Dich Teufel muss ich haben und muss ich dir ewig nachlaufen!"
Und seit der Zeit ging es fort ohne Rast und Ruhe über Stock und Stein, hoch in den Lüften und tief am Boden durch das Tal der Blies. So konnte er zur Strafe nicht mehr ablassen vom wilden Jagen und hat auch heute noch nicht volle Ruhe gefunden.

5. Der Jägerpfuhl

Auf der höchsten Stelle des Hölschberges bei dem Dorfe *Erfweiler* lag noch zu Menschengedenken ein kleiner Weiher, der *Jägerpfuhl;* heute ist er mit Gras und Binsen zugewachsen. Vor langer Zeit hauste daselbst ein grausamer Förster mit seinen Banditen. Niemand getraute den Wald zu betreten und wehe dem, der in seine Hände fiel.
Eines Tages verfolgte der Wüterich lange Zeit einen Hasen. Der eilte dem Forsthause zu und umsprang dasselbe. Da rief der grimmige Jäger: „Wenn ich ihn nicht treffe, so soll mein Haus verflucht und verwünscht sein und in den Boden sinken!" Er schoss und fehlte. Und er und seine ganze Meute versank in den Abgrund und an dem Orte entstand ein Weiher, der Jägerpfuhl geheißen.
Aber der gottlose Förster hat auch heute noch keine Ruhe gefunden. Zur Advents- und Fastenzeit fährt er durch den Wald und mit Geheul und Hundegebell schreckt er bei Tag und Nacht den einsamen Wandrer, die Schar der Kinder und das scheue Wild.

6. Der wilde Jäger von Sponheim

Ein Graf Walram von *Sponheim,* der um die Mitte des vierzehnten Jahrhunderts lebte, war von leidenschaftlicher Jagdlust erfüllt, also dass er das Jagen im Soon höher achtete als sein Leben. Wenig dagegen lag ihm an den Sonn- und Feiertagen und an dem Eigentum der Armen. Er schonte nicht ihre reife Saat und hatte für ihr Flehen nur Hohnlachen und Spott.

Wie er nun einstmals zu Walde ritt, als ringsum die Glocken zur Messe riefen, da gesellten sich zwei Reiter zu ihm, einer auf einem Schimmel zu seiner rechten, der andere auf feuerfarbenem Rosse zu seiner linken Seite. Mit Hussasah und Hundegebell ging es durch die Felder. Da bat der rechts in aller Sanftmut den Grafen doch heute umzukehren und des Feiertages und der armen Leute zu gedenken; der aber zur Linken lachte hell auf und spornte an zu immer tollerem Jagen.
Da sprang eine Hindin auf, floh windschnell vor dem Jäger her und mischte sich, um seinen Blicken zu entgehen in eine zahme Herde. Der Graf aber sprengte in dieselbe hinein, peitschte die Hirten und schoss ihre Tiere zusammen. Und immer warnte der Reiter rechts und hetzte der zur Linken. Die Hindin entrann in das Dunkel des Soonwaldes und suchte Schutz bei einem Klausner. Doch auch in dessen Einsiedelei wollte der Rasende eindringen; da hob der fromme Mann die Hände und ein schwarzes Wetter stieg am Himmel auf, das schlug mit Blitz und Donner den Frevler nieder.
Seit dieser Zeit muss er als wilder Jäger mit seinen Spießgesellen weiter reiten und allnächtlich hört man ihn, wie er mit Hundegekläff und Hussahrufen vorüberzieht. Und so wird es wohl gehen bis zum jüngsten Tage.

7. Der wilde Jäger am Donnersberg

Der wilde Jäger haust noch überall in den Wäldern des Donnersberges. Da hört man zu Zeiten sein Hussah- und Hudadarufen, wenn er mit seinem Hunde durch die Luft jagt.
Die Leute wissen auch, dass er allnächtlich vom Donnersberg nach dem Melibokus im Odenwald reitet. Jenseits des Rheines kommt er durch einen Hof, der ein vorderes und ein hinteres Tor hat. Ist das erste verschlossen, so schlägt er mit aller Kraft dagegen, um es zu zertrümmern.
Auch durch das Dorf *Würzweiler* schreitet er jede Nacht von der Ruine Stolzenberg her nach Ruppertsecken zu. Dabei muss er gleichfalls durch einen Hof mit zwei Toren. Dabei ruft er, wie das Volk erzählt: „Ein Paar bleierne Schuh hab ich schon, ein Paar bleierne Schuh krieg ich noch."

8. Der Lindenschmidt

An der südlichen Pfalzgrenze in der Nähe der Hohenburg liegt die spärliche Ruine des Felsennestes *Löwenstein,* vom Volke "*Lindenschmidt*" genannt.

Dort wohnte einst der *Lindenschmidt,* ein gefürchteter Raubritter und Wegelagerer, von dem das Volk noch heute singt und sagt. Besonders hatte er es auf die Kaufleute abgesehen, die auf der Rheinstraße dahin zogen, und um seine Verfolger irrezuleiten, ließ er seine Pferde verkehrt beschlagen. Noch zeigt man auf der Burg ein verschüttetes Felsentor, aus dem er zu seinen Streifereien so manches Mal ausritt.

Von des Räubers Ende weiß ein altes, noch immer gesungenes Lied also zu erzählen:

Einmal ward dem Markgrafen von Baden die Kunde, dass der Lindenschmidt eben wieder am Rheine hin und her streife und sein Handwerk treibe. Da stellte er den Junker Kaspar von Freundsburg, des Löwensteiners erbitterten Gegner, als Häscher auf. Der war dazu bereit und schickte ein kluges Bäuerlein aus, damit es Weg und Steg erforsche, um dem Lindenschmidt auf die Spur zu kommen.

Zu *Frankenthal* im Wirtshaus kehrte das Bäuerlein ein und bestellte Essen für die Fuhrleute und Raum für die Pferde, die drei wohlbeladene Wagen von der Frankfurter Messe bringen. Da sprach der Wirt:

"Ja, wein und brot hab ich genug,
im stall da sten drei rosse,
die seind des edlen Lindenschmid
er nert sich auf freier Straßen."

Nun wusste der Kundschafter genug, und frohen Mutes meldete er es seinem Herrn, dass er alsbald mit seinen Reisigen herbeieile. Des Lindenschmidts Sohn, der gerade den Pferden das Futter gab, hatte die Sache mit angehört und weckte den Vater, der hinter dem Tische lag und schlief:

„Ste auf, herzliebster Vater mein!
dein Verräter ist schon kommen."

Da trat auch schon Junker Kaspar in die Stube und forderte, dass sich der Lindenschmidt gefangen gebe. Der aber setzte sich zur

Wehr: „Der Lindenschmidt der war ein freier reutersmann, wie bald er zu der klingen sprang:

"wir wöllen erst ritterlich fechten!" -
"Es waren der bluthund also vil,
sie schlugen ihn zu der erden."

Und als ihn die Häscher gefesselt hatten, da bat er den Ritter, er möge doch des Sohnes und des Reitersjungen schonen:

"Und haben sie jemands leid getan,
darzu hab ich sie gezwungen."
Junker Kaspar der sprach nein dazu:
"das kalb muss entgelten der kuh."

Sie wurden alle drei nach *B*aden gebracht, und schon am nächsten Tage fielen ihre Köpfe.
Aber noch immer reitet der Lindenschmidt auf hohem Rosse und führt das wilde Heer am Rheinstrom auf und ab und über den Wasgau hin. Dann gibt es, so glaubt das Volk, Krieg und böse Zeit. Kehrt er aber durch die Wälder in die wüste Felsenburg zurück, so wird's wieder Frieden.

9. Der Einaug von Scharfeneck

Ritter Einaug von *Scharfeneck* war ein gar schlimmer Geselle. Raub, und wenn es gerade sein musste, auch Mord dünkten ihm nichts Übles. Schon sein finsteres Antlitz mit dem *einen* Auge ließ es ahnen, dass hinter der gefurchten Stirne ein böser Geist wohne.
Eines Tages gedachte der Ritter einen guten Fang zu tun. Es war schon Abend, als er seinen stärksten Knecht nahm und mit ihm gen Schloss *Ramberg* ritt. „Hörst du", sagte Einaug zu seinem Burschen, „der von Ramberg hat große Reichtümer. Um Mitternacht schleichst du in sein Gemach, erstichst ihn und leerst die Kisten und Kasten oben an seinem Bette! Ich haue unterdes die Wache im Hofe zusammen und lasse die Zugbrücke nieder."
Die beiden Schnapphähne wurden auf Ramberg freundlich aufgenommen und vom Schlossherrn nach Ritterart bewirtet. Rasch verflogen die Stunden, und man begab sich endlich zur Ruhe. Der fromme Ritter von Ramberg konnte indes selbige Nacht nicht schlafen. Er wusste selbst nicht, was ihm die Augen offen

hielt, und ging deshalb in die Burgkapelle, um zu beten, dass der Herr ihn vor Unheil bewahre.
Zur selben Zeit schlich des Einaugs Knecht in das Gemach des Burgherrn, fand aber das Bett desselben leer. Er glaubte irre zu sein und ging in das nächste Zimmer, wo jemand tief schnarchend dalag. Sogleich stieß der Bube dem Schlafenden das Schwert in die Brust und suchte dann nach dem Schatze.
Während er noch umhertastete, kam Ramberg leise im Nachtkleide in sein Schlafgemach zurück. Da dünkte ihm, er höre Geräusch. Sogleich ergriff er sein Schwert, ging vorsichtig dem Geräusche nach und fand so den Knecht, den er sogleich überfiel und entwaffnete.
Nun ergab sich, dass der Mordgeselle seinen eigenen Herrn erstochen hatte, und das Geständnis des Missetäters zeigte dem Herrn von Ramberg ferner, welch großer Gefahr er entgangen war. Ergriffen verzieh er dem Mörder; doch gab er ihm bei seiner Entlassung die eindringlichsten Ermahnungen. Mit Einaug aber hatte Gott gesprochen.
Das Volk kennt ihn jetzt noch unter dem Namen Schlosser oder Mantel und hat ihn schon oft gesehen. Einmal treibt er als *wilder Jäger* sein Unwesen, ein andermal schreckt er nächtliche Wanderer und führt sie irre. Besonders häufig zeigte er sich den Pottaschesiedern von Dernbach, wenn sie nachts am Schlossberge Holz frevelten. In schwarzem Mantel und mit breitem Kremphut stand er plötzlich vor ihnen und sie sahen ihn, wie er riesengroß emporwuchs, so dass sie vor Angst ihr Holz abwarfen und flohen. Dann stieß er entweder ein lautes Hohngelächter aus oder ließ sich von den Männern noch eine Strecke auf den Schultern tragen, dass sie schweißtriefend ins Dorf kamen.

10. Der Geist von Scharfeneck

Einst folgte ein nackter, bleicher, geisterhafter Mann vom Schloss *Scharfeneck* einem Pottaschsieder von *Dernbach* bis in seine Hütte. Dort saß er frierend einen Tag lang in der Ecke am Ofen und schien traurig und schläfrig. Er sprach kein Wort, nahm auch nichts von den vorgelegten Speisen, bis der Eigentümer der Hütte sich Mut fasste und seinen merkwürdigen Gast anredete.

Da tat der Geist sehr froh und bat seinen Wirt, unerschrocken zu sein und ihn zu erlösen. Reicher Lohn solle ihm dafür zuteil werden. Bleibe aber seine Bitte ungehört, so müssten abermals 700 Jahre vergehen, bis ihn ein anderer von seinem schlimmen Los befreien könne. Der Pottaschsieder versprach seine Hilfe, und der Geist verschwand.

Um die Mitte der neunten Nacht aber, als es furchtbar regnete und stürmte, klopfte der Geist am Fensterladen des Mannes. Der stand auf, kleidete sich an und ging mit. Nach einer Weile hörten Unwetter und Dunkelheit auf, der Geist schien zu leuchten, und um die beiden Wanderer war es hell und warm wie an einem Frühlingstage.

Vor den Mauern von Scharfeneck hielt der sonderbare Führer an und gab seinem Begleiter eine goldene Rose. Er bat ihn, mit derselben alle Gemächer furchtlos und stumm zu durchschreiten bis zu einer großen, schwarzen Kiste. Die solle er mit der Rose aufschließen, und die Erlösung sei vollbracht. Der Mann nahm die Rose, und vor ihm öffneten sich plötzlich zwei große Türflügel, die er nie zuvor auf Scharfeneck gesehen hatte. Er trat ein und befand sich in einem Saale, der hell war wie von hundert Lichtern, und Gold- und Silbergeräte strahlten ringsum. Von da gelangte er in einen zweiten Raum, an dessen Wänden herrliche Rüstungen hingen. Ängstlich schritt er vorüber und kam in einen dritten wunderbar schönen und hellen Saal. Da saßen viele vornehme Herren und Frauen beim Festmahle, und die Tische waren mit goldenen Gefäßen reich besetzt. Doch trotz der Pracht und Herrlichkeit schienen alle traurig und schauten schweigend auf den eintretenden Mann. Der ging erschrocken weiter zu dem anstoßenden Gemach. Dort fand er die große eiserne Kiste, die er öffnen sollte. Ein großer schwarzer Hund mit glühenden Augen lag oben auf dem Deckel. Er reckte sich hoch empor und gähnte den Mann an, als er sich näherte, um aufzuschließen. Darob geriet der Pottaschsieder so in Angst, dass er die Rose fallen ließ und schrie: „Jesus, Maria!" In demselben Augenblick vernahm er ein lautes Krachen und Stöhnen. Der wunderbare unterirdische Palast war verschwunden, und wie von unsichtbaren Händen hinausgeschleudert fand er sich wieder vor den Mauern der Burgruine in dunkler, frostiger Regennacht.

11. Hans Trapp

Im ganzen untern Elsaß bei *Weißenburg* und im Schlettenbacher Tal ist *Hans Trapp* das Schreckbild der Kinder. Als solches begleitet er in den Schauernächten des Advents das Christkindel wie sonst der Pelznickel oder der Knecht Rupprecht und straft die ungehorsamen Kinder.

Sein Name soll von *Hans von Tratt* herstammen, der Hofmarschall des Pfalzgrafen Philipp war, und von diesem die Feste *Bärbelstein* oder *Berwartstein* als Lehen erhalten hatte. Er drückte das arme Volk im Schlettenbacher Tale über die Maßen und bedrängte besonders die Weißenburger Mönche. Er nahm seinen Untertanen das Waldrecht ab, verbot ihnen, ihre Früchte nach Weißenburg zu bringen, dämmte zuweilen auch die Lauter ein, um das Flößen des Holzes und das Mahlen zu verhindern. Wenn die davon Betroffenen ob all der Drangsale seufzten und klagten, so hatte er seine höllische Freude daran.

Der Ritter starb im Jahre 1503 und liegt in der *St.-Anna-Kapelle* bei *Niederschlettenbach* begraben. Noch heute aber, wenn Wort und Rute nicht frommen, rufen die Alten den Kindern drohend zu: „Wartet nur, der *Hans Trapp* kommt!"

12. Das weiße Reh

Es war zur Zeit, als die Nassauer Fürsten das schöne Land am Donnersberg beherrschten. Da gingen der alte Oberförster von *Dannenfels* und sein Waldschütze am hellen Tage in den Forst, um den Wald zu pflegen und das Weidwerk zu üben.

Als sie sich wieder auf dem Heimwege befanden, kamen sie ohne ein Wort zu reden an der Klauserhütte vorbei. Feierliche Stille lag ringsum. Da sprangen plötzlich zwei prächtige weiße Rehe auf sie zu und blieben dicht vor ihnen stehen. Die sonderbaren Tiere schauten die beiden Männer groß an; die aber wichen nicht von der Stelle.

Da hob der Oberförster sein Gewehr und zielte auf eines der schönen Tiere. Gerade wollte er losdrücken, als mit einem Male das eine der Rehe sich als weiße Frau aufstellte. Die zwei Männer, die sonst keine Furcht kannten, erschraken heftig und drehten sich rasch herum, um ja der weißen Frau nicht mehr zu begegnen; denn das bedeutet, wie das Volk glaubt, den sichern Tod.

13. Der Geist auf dem Bleifelsen

Zu *Neustadt* an der Haardt begab sich in einem Hause ein seltsamer Spuk. Halbe Nächte lang hörte man ein Gepolter treppenauf- und nieder als wenn jemand toll geworden wäre. Gar lange Zeit beunruhigte die Erscheinung die Bewohner des Hauses, bis es einem kecken, handfesten Burschen gelang, den Geist aus dem Hause in das Gebirg zu treiben.

Wie er das angefangen, weiß niemand zu sagen; indes soviel ist gewiss, dass der Geist Schuhe von Blei trug, deren er alle sieben Jahre ein Paar verbrauchte. Waren die Schuhe nun abgeschliffen, so stellte er sie auf den so genannten Bleifelsen hin, bis man ihm andere brachte. Wurde dies aus Versehen unterlassen, so hörte man sogleich den alten Lärm im Hause, bis ein neues Paar Bleischuhe auf den Felsen geliefert war.

14. Der Blutschwitzende Stein

In *Kaiserslautern* wettete einer um Wein, er werde in der Geisterstunde eine brennende Laterne zum Schallloche des Glockenturmes heraushängen. Damit ihm dabei nichts Schlimmes zustoße, nahm er einen schwarzen Kater in den Arm. Auf der Schneckenstiege trat ihm eine weiße Gestalt in den Weg mit den Worten:

„Hättest du nicht die Ritze-Ratze,
hättest du nicht die schwarze Katze,
so wollte ich dir das Weinwetten vertreiben."

Oben am Schallloche entsprang ihm die Katze und beim Abstieg kam er zu Fall und brach das Genick. Und an der Stelle der Turmmauer soll noch heute zum Wahrzeichen dessen ein Stein Blut schwitzen.

15. Der gebannte Geist

Im Glockenturm der Kirche zu *Medard* im Glantale trieb ein Gespenst sein Wesen so arg, dass sich der Glöckner mit Anbruch der Dämmerung nicht mehr hineingetraute. Ein fremder Bursche erbot sich den Spuk zu bannen. Er begab sich um die Geisterstunde in den Turm und nahm einen Wetzstein, eine schwarze Katze und ein Stück Brot mit. Da rief das Gespenst:

„Hättest du nit die Witze-Watze,
hättest du nit die schwarze Katze,
hättest du nit das groß' Stück Brot,
so wär es dir dein sichrer Tod."

Seitdem ist der Spuk verschwunden.

16. Der Irrwisch auf dem Klosterberg bei Winterbach

Etwa eine halbe Stunde von *Winterbach* erhebt sich der Klosterberg, auf dem ehemals ein Irrwisch hauste.
Einst wollte ein Mann von Biedershausen mit seinem Sohne nach Zweibrücken. Als er nun die Eselsklamm hinunterfuhr, gewahrte er auf einmal vor sich ein Licht. Er sprach zu seinem Sohn: „Da bekommen wir Gesellschaft." Wie sie jedoch dem Lichte näher kamen, ging dasselbe nicht mehr vor ihnen her, sondern um sie herum. Plötzlich scheuten die Pferde und sprangen die Böschung hinab. Als sie wieder auf dem Wege waren, zeigte sich auch das Licht wieder und der Knabe meinte, er sehe einen Mann, der die Pferde führe. Er nahm daher seinem Vater die Peitsche ab und schlug nach dem Manne. Da war das Licht weg und wurde seitdem nicht mehr gesehen.
Die Stelle aber, wo der Irrwisch verschwand, ist heute noch schwarz und es wächst nichts darauf.

17. Das Flämmchen

Eine halbe Stunde von Rhodt, gerade über der Villa Ludwigshöhe, liegt auf einem hohen, steilen Bergvorsprunge die *Rietburg*. Auf derselben hauste einstmals ein Ritter, der als Räuber weit und breit gefürchtet war.
Eines Tages fiel ihm die junge und hübsche Tochter eines reichen Mannes in die Hände und er nahm sie mit auf sein Schloss. Der unglückliche Vater kam flehend zu dem Rietburger und bat um

Zurückgabe seines einzigen Kindes. Er versprach dem Räuber so viel Geldes, bis dieser schließlich einwilligte.
Der alte Mann holte nun selbst die Summe herbei und gab sie unten am Schlosse einem Knechte des Ritters. Wie freute sich der sehnende Vater, sein geliebtes Kind sogleich umarmen zu können!
Als aber der Unhold das Geld erhalten hatte und gemahnt ward, die Tochter freizugeben, rief er höllisch lachend: „Wohlan, ich halte Wort!" Damit stürzte er die herbeigeholte Jungfrau von der hohen Mauer herab vor die Füße ihres alten Vaters, der ohnmächtig auf sein zerschmettertes Kind zusammenbrach.
Aber die Strafe blieb nicht aus. Nach seinem Tode musste er auf der Erde bleiben, und nun flackert er oft als Flämmchen um die Trümmer seines Schlosses.

18. Der Schuss auf das Flämmchen

Zwei Jäger von *Miesenbach* wussten, dass in der Stückelbach und im Hebenhübelwald ein ganzes Rudel Rehe war, das oft nach der Nachbarjagd im Kottweiler Bann wechselte. Sie stellten sich deshalb immer an der Grenze auf und erlegten auch wirklich zwei von den Tieren.
Einmal gingen sie spät heim, es war schon nahe an Mitternacht, und als sie an den Hungerbrunnen kamen, der nicht weit vom Friedhof liegt, da sahen sie ein Feuer, das ganz dicht über dem Boden schwebte. Manchmal schien es, als wollte es in die Erde verschwinden. Der älteste der Jäger hieß den andern darauf schießen; der aber hatte nicht den Mut, weil der Friedhof so nahe war. Sie gingen nun auf die Straße, die nach Mackenbach führt, um die Erscheinung von dort aus zu besehen. Es war aber immer das nämliche Feuer, das sich über dem Boden hin und her bewegte.
Da stieß einer zu ihnen, der nach Mackenbach gehen wollte, lachte unter Fluchen die beiden Jäger aus und sagte: „Wer weiß, wer euch da den nächtlichen Spuk gemacht hat!" Er nahm dem Jüngsten das Gewehr ab und rief dreimal: „Bist du ein Mensch, so gib Antwort oder ich schieße." Er erhielt keine Antwort und schoss darauf hin. Da stieg das Flämmchen unter Prasseln in die

Höhe, und das Gewehr entfiel seinen Händen und war spurlos verschwunden. Der Mann ging aber nicht mehr den Weg nach Mackenbach, sondern übernachtete bei einem der Jäger. Am andern Morgen in aller Frühe eilten sie an die Stelle, von wo aus der Mackenbacher geschossen hatte. Sie fanden auch durch die Fußspuren genau den Platz wieder; aber von dem Gewehre war nichts mehr zu sehen. Und dort, wo das Flämmchen geschwebt hatte, wuchs schöner, grüner Rasen.
Die Jäger gingen wohl noch öfter zur Nachtzeit auf die Jagd, aber nie mehr über den Hungerbrunnen zurück.

19. Der Geist auf dem Kieneck

In *Münchweiler* an der Alsenz lebte vor der Französischen Revolution ein reicher Mann, aber ein großer Geizhals und ein Wucherer mit Namen Binano (Benjamin). Der war ein rechter Halsabschneider und hatte schon manchen Bauern an den Bettelstab gebracht. Ja, es hatten sich einige in der Verzweiflung sogar das Leben genommen. Als er nun starb, von der ganzen Gemeinde verwünscht und verflucht, konnte er im Grabe keine Ruhe finden, sondern irrte als Geist des Nachts umher. Gerade auf den Gehöften, die er den Besitzern durch Falscheid abgeschworen hatte, wurde er oft gesehen.
Die Bewohner kamen dadurch sehr in Unruhe und sie hielten Rat, wie man den unbequemen Besuch los werden möchte. Da hatte einem geträumt, man könne den Geist in der Christnacht einfangen. Das wurde denn auch ausgeführt. In einem Sack trug ihn der Beherzte auf dem Buckel in den großen Wald auf den Schorlenberg, machte dort auf und ließ ihn frei. Seitdem irrt der Geist auf dem Kieneck beim Schorlenberger Forsthaus umher, und wer ihm begegnet, der kann sicher sein, dass er ihn irre führt oder sich auf dem Rücken tragen lässt.

20. Der falsche Eid

Wo die Gemarkungen von *Finkenbach,* Waldgrehweiler, Ransweiler und Schiersfeld fast aufeinander stoßen, liegt ein Strich Waldes, der so genannte Bauwald. Einst gehörte er zu Finkenbach, ging aber durch einen falschen Eid an Waldgrehweiler verloren. Die Grehweiler mussten an Ort und Stelle schwören, ob der Wald ihr Eigen sei. Sie hatten sich aber zu Hause von ihren Äckern Erde in die Schuhe getan und schwuren nun bei Gott, sie stünden hier auf eigenem Grund und Boden. Waldgrehweiler erhielt darauf den Wald; aber die Meineidigen fanden nach ihrem Tode keine Ruhe. Noch jetzt sieht man bisweilen am Bauwald einen Wagen mit Pferden ohne Köpfe; er hält an einer Ecke des Waldes, es steigen Gestalten ein, dann fährt er weiter und verschwindet.

21. Die Sage vom Maulus

Der bewaldete Gipfel, der sich hinter der Irrenanstalt bei *Klingenmünster* erhebt und den Südhang der Mühltalmündung bildet, heißt in der Gegend das *Schlosskӧpfel,* weil auf ihm das *Schlössel* liegt, das ist ein altes zerfallenes Bauwerk, umgeben von vorgeschichtlichen Wällen.

Das Volk erzählt, dass dort die weiße Frau umgeht. Es weiß aber auch zu berichten, wie einst das Schlössel von einem schlimmen Ritter mit Namen Maulus bewohnt war. Der vollbrachte manche blutige Gräueltaten und muss nun heute an einem gewissen Tage des Jahres zur mitternächtigen Stunde vom Berge herabsteigen zum Mühltalbächlein und sein vom Blute beflecktes Schwert reinwaschen. Und so hat es zu geschehen auf ewige Zeiten. Kinder fürchten noch immer den Maulus und gehen nicht gern ins Mühltal. Wenn ein Raubvogel seine Stimme hören lässt, dann heißt es noch heute: „Der Maulus war es! Der Maulus kommt!"

22. Des Beilsteiners Umgang

In alter Zeit mussten die Kaufleute, die auf der Landstraße zureisten, in Lautern Zoll bezahlen. Etliche wollten dies umgehen und sich unbehelligt durch den Hagelgrund vorbeischmuggeln. Der Ritter von *Beilstein,* dem der Zoll gebührte, merkte dies und passte im Hagelgrunde am Schmelzer Graben auf. Er nahm den Schmugglern ihre Waren ab und führte sie selbst gefangen auf seine Burg. Wenn nun das Lösegeld nicht einging, so ließ er jeden einen Kopf kürzer machen.

Heute noch geht zur Nachtzeit der Beilsteiner auf dem Schmelzer Graben um und trägt seinen Kopf in der Hand zur Strafe für die Grausamkeiten, die er den Kaufleuten zufügte.

23. Der Maire* von Meisenheim

Zur Zeit der ersten französischen Republik stand *Meisenheim* unter dem Maire, der ein fanatischer Jakobiner war. Er suchte den Kultus der Vernunft einzuführen, entweihte die Johanniskirche, indem er um den Altar ritt, und plagte die Bürger, dass sie die Nationalkokarde recht sichtbar tragen sollten. Mit besonderem Eifer suchte er die Feier des Sonntags zu unterdrücken und die Feier des decadi zu erzwingen. Wenn an diesem Tage Wäsche auf der Bleiche lag, verdarb er sie durch Überreiten. Zur Strafe geht er nun um und ist schon oft auf der Bleiche im Schilfe am Glanufer gesehen worden.

*Bürgermeister

24. Das Mädchen vom Pauliner Schlösschen

Wer zur nächtlichen Stunde am *Pauliner Schlösschen* bei *Weißenburg* vorübergeht, der hört ein leises Seufzen und Weinen. Und wenn er hinzutritt, so sieht er ein weiß gekleidetes Mägdlein, das weinend vor einem Lindenbäumchen kniet. Die Winzer erzählen, die Ruhelose hätte sich im Leben schwer vergangen: ihr eigenes Kindlein an diesem Platze getötet und verscharrt. Nun muss sie so lange umgehen, bis die Linde so groß geworden ist, dass man daraus ein Totenbäumchen für das Kind machen kann, und bis dieses in geweihte Erde verbracht wird. Wohl steht die Linde schon viele Jahre an dem Orte, allein sie wird immer wieder abgehauen, wenn sie ein wenig erstarkt ist. Es schießt dann immer wieder ein neues Stämmchen aus der Wurzel hervor und das arme Mädchen muss noch umgehen bis auf den heutigen Tag.

25. Die unredliche Wirtin

In der Nähe von *Jägersburg*, einem Dorfe bei Homburg, liegt ein weit ausgedehnter Wald, der *Peterswald* geheißen. Ist er schon an sich unheimlich wegen seiner Größe, so wird er es noch mehr durch eine Sage, die das Volk dort zu erzählen weiß. Um Mitternacht treibt im Peterswald ein gefürchtetes Wesen seinen Spuk. Es ist eine gespensterhafte Frauengestalt, im Volke gar wohl bekannt. Unruhig eilt sie zwischen den Bäumen und Sträuchern hin und her und spricht dabei in einem fort die Worte: „Ein halber Schoppen Wein und ein halber Schoppen Wasser gibt auch einen Schoppen Wein. Ein halber Schoppen Wein und ein halber Schoppen Wasser gibt auch einen Schoppen Wein."

Die Frau war zu ihren Lebzeiten eine bekannte Wirtin und hat manchem Gaste mit schmunzelndem Gesichte das Glas mit Wein vorgesetzt. Aber sie hing zu sehr dem Gewinne nach und machte sich kein Gewissen daraus, den Wein halb mit Wasser zu mengen. Wohl mochte mancher prüfend sein Glas gegen das Licht halten und in seinem Herzen Verdacht schöpfen; aber es kam nicht so weit, dass der Betrug entdeckt und die unredliche Wirtin zur Rechenschaft gezogen wurde.

Doch konnte die Strafe für ihr ruchloses Handeln nicht ausbleiben. Nach ihrem Tode wurde sie verurteilt, allnächtlich um die zwölfte Stunde ihre Ruhestätte zu verlassen und im Walde in der Nähe ihrer Heimat umherzuschweifen und ununterbrochen ihre Schuld zu bekennen: eine Warnung für alle, die gleich ihr auf unredliche Weise zu Reichtum gelangen wollen.

Schon mancher Fuhrmann hatte mit der Wirtin eine schreckliche Begegnung, an die er all sein Lebtag denkt. Fährt einer zur mitternächtlichen Stunde verspätet durch den Peterswald nach Hause. Plötzlich bleibt sein Pferd stehen, bäumt sich und springt auf die Seite. Dem Fuhrmann stehen die Haare gen Berg, der Schweiß rinnt ihm vom Leibe, jähes Grausen packt ihn, aus Leibeskräften schlägt er auf sein Pferd und sucht, so schnell er kann, das Weite. „Das war die Wirtin", spricht er endlich, wie erlöst aufatmend.

26. Der Grenzsteinverrücker

Wenn man früher um Mitternacht über ein Feld bei *Jägersburg* kam, so hörte man plötzlich neben sich einen Mann gehen. Der keuchte und stöhnte, und wer näher zusah, musste gewahren, dass er einen ziemlich großen Bann- oder Grenzstein vor sich hertrug. Zu der Furcht, die man anfangs vor dem unheimlichen

Manne hatte, gesellte sich bald das Mitleid, wenn man aus seinem Munde die klagenden und bittenden Worte hörte: „Wo soll ich ihn denn hinlegen? Wo soll ich ihn denn hinlegen?"

Lange Jahre musste der Unglückliche allnächtlich seine grausige Wanderung machen, immer unter der schweren Last des Steines seufzend und seine klagende Frage wiederholend. Da kam einmal ein beherzter Bursche vorüber, der sich vor keinem Gespenst und keiner Hexe fürchtete. Als der das keuchende Männlein sah und seine Fragen vernahm, gab er ihm keck die Antwort: „Trag' ihn dort hin, wo du ihn geholt hast!" Das war das erlösende Wort für den Armen. Er setzte den Stein an die alte Stelle, von der er ihn bei Lebzeiten in der Nacht weggerückt hatte, um seinen Acker zum Schaden des Nachbarn zu vergrößern. Nun hatte er Ruhe und ward fortan nicht mehr gesehen und gehört.

27. Kanzel und Nonne

Zwischen *Ober- und Niederauerbach* endet bei einem Seitentälchen ein Höhenzug, dessen letzter Ausläufer ein einsamer, hochragender Fels ist. "Die Kanzel" nennt ihn der Mund des Volkes. Am Fuße bemerkt man eine Höhle. Dort ist der Eingang zu einem unterirdischen Wege, der zu dem ehemaligen Kloster Marienstein bei Zweibrücken führt. Ein riesiger, schwarzer Kater mit feurigen Augen bewacht die Höhle und lässt eine "arme Seele", die zum Kloster zurück will, nicht mehr ein.

Mehr als zweihundert Jahre vor dem Dreißigjährigen Kriege lebte in Zweibrücken ein Syndikus, der ein schönes Töchterlein besaß. Ein schmucker Ritter warb um das Mägdlein, und dieses wurde dem Junker von Herzen gut. Die Eltern aber wollten nichts davon wissen und brachten ihr Kleinod in das Kloster. Der Ritter jedoch erfuhr den Aufenthalt des Mägdleins und schickte ihr durch einen geheimen Boten einen Brief, in dem er um eine Zusammenkunft bat. Hocherfreut darüber vertraute sich die Jungfrau einer älteren, ihr gutgesinnten Nonne und fragte sie um ihren Rat. Man beschloss, den unterirdischen Gang zu benützen und mit dem Ritter zur Nachtzeit an der Kanzel zusammenzutreffen.

Und so geschah es auch. Mit dem Glockenschlage zwölf aber ging es wieder den unheimlichen Weg zurück zum Kloster.

So trafen sich Ritter und Nonne noch oft. Wieder einmal in der Nacht, da blieb der Junker aus. War er von bösen Buben ermordet? Hatte er die Treue gebrochen? Die Nonne grämte und härmte sich. Wie sie auch nach ihm rief, niemand antwortete. Einsam irrte sie umher, stieg auf den Bergrücken und auf den Felsen, spähte und rief. Aber vergebens.

Da schlug es zwölf im Kloster. Wie von einer fremden Gewalt gepackt, strauchelte der Fuß der Jungfrau, und sie stürzte über den Felsen hinab in die Tiefe. Ein Seufzer noch, und ihr Leben war ausgehaucht. Am andern Tage fanden Wanderer ihre Leiche und begruben sie bei der Kanzel. Aber ihre Seele möchte zurück nach dem Kloster. Vor der Höhle jedoch sitzt ein riesiger Kater, faucht sie an und wehrt ihr den Eingang. So irrt die "arme Seele" noch Nacht für Nacht in der Geisterstunde umher.

Das Kloster ist zerfallen, die Höhle verschüttet. Die Jungfrau aber kommt erst zur Ruhe, wenn sie ihren Frevel vollständig gebüßt hat.

28. Das Nonnental bei Neustadt

Das Nonnental bei *Neustadt* führt seinen Namen von dem Nonnenkloster, welches vor Zeiten daselbst bestanden haben soll. Hier geht die Vorsteherin dieses Klosters um, weil sie ihre Untergebenen über die Maßen hart behandelte. Alle sieben Jahre auf denselben Tag, an welchem das Gotteshaus zerstört wurde, steht es wieder ganz da, jedoch nur den Sonntagskindern sichtbar.

Da war einmal ein Schäfer in der Gegend, auch ein Sonntagskind, der hat des Nachts Kloster und Kirche hell erleuchtet gesehen, auch den Chorgesang der Nonnen gehört. Er ging darauf zu in der Absicht, die Nonnen zu erlösen und den daselbst verborgenen Schatz zu heben; allein wie er in die Kirche kam und die vielen Totengesichter samt der Vorsteherin am Altar erblickte, ist ihm der Angstschweiß über das Gesicht geronnen und der Stoßseufzer entschlüpft: „Gelobt sei Jesus Christus!"

In demselben Augenblick verschwanden Kloster und Kirche, und der Schäfer hörte nur noch den schmerzlichen Ruf: „Ach, jetzt muss ich wieder warten sieben Jahre!"

29. Der Hund von Auerbach

Zu *Niederauerbach,* ziemlich in der Mitte des Dorfes, steht ein Kriegerdenkmal. Dort breitete noch vor etwa vierzig Jahren eine uralte, mächtige Linde ihre Äste aus. Das war für die Ortsbewohner ein merkwürdiger Baum. Hier kamen sie zusammen, um über gemeinsame Arbeiten zu beraten und zu beschließen. Am Stamm der Linde wurden die Erlasse und Befehle der Obrigkeit angeheftet, auch die Namen derjenigen bekannt gegeben, die zu irgendeiner Strafe verurteilt waren. Der Volksmund nannte den Baum "Pasquill-Linde", weil man des Beklagten Schande an ihm lesen konnte. Bei der Linde befand sich eine Art Gefängnis, vom Volke "Betzekammer" genannt. Darin wurden Verbrecher, ungehorsame Leibeigene und Landstreicher gefangen gehalten, bis sie nach Zweibrücken in sicheres Gewahrsam kamen.

Vor langer, langer Zeit spielten einmal Kinder aus dem Dorfe vor der Linde und der "Betzekammer" im Sande. Da ritt ein Graf aus der Umgegend mit seinen zahlreichen Hunden und Jägern dort vorüber zur Jagd. Ein Tier riss sich von der Meute los, packte ein Kind und biss auf es ein. Ein Jäger, der das sah, sprang herzu und suchte den Hund von dem Kinde wegzuzerren. Durch das wütende Gekläff der Bestie und das klägliche Schreien des Kindes wurde auch der Graf auf den Vorfall aufmerksam und rief dem Jäger zu: „Man lasse dem Hunde sein Vergnügen!" Also ließ man ihn gewähren, bis er sein Opfer völlig zerfleischt hatte. Die Jagdgesellschaft aber ritt unbekümmert weiter, als wäre nichts geschehen.

Zur Strafe muss nun der Hund ruhelos umherwandern. Jede Nacht zwischen 12 und 1 Uhr läuft er von der "Betzekammer" zum nahen Kirchhofe, wo die Überreste des unglücklichen Kindes begraben liegen. Schon mancher Ortsbewohner hat ihn gesehen und Reißaus vor ihm genommen.

II. Von Elfen und Nixen, Zwergen und Wichten

30. Die Wassernixe zu Eschringen

Bei *Eschringen* unweit Ensheim lag an einsamer Waldesstelle ein grundloser Weiher, bedeckt von herrlichen Seerosen. Des Schultheißen Sohn, ein bildhübscher Jüngling, hatte oft von der geheimnisvollen Wasserjungfer gehört, die unten im Krystallenen Palast wohne, und häufig lenkte er seine Schritte zu dem Teiche.

Wieder einmal, da regte sich eine Seerose und aus den Blättern des Kelches tauchte, halb Kind und halb Jungfrau, ein wundervolles Wesen empor und winkte ihm sehnsüchtig zu. Er streckte die Arme nach ihr und sie zog ihn zu sich hinab in die Flut. Große Trauer war darob in des Unglücklichen Haus und nicht minder im ganzen Dorfe.

Da erschien eines Tages der Pflegevater des Jünglings, der Ritter Waldeck von Boos mit seinem Hauskaplan, um den See vom Zauber zu befreien. Dabei griff der alte Degen zum Schwerte und hieb eine der schönsten Seerosen ab. Und siehe, es quoll Blut aus dem abgehauenen Stängel und zugleich hörte man einen übermenschlichen Schrei: die Wassernixe war tot.

31. Die schöne Tanne

Einmal ging ein Mann aus *Wolfstein* in den Wald und kam an die "nasse Dell" . Da begegnete ihm ein wunderhübsches Fräulein.

Das hatte ein grünes Kleid an und feine Zeugschuhe. Und die Schuhe waren blank und sauber, obschon der Boden sehr nass und schmutzig war. Als er das Fräulein anredete, verschwand es, ohne dass ein Mensch hätte sagen können, wohin.
Einst wollte nun jemand von *Offenbach* durch den Wald nach Wolfstein. Wie er durch den "Lärchenschlag" ging, schnitt er sich ein Christbäumchen ab und nahm es mit. So kam er auch an die "nasse Dell", da stand ein gar schönes Tannenbäumchen. Weil ihm das weit besser gefiel als das andere, das er schon hatte, so warf er dieses weg und wollte sich das schöne Tännchen abschneiden. Da hörte er eine Stimme wie ein lautes Seufzen, so heftig klagend, dass er das Messer fahren ließ und fortlief. In dem Augenblick schlug es zwölf Uhr mittags. Es war gewiss kein Mensch in der Nähe. Er hatte ja vorher scharf überall herumgesehen, weil man doch kein Bäumchen schneiden darf, und es stand ganz allein und ringsum war kahler Wald, durch den man weithin sehen konnte. Die Stimme war auch ganz hart bei dem Bäumchen gewesen.
Von der Waldjungfrau wird auch so erzählt:
Ein Mann aus Offenbach ging in den Wald, um eine Tanne zu fällen. Er suchte lange hin und her und fand keine, die ihm passen wollte. Auf einmal hörte er eine helle Stimme, ging darauf zu und traf eine schöne, schlanke Tanne, wie er sie gern gehabt hätte. Sofort ergriff er seine Axt und wollte den Baum fällen. Als er jedoch zum ersten Streich ausholte, hielt er plötzlich wieder ein; denn vor ihm stand eine schöne, weiße Gestalt und bat ihn um Schonung ihres Lebens. Und er ließ ab von der schönen Tanne und fällte eine andere.

32. Die drei Wiesenfräulein

Ein Bauer aus *Ensheim* ging früh vor Tagesanbruch an den Siedelwald um seine Wiese zu mähen. Auf einmal hörte er ein liebliches Klingen und Singen wie Stimmen der Vögel. Er schaute sich um und sah, wie aus dem Nebel drei Jungfrauen in langen weißen Gewändern hervortraten und einen wunderseltsamen Tanz vollführten. Die eine der Tänzerinnen trug einen silbernen Halbmond auf der Stirn.

Plötzlich krähte der Hahn in der nahen Mühle und im Nu war die Erscheinung verschwunden. Doch dabei erscholl ein Gelächter, dass dem Bauern fast graute.
Später fand er an jener Stelle die sogenannten Hexenringe, das sind kleine und große Pilze, die im Herbste kreisförmig auf Anger und Wiese wachsen.

33. Die drei Jungfrauen

Vor vielen hundert Jahren kamen drei Jungfrauen in die Gegend von *Erfweiler-Ehlingen* in der südwestlichen Pfalz. Sie wohnten an verborgener Stelle im Walde. Nur des Sonntags ließen sie sich sehen und kamen im feinsten Schmuck zur Kirche, sprachen aber mit niemand. Auch wussten alle im Dorfe, dass man sie nicht anreden dürfe.
Da konnte nun einer seine Neugierde nicht bezwingen und fragte die seltsamen Kirchgängerinnen nach ihrem Herkommen. Darauf verschwanden jedoch die drei Jungfrauen für immer.

34. Die drei Schwestern

Die drei alten Kirchen in *Pfeffelbach, Oberkirchen und Niederkirchen* sollen von drei ledigen Schwestern gegründet und jede mit drei Glocken von ihnen beschenkt worden sein. Eine Kirche war wie die andere gebaut. Drei Schwestern sollen auch drei Glocken gestiftet haben, eine für die Kirche auf *Lichtenberg,* die andere für die Kirche auf dem *Remigiusberg* und die dritte für die Kirche in *Ohmbach.*
Ebenso ist nach der Sage die Kirche in *Jettenbach* eine Gründung dreier Schwestern; desgleichen das Nonnenkloster *Marienthal* am Donnersberg und das Frauenkloster in *Seebach* bei Dürkheim. Drei Schwestern in weißen Gewändern will das Volk auf der Burgtreppe vom *Drachenfels* bei *Busenberg* gesehen haben.

35. Das Schlossfräulein

Auf dem "Großen Stiefel" bei *St. Ingbert* stand einst die Burg des guten Ritters Heim, der ein Wohltäter der ganzen Umgegend

war und von allen geliebt und verehrt wurde. Alle Dörfer der Umgegend, deren Name auf „heim“ endigt, sollen, wie das Volk sagt, von ihm gegründet sein. Auch seine fromme Tochter, die große Freude an den herrlichen Rosen des Schlossgartens hatte, tat viel Gutes an dem umwohnenden Volke. Noch heute weiß man manches von ihr zu erzählen, und wenn die Nebel über den Berg hinziehen, heißt es: das Schlossfräulein suche ihre Rosen. Kam nun vor Zeiten in den Weiler *Sengscheid* ein vornehmer Fremder. Er hatte sein zweijähriges Töchterlein bei sich und fand freundliche Herberge bei den redlichen Leuten, wo er auch sein Leben verbrachte. Der Hirte des Ortes war dem Kinde besonders zugetan. Einst sah er am Tage vor Weihnachten im Schlossgarten oben einen wundervoll blühenden Rosenstrauch. Er brach einige Rosen ab und schenkte sie dem Kinde. Das machte sich ein Kränzlein daraus und bewahrte es in seinem Kasten auf als ein Glückzeichen von der Schlossjungfrau.
Das Mädchen wuchs zur holdseligsten Jungfrau heran und ward die ersehnte Braut des Grafen von Saarbrücken. Am Hochzeitstage holte sie ihre Rosen hervor und siehe, es war ein Kranz von lauter Gold und Edelgestein.

36. Der Schlossgarten auf dem Großen Stiefel

Die Burg auf dem "Großen Stiefel" bei *St. Ingbert* war längst schon zerfallen und wildes Gestrüpp wucherte in dem ehemaligen Schlossgarten. Da kam ein Mädchen aus einer nahen Ortschaft an die Halden des Berges, um würzige Waldbeeren für die Mutter zu suchen, die krank und siech daheim in der ärmlichen Hütte lag.
Trotz aller Mühe konnte das Kind, das immer weiter den Berg emporstieg, nichts finden. Als es die Höhe erreichte, sah es mit Staunen in der Nähe des Schlosses statt niedrigen Gesträuchs einen herrlichen Garten mit Blumen und Früchten. Seine Verwunderung wuchs noch mehr, als sich eine stattliche Frauengestalt in prächtigem Gewande näherte. Die Erscheinung winkte der Kleinen, die zögernd und furchtsam in den Garten folgte. Dort wurde ihr bedeutet, das Körbchen mit den schönsten und würzigsten Beeren zu füllen. Rasch pflückten die kleinen Hände

und bald hatte das Mädchen genug. Dann aber brach die Dame die herrlichsten Rosen ab und gab sie dem Kinde in die Schürze, bis diese nichts mehr fassen konnte. Hierauf gebot sie dem Mädchen alles der Mutter zu bringen.
Die Beschenkte stammelte ihren Dank und trat eilend den Heimweg an. Erfreut empfing die Mutter ihren Liebling; sie hatte sich schon sehr um ihn gesorgt und gefürchtet, es möchte ihm im wilden Forst ein Leid begegnet sein. Wie erstaunte sie aber, als das Kind seine Gaben vor ihr ausbreitete und sein Erlebnis erzählte. Die Mutter aß von den saftigen Beeren und fühlte sich sofort erfrischt und von neuem Leben beseelt. Mit den Rosen schmückten beide die ärmliche Stube. Als sie aber am Morgen erwachten, die Mutter vollkommen gesund, da hatten sich in der Nacht die Rosen in eitel Gold verwandelt. Die Beglückten eilten auf den Berg, um der gütigen Spenderin zu danken. Der schöne Garten jedoch mit seinen Beeren- und Blumenbeeten war verschwunden und an seiner Stelle wucherten wieder wilde Hecken.
Glück und Segen zogen mit den Gaben der gütigen Fee in das Häuschen der Armen ein. Das Mädchen erblühte zur lieblichen Jungfrau, deren Schönheit weithin bekannt wurde. Ein Ritter der Umgegend führte sie als Burgfrau auf sein Schloss; aber nie erfüllte Hochmut ihre Seele.

37. Die Schlossfrau und ihre Wäsche

Vor vielen Jahren wollten drei junge Burschen aus dem Dorfe *Schweigen* spät nachts am *Pauliner Schloss* vorbei in den Wald gehen. Als sie an den Schlossgarten kamen, sahen sie auf langen Seilen weiße Wäsche, die eine helle Gestalt zu so absonderlicher Stunde auf- und abhängte. Sie schauten eine kleine Weile zu, und im Übermut der Jugend beschlossen sie, einen Schabernack zu verüben.
Als sie die Frauengestalt nicht mehr erblickten, stiegen sie über den Heckenzaun, und jeder nahm sich ein Bündel mit Wäsche. Sie waren alle der Meinung, die Besitzerin werde sie gar bald anrufen und die genommenen Stücke zurückfordern. Langsam stiegen sie deshalb über den Zaun auf den Pfad und machten ebenso langsam Miene, gegen Schweigen zu wandern. Aber

niemand rief ihnen, und keine Stimme verlangte die Wäsche zurück. Nach einigen hundert Schritten jedoch sagte der eine: „Ich weiß nicht, mein Bündel wird immer schwerer. Das eure auch?" Und wirklich hatten die andern das gleiche an sich wahrgenommen. Da blieb der erste stehen und wollte die Ursache der merkwürdigen Erscheinung untersuchen. Der Mond sah gerade mit hellem Scheine durch die dünnen Silberwölkchen herab. Als der Bursche sein Bündel öffnete, funkelte und gleißte ihm blankes Silber entgegen. Voll Schreck ließ er alles liegen und floh.
Die beiden andern mussten endlich auch keuchend innehalten und erkannten nun, dass sich die Wäsche in glänzendes Silber verwandelt hatte. Anstatt sich ruhig an den Anblick ihres Schatzes zu gewöhnen und denselben zu sichern, ergriffen auch sie die Flucht und kamen mit jagenden Pulsen und verstörten Gesichtern nach Hause, wo sie ihr Abenteuer erzählten.
Bald schämten sie sich ihrer Furcht und gingen zu anderer Zeit mit mehr Mut in später Nacht am Schlossgarten vorüber. Aber niemals mehr sahen sie die gespenstische Schlossfrau ihre kostbaren Wäschestücke aufhängen.

38. Die weiße Dame vom Pauliner Schlösschen

In den Weingärten beim *Pauliner Schlösschen* sehen die Winzer dann und wann zur Nachtzeit, manchmal auch am hellen Tage, eine weiße Dame mit langem wallendem Schleier und einem schweren Schlüsselbund im Gürtel. Sie weint und ist traurig anzusehen, kommt auch selten zum Vorschein, wenn es ein schlechtes Weinjahr geben soll. Wird aber der Herbst wohl geraten, so ist sie freudig, grüßt die Leute und rasselt mit dem Schlüsselbunde durch die Rebengelände hin.

39. Die Wildfrau

Ungefähr zwei Stunden nördlich von Kusel erhebt sich ein anmutiges Waldgebirge, die *Steinalb,* eine Fortsetzung des nordwestpfälzischen Berglandes. Auf der Seite nach dem Glantale hin liegt ein Felsen mit einer Höhle, die das Volk *Wildfrauhöhle* nennt. Als die Hunnen aus der Schlacht von den Katalaunischen Feldern wieder nach Osten über den Rhein zogen, blieb hier die Wildfrau zurück. Sie wohnte in der Höhle weit ab von den Menschen. Ihre Nahrung waren Wurzeln, Kräuter und rohes Fleisch von Tieren, selbst von kleinen Kindern, die sie nächtlicherweise ihren Eltern geraubt hatte.

Ihre Gestalt war von ungewöhnlicher Größe und schrecklich anzusehen. Rohe Tierfelle bildeten ihre Kleidung, und ein langes rabenschwarzes Haar fiel unordentlich über Nacken, Schultern und Gesicht. Ihre Augen funkelten unheimlich. Sie trug ein langes Messer und führte beständig eine Keule mit sich. Wenn sie in der Höhle war, verschloss sie dieselbe mit einem mächtigen Felsblocke, den selbst mehrere starke Männer nicht vom Platze bewegten.

Stets kämpfte sie mit Wölfen und andern Raubtieren und fing Hirsche und vieles sonstige Wild mit Schlingen. Zur Nachtzeit aber durchstrich sie die Dörfer des Glantales und stieg über die Dächer der Häuser und raubte Lebensmittel und Kinder. Gar unheimlich ertönte ihr Schreckensruf durch die Nacht: „Ho, ho! Die Wildfrau ist do!"

So machte sie einst einen nächtlichen Beutezug nach dem nahen *Rathsweiler* am Glane und stahl durch den Rauchfang eines Hauses ein kleines Kind. Die bekümmerten Eltern verfolgten am Morgen die Spur der Räuberin und kamen in Todesangst vor die Wildfrauhöhle, wo sie ihr Kind jämmerlich schreien hörten. Sie baten unter Tränen, ihren Liebling doch herauszugeben; aber die Wildfrau zerriss das Kind und warf es den Eltern vor die Füße. Die nahmen mit Zittern und Zagen den kleinen Leichnam und eilten damit heim, um von der schrecklichen Frau nicht verfolgt zu werden.

In der Nacht darauf raste sie wieder mit Windesschnelle nach Rathsweiler, erkletterte das Dach des nämlichen Hauses und drang durch den Rauchfang in das Innere. Ohne viele Umstände riss sie den Vater des Kindes von seinem Lager in die Höhe, warf ihn auf ihre Schultern und trug ihn zur Hütte hinaus. Dann ging es, wie er sich auch wehren mochte, ohne ein Wort zu sprechen wie im Fluge den nahen Bergen zu. Bei Anbruch des Tages erreichte das fürchterliche Weib seine Felsenhöhle und legte darin seine Last nieder mit den Worten: „Ich will dir kein Leid zufügen, aber du sollst zeitlebens mein Gefangener sein."

Nach und nach gewöhnte sich der geraubte Mann an sein trauriges Los und an die Lebensweise der Wildfrau, durfte sich jedoch nie aus der Höhle entfernen. Ging seine Gebieterin auf Raub aus, so wälzte sie jedes Mal das Felsstück vor den Eingang ihrer Behausung.

So verging ein Jahr, und niemand wusste, was aus dem Manne geworden war. Der fügte sich zum Scheine gutwillig in sein Schicksal und gewann so mehr und mehr das Vertrauen der Wildfrau. Da geschah es, als sie eines Tages wieder auf Raub auszog, dass sie vergaß, die Höhle abzuschließen, und dass bei ihrer Rückkehr der Gefangene entflohen war. Sogleich raffte sie ihr Kind, das erst wenige Wochen alt war, von seinem Mooslager auf und folgte den Spuren des Flüchtigen. Der aber war schon in weiter Ferne, und da sie ihn nicht mehr einholen konnte, zerriss sie erbarmungslos das Kind und schleuderte die blutigen Körperteile weit von sich. Dann raste sie, indem sie in ein furchtbares Wutgeheul ausbrach, zu ihrer Höhle zurück.

Bald darauf kam der Gaugraf des Landes auf der Jagd mit seinen Dienstmannen in diese Gegend, wo noch viele Eber hausten. Die Wildfrau trat ihnen mit flammenden Augen entgegen und deutete mit ihrer Keule auf das Wild, das sie eben erlegt hatte. „Wer bist du?", rief sie der raue Gauherr an, während seine Mannen langsam zurückwichen. „Wer ich bin? Ho! Ho! - Hast du schon von der Wildfrau in dieser Einöde gehört? Sie dürstet nach dem Blut ihrer Feinde und ihre Feinde sind Menschen und Tiere. Darum fliehet von hier!"

Zugleich schwang sie ihre Keule und traf damit mehrere Dienstmannen, dass sie tot zu Boden fielen. Da fasste der Gaugraf seinen Speer und stieß die Unheimliche nieder. Mit dem Rufe: „Mir geschieht mein Recht!", sank sie zur Erde. Sie begehrte in ihrer Höhle zu sterben und wurde von den Mannen des Grafen dorthin getragen.

Bevor sie ihr Leben aushauchte, sprach sie noch zu ihrem Richter: „Lange genug war ich den Menschen zum Schrecken. Wären sie von meinem Volke, so hätte ich ihr Wohltäter sein können; denn wisset, es sind drei Dinge, die alles Glück des Erdenlebens in sich schließen: Der Hahnenschrei, der Wachtelschlag und die weiße

Lilie! Wer den Sinn dieser drei erkennt, der führt ein goldenes Schar im Pfluge!"

Noch heute soll der Geist der Wildfrau keine Ruhe haben und in mancherlei Gestalt die Wälder und Felder durchstreifen. Bald sind es leuchtende Flämmchen, die zur Nachtzeit aufsteigen, hin- und herschießen und den Wanderer irreführen; bald weckt Hundegebell und eine rasende Jagd, die in den Lüften vorübersaust, die erschreckten Bewohner auf. Zu anderer Zeit wieder, wenn die Betglocke des Abends ertönt, hört man den furchtbaren Schmerzensschrei einer Stimme, die weder Mensch noch Tier eigen ist.

Einmal kam den Bewohnern des *Frohnerbacherhofes*, als sie abends ihr Vieh von der Weide trieben, ein junger Stier abhanden. Am andern Morgen gingen sie auf die Suche und fanden das Tier im Herrnwald, wie es fortwährend auf einen Baumstamm losrannte und mit den Hörnern daran wühlte. Als sie näher traten, fanden sie einen großen, toten Wolf, den der Stier überwältigt hatte. Viele meinten, bei diesem Vorfall sei auch die Wildfrau im Spiele gewesen.

40. Das Wildfrauloch bei Schweinschied

In einem Seitentälchen des *Schweinschieder* Baches befindet sich ein Felsen, der zu einem Denkstein für einen römischen Ritter umgewandelt ist. Man sieht einen Krieger zu Pferd, wie er einen darunter liegenden Germanen mit der Lanze durchbohrt. Außerdem schmücken allerlei Frauengestalten und verschiedene andere Figuren den Stein, den das Volk *Wildfraukirche* nennt. Das Tal, darin er liegt, heißt Drestall. Dort ist auch eine seit Jahren verschüttete Mithrasgrotte, das *Wildfrauloch*.

Alte Leute wissen zu erzählen, dass daselbst *Wildfrauen* gehaust haben, scheue Wesen mit langen Haaren, ohne jegliche Kleidung. Sie lebten von Wurzeln und Kräutern, waren aber sehr verpicht auf ein Stück Brot. Sie hausten im Wildfrauloch und stiegen zum Bache herab, um sich zu waschen und ihre Haare zu strählen. Des Sonntags versammelten sie sich mit Sonnenaufgang an der Wildfraukirche um zu beten.

Sie waren harmlos und freundlich. Manchmal spielten sie mit den ganz kleinen Kindern, die zur Erntezeit von ihren Eltern mit ins Feld genommen wurden. Solche Kinder wurden reich und glücklich.

Die Holzhauer versäumten nie die stehen gebliebenen Baumstrunken mit einem Kreuz zu zeichnen, damit die Wildfrauen Zuflucht hätten vor dem wilden Jäger.

41. Das Wildfrauenloch bei Schwarzerden

Nahe bei dem Dorfe *Schwarzerden* bei *Kusel* liegt der Helleberg; diesem entspringt eine Quelle, die in dem Tale den Hündchesbach bildet. Auf der rechten Seite desselben befindet sich das *Wildfrauenloch*, das ist ein mit Bäumen bewachsener Hügel, dessen Gestein viele Höhlen bergen soll.

Es wird eine Höhle in Sandstein gezeigt, wo die wilde Frau gehaust haben soll. Auf dem Wildfrauenloch hat man schon viele römische Münzen gefunden.

42. Das Lindenmütterchen

Als die Burg *Lindelbrunn* erbaut ward, kam ein steinaltes Mütterchen den Berg herauf. Es trug einen Lindenzweig in der Hand, der ihm als Stab gedient hatte, und stieß ihn mitten im Schlosshofe in der Nähe des Brunnens in die Erde. Dabei hörte man die Worte: „Wachse und falle mit diesem edeln Haus!" Und der Baum wuchs und ward stattlich und die Vögel wohnten in seinen Ästen.

Nach langer Zeit lebten einmal zwei Brüder in der Burg, die hatten immer Zank und Streit, und es geschah, dass der hartherzige Rotkopf seinen Bruder aus dem Schlosse verjagte. Der wusste nun nicht mehr wohin und traf im Walde eine uralte Frau; die saß auf einem Steine und spann an einer Kunkel. Sie fragte ihn nach seiner Not, und als er ihr davon erzählt hatte, versprach sie ihm Hilfe und ging mit ihm aufs Schloss.

Wie der Rotkopf jedoch den Verjagten sah, rief er ihm zu: „Bleibe weg von hier oder du sollst dort an der Brunnenlinde baumeln, dass die Raben von deinem Fleische fressen." Die Alte aber schrie

er an: „Fort auch mit dir, du Teufelsgroßmutter, oder ich reiß' dir den wackeligen Kopf von der Achsel!"
Da reckte sich das Mütterchen hoch empor und stieß die Kunkel in den Stamm der Linde, dass der Saft hervorspritzte und die Vögel mit Geschrei nach allen Seiten stoben. Die Blätter des Baumes aber vergilbten und fielen, und der abfließende Lebenssaft drang in den Brunnen und er versiegte zur Stunde. Drauf riss die Alte einen Zweig ab und ging mit dem Vertriebenen hinab an den Fuß des Berges. Dort senkte sie den Lindenzweig in den Boden und sagte: „Hier baue du dich an!"
Am gleichen Tage noch kam ein schreckliches Wetter über den Berg her und warf Turm und Mauern um, dass die Steine niederwärts rollten. Der Rotkopf hing sich in Angst und Verzweiflung an die dürre Linde. Der Bruder aber baute von den herab fallenden Steinen den Bauernhof, der heute noch steht.

43. Die guten Zwerge

Nicht weit von *Ensheim* am Siedelwald stand zu Anfang des 15. Jahrhunderts eine Mühle, dem Kloster Wadgassen gehörig. Darin wohnte einst ein Müller, dem das Glück hold war, so dass er es zu etwas brachte. Und das kam so:
Eines Tages war er an dem Mühlenweiher beschäftigt, da hörte er plötzlich ein Wimmern, wie den Hilferuf eines ertrinkenden Knaben. Rasch sprang er hinzu und zog aus dem Wasser ein wunderliches Geschöpf mit dickmächtigem, uraltem Kopfe und Füßen wie die einer Gans. Mit aller Sorgfalt pflegte er das verunglückte Wesen in seinem Hause. Als der Kleine wieder genesen war, führte er seinen Erretter zum Weiher und zeigte ihm den boshaften Nix, der ihn beim Baden ins Wasser gestoßen hatte. Dieser Unhold war ein großer, glotzaugiger Frosch, der sich eilends im Schilfe verkroch. Endlich gab sich der Kleine als eines der vielen Zwerglein zu erkennen, welche im benachbarten Gumberberg wohnen, und verschwand. Seitdem aber wuchs das Vermögen des Müllers zusehends und als grundreicher Mann zog er sich bald vom Geschäfte zurück.
Sein Nachmann war den Zwergen nicht gut gesinnt und wollte sie durch Gewalt und List vertreiben. Einmal sollte er ihnen

einen schweren Stein vor eines ihrer Fuchslöcher wälzen, da schalt er sie "Gänsfüßler" und gab dem Stein einen Stoß, dass er den Berg hinabfuhr wie weit. Die Zwerglein schwuren ihm ewige Rache und von der Stunde wich das Glück von des Müllers Haushalt und er musste bald darauf die Mühle verlassen.

44. Das Graumännchensloch

Vetter Lorenz, der Köhler, saß eines Abends im Walde vor seiner Hütte im *Escherstal* bei *Ensheim* und verzehrte sein kärgliches Mahl. Den Rest, den so genannten Gottesteil, stellte er wie gewöhnlich zur Seite. Da trat ein graues Männlein vor ihn und bat um eine kleine Erfrischung. Das seltsame Wesen reichte dem Köhler kaum an die Knie, hatte einen gewaltigen Kopf und darauf eine Zipfelkappe, einen eisgrauen Bart und funkelnde Augen, um die Schulter einen Schnappsack und in der Hand einen dicken, knolligen Stock. Der Köhler bewirtete seinen Gast nach Vermögen und führte ihn endlich zur Ruhe.

In der Nacht wurde Lorenz geweckt und das Männlein, mit einer Kienfackel in der Hand, führte ihn bergab und bergauf bis an den Grenzstein des Bischmisheimer Bannes. Da entdeckte sich der Führer als Zwerglein aus dem Gumbersteine und sprach: „Grabe an dieser Stelle hinunter und verwerte das unscheinbare Gestein. Es soll dein Schade nicht sein.“ Mit einem "Glückauf!" war der Kleine verschwunden.

Der Köhler befolgte seinen Rat und ward ein reicher, viel beneideter Mann. Nun stand aber dem Abt des Klosters Wadgassen das Recht auf alle Mineralien unter der Erde auf dem Ensheimer Banne zu und er wollte das Schürfen auf eigene Rechnung betreiben. So aber wollten es die Zwerge nicht, und wie auch der Abte graben ließ, er erhielt nichts als lauter leeres, taubes Gestein. Die aufgegrabene Stelle erhielt den Namen Graumännchensloch.

45. Das graue Männchen

Vor Zeiten hatte ein Bäckermeister zu *Pirmasens* einen gar rührigen Gesellen, der ihm ohne Kost und Lohn arbeitete. Erschien da allnächtlich in der Geisterstunde ein graues Männchen, heizte

den Ofen, siebte das Mehl, knetete den Teig, und Weck und Brot gerieten allemal ohne Fehl. Selten brauchte der Meister eine Hand zu rühren, und wenn er, wie es häufig vorkam, sich verschlafen hatte und widerwärtig zur Arbeit ging, da fand er dieselbe immer schon getan.
Nun hätte er gern einmal seinen treuen Gehilfen schaffen sehen, ohne ihn durch seine Neugierde zu stören. Er ließ darum durch seine Frau ein rotes Röcklein nähen, dem kleinen Wesen eine Freude zu machen, und stellte sich damit vor Mitternacht auf die Lauer.
Und richtig kommt auch der allzeit emsige Geselle und will an sein Werk gehen. Da tritt unser Meister mit dem Röcklein vor, und wie er es hinreicht und Worte des Dankes reden will - husch! war unser Männchen verschwunden und blieb es für immer. Der Bäcker aber hat noch oft an die schönen Zeiten und an das graue Männchen gedacht.

46. Der Ritter vom Huneberg

Auf der Burg *Huneberg* am Haardtgebirge lebte ein Junker namens Schott. Er war von schöner Gestalt und adeligen Sitten, aber arm, so dass er nicht den Mut hatte, um ein Fräulein aus den vielen alten Geschlechtern der Gegend zu werben.
Eines Tages lief er missmutig im Walde umher. Da sah er ein altes Männlein am Wege sitzen. „Ich bin hungrig", sagte das Männlein, „gib mir etwas zu essen." Schott langte aus seiner Jagdtasche ein Brot hervor und reichte es dem Alten.
Als er ein andermal wieder durch den Forst schweifte, vernahm er ein Geschrei wie um Hilfe. Er eilte darauf zu, aber die rufende Stimme schien sich immer weiter zu entfernen. Endlich fand er unter einem Baume ein schönes Knäblein, welches bitterlich weinte. „Mann!", sagte der Knabe, „bring' mich doch nach Hause; ich fürchte mich vor den Wölfen und bin gar so müde." „Aber wo bist du zu Hause?", fragte der Junker. „Ich will dir den Weg zeigen", erwiderte das Kind und schwang sich hurtig auf seinen Rücken.
Nun ging's bergauf und bergab, dass dem Junker der Schweiß von der Stirne rann. Endlich, als die Sonne bereits unterging,

kamen sie an ein altes, steinernes Haus, das war mit einem Wassergraben umgeben, in welchem Schwäne saßen. „Jetzt sind wir am Ziele", rief das Knäblein und sprang herab. Aber Schott erschrak nicht wenig, denn das Kind hatte sich ganz verändert und war ein hässlicher Zwerg geworden. „In dem Hause da wirst du eine Nachtherberge finden", sagte der kleine Unhold, „und auch den Lohn für deine Mühe." „Aber wer bist du?", stammelte der Junker. „Ich bin der Waldgeist", antwortete der Zwerg, „und wer mir Vertrauen beweist, der bereut es nie."
Mit diesen Worten verlor sich das kleine Wesen im Gestrüppe, Schott aber ging über die schmale hölzerne Brücke und klopfte an dem steinernen Hause. Eine junge, schöne, freundliche Dirne öffnete ihm die Tür. Es war die einzige Tochter einer betagten Mutter und der letzte Spross des alten Geschlechts der Herren von Schwanau, die durch Krieg und anderes Unglück in Armut geraten waren. Dem Ritter gefiel das Fräulein über die Maßen, und er beschloss, um ihre Hand anzuhalten; doch war er ehrlich und verhehlte seine Umstände nicht. Die Mutter sagte: „Es ist in unserm Hause eine alte Prophezeihung, die letzte Erbtochter von Schwanau werde zu Reichtum und Ehre gelangen, nur dürfe sie ihren Namen nicht ändern." Der Junker von Huneberg war es zufrieden, den Namen Schwanau anzunehmen und das Wappen des Geschlechts mit dem seinigen zu vereinen.
Auf dem Heimwege fand er das alte Männlein wieder. Es winkte ihm und führte ihn in eine Höhle, wo ein großer Schatz verborgen lag. „Das ist die Morgengabe deiner Braut", sagte das Männlein. „Tue immer recht, und euer Glück wird blühen." Schott führte seine schöne Braut heim, und die Worte des Waldgeistes gingen an ihm und seinen Kindern in Erfüllung. Das Geschlecht derer von Huneberg und Schwanau ist heute erloschen, man weiß nicht einmal mehr, wo ihre Schlösser standen.

47. Das Kehrebacher Knüppchen

Am Fuße des *Rheingrafensteins* kommt ein Bach die Schlucht herab, den das Volk die Kehrebach nennt. Eine kleine Waldlichtung dabei heißt das Huttental, weil nach der Sage Ulrich von Hutten sich dort vor seinen Feinden verborgen hielt.

Die Kehrebach aber ist der Wohnplatz eines kleinen, unheimlichen Kobolds. Manchmal, wenn die armen Frauen oder Kinder im Walde dürres Holz lesen, finden sie am Wege ein prächtiges Buchenknüppchen. Sie freuen sich nicht wenig darüber und legen es unten in ihren Sack. Der aber wird schwerer und die Trägerin immer froher; denn sie weiß, dass sie das echte Kehrebacher Knüppchen bei sich schleppt. Wer es glücklich heimbringt, findet es zu Hause in pures Gold verwandelt.
Noch keinem ist bis jetzt das Stück gelungen; denn jedes Mal, wenn der Sack am allerschwersten war, da hat es unheimlich darin geraschelt und das Knüppchen ist herausgesprungen und gerade in die Kehrebach hinein. In tollen Sätzen hüpfte es talabwärts über die Steine des Baches, dass das Wasser in die Höhe spritzte. Dabei hörte man ein lautes und höhnisches Lachen, das die Felsen des Rheingrafensteines getreulich wiedergaben.
Aber noch immer lebt in dem Herzen mancher Holzleserin die Hoffnung, doch einmal das Kehrebacher Knüppchen glücklich heimzubringen.

48. Die Erdmännlein

Bei *Jockgrim* steht abseits am Waldsaume ein gar freundlich blinkendes "Kirchlein zu unserer lieben Frau in Schweinheim". Dort lag ehedem, wie man annimmt, das Dorf Schweinheim. Das Kirchlein wird seit alten Zeiten gern besucht und erhielt in unsern Tagen ein neues Gewand. In der Gegend wie im ganzen Walde hausten einstmals Räuber und Wilddiebe. Im Kirchlein aber fanden die Bedrohten Schutz und Beistand. Auch zu Kriegszeiten war dieses Heiligtum häufig der Ort des Trostes.
In der Nähe trieben die *Erdmännlein* ihr Wesen. Sie waren harmlos und erzeigten gerne Wohltaten. An den Sandhügeln der armen Fischer von *Wörth* wurden sie öfters gesehen. Sie nahmen ihnen die Fische weg und füllten die leeren Fischkörbe mit Geldstücken. Hagenbacher Knechte gingen einmal aufs Plündern aus. Die Erdmännlein führten die nächtliche Rotte irre; einige Knechte kamen im Sumpfe um, die andern flohen zerzaust in ihr Städtchen *) zurück. Die Erdmännlein waren nur meterhoch und hatten breite Schultern. Sie trugen lange, weiße Bärte und herab-

hängende Haare. Auf dem großen Kopfe saß ihnen ein breitkrempiger Hut mit roter Feder. An der Seite des Samtrockes hing ein großes Schwert. Bei Unwetter hüllten sie sich in rote Mäntel ein.

* Hagenbach war ehedem freie Reichsstadt

49. Die Schlange und das Kind

Auf dem *Harzofen,* einem kleinen Hofe bei *Kaiserslautern,* wohnten einst arme Leute, die hatten ein kleines Kind und ein paar Ziegen. Wenn nun die Frau in den Wald ging, um Gras für die Tiere zu holen, setzte sie das Kind auf den Boden und gab ihm zu essen. In dem Stubenboden aber waren Löcher und daraus kam jedes Mal eine Schlange und aß mit dem Kinde. Und weil sie immer die Brühe trank, hieb die Kleine ihr mit dem Löffel auf den Kopf und sagte: „Na du, ess net lauter Rie (Brühe), ess a Rocke (Brocken)!"

An einem anderen Tag hatte die Frau wieder dem Kinde zu essen gegeben und wollte fortgehen. Da hörte sie vom Hausgange aus plaudern, guckte zum Schlüsselloch hinein und sah die Schlange, die mit dem Kinde aß. Als das Tier sich entfernt hatte, ging auch die Frau weg.

Am darauf folgenden Tage tat sie wie früher, rief aber zuvor die Nachbarsleute herbei und die sahen nun auch das Kind mit der Schlange. Sie gingen hin und schlugen das Tier tot und von der Zeit an ließ sich keine Schlange mehr sehen

III. Von Dämonen und Göttern

50. Die Schlangenkönigin

An einem heißen Tage ging ein Hütter Mädchen (*Erzhütten* bei Kaiserslautern) an den Vogelwoog, um zu grasen. Ihr Mieder und ihr rotes Kopftuch legte sie am Ufer nieder, damit sie besser arbeiten könne.

Eine Schlangenkönigin, die im nahen Walde bei ihren Nachstellungen sich ganz rot erhitzt hatte, eilte auf den Woog zu und wollte baden. Sie legte ihre Krone auf das rote Kopftuch des Mädchens und tauchte dann im Wasser unter. Die Jungfrau sah die Krone auf ihrem Tuche liegen, packte es zusammen und eilte rasch den Berg hinauf ihrem Dörfchen zu. Sie erreichte ihre Wohnung und schloss rasch die Tür hinter sich. Als nun die Schlangenkönigin den Raub ihrer Krone bemerkte, folgte sie den Spuren des Mädchens, kam zum Hause und sprang heftig gegen die Tür. Die fuhr krachend entzwei; aber auch die Schlange barst in mehrere Stücke. Die Jungfrau jedoch war gerettet, und die Krone blieb ihr eigen.

51. Der Drachenfels bei Dürkheim

Auf dem *Drachenfels* bei *Dürkheim* hauste seit uralter Zeit ein scheußlicher Drache. Der tötete die Herden samt den Hirten, raubte Mädchen und hielt sie auf dem Felsen in zwei Höhlen, der *Drachenhöhle* und der *Drachenkammer*, gefangen. Er war der

Schrecken der ganzen Umgegend, und niemand gelang es, das Ungetüm zu erlegen.

Da kam Held Siegfried, des Siegmund Sohn, aus Xanten am Rheine und trat im Dürkheimer Tale bei einem Waffenschmiede in Arbeit. Er war von übermenschlicher Stärke, und mehr als einmal schlug er den Amboss in den Boden, dass selbst dem Meister bangte. Listigerweise schickte ihn dieser einmal in den Wald, um Kohlen zu holen.

Aber der aufsteigende Dampf ist nicht der Rauch eines Meilers; es ist der Qualm aus dem Rachen des Feuer schnaubenden Drachen. Und Siegfried trifft nicht die Köhlerhütte, wohl aber den Schlupfwinkel des gefürchteten Lindwurms.

Am Brunnen, den das Volk heute *Siegfriedsbrunnen* nennt, entstand ein heftiger Kampf. Mit dem großen Schwerte, das er sich selbst geschmiedet, tötete Siegfried den gefährlichen Lindwurm. Dann warf er Bäume auf das Untier und zündete sie an. Da schmolz das Fett des Drachen, und Siegfried badete sich darin, dass seine Haut hart wurde wie Horn und undurchdringlich für jede Waffe. Nur zwischen den Schultern blieb eine verwundbare Stelle, weil ein Lindenblatt dahin gefallen war und das Drachenfett abgehalten hatte. Nun zog Siegfried, der hörnerne, als gefeierter Held in das Nibelungenland und vollbrachte dort und später am Hofe der Burgunden in Worms noch manche ruhmvolle Tat.

Alte Leute aus den Dörfern *Lindenberg* und *Eßthal* und vom Forsthause *Saupferch* erzählten vor mehreren Jahrzehnten vom Drachenfelsen, der um die Mitte des 18. Jahrhunderts im Volksmunde auch der Drachenstein hieß, wie folgt:

Siegfried kam von Worms her über Dürkheim zum Drachenstein, geführt vom Zwergkönig *Egwald.* Er wollte die Königstochter, die auf der *Lindenburg* (bei Lindenberg) zu Hause war, vom Drachen erlösen.

Der Drache hatte sieben feurige Köpfe und war eigentlich ein verwunschener Mensch, der nach sieben Jahren wieder Menschengestalt annahm. Er besaß zwei Wohnungen: eine für den Sommer in der *Drachenhöhle* und eine für den Winter in der mehr geschützten *Drachenkammer.* In hellen Sommernächten sah man deutlich das Glühen seiner Augen. Wenn er im Frühjahr und Spätjahr seine Wohnung wechselte, erzitterte der ganze Berg. Er krachte ordentlich, sooft sich das Ungeheuer niederließ. Siegfried war von adeliger Familie, ein großer und starker Mann. Es gelang ihm, die Königstochter auf dem Drachenstein zu erlösen. Im Kampfe kam ihm der Zwergkönig Egwald mit seinem Zwergenheer zu Hilfe. Nach der Überwindung des Tieres beschmierte der Held seinen Leib mit Drachenfett; dadurch wurde er unverwundbar. Nur hinter der Schulter hatte er ein verwundbares Plätzchen. Siegfried führte die erlöste Königstochter nach Worms und machte sie zu seiner Frau. Doch diese erstach ihn später aus Eifersucht.

52. Der Drachenfels bei Busenberg

Burg *Drachenfels* bei *Busenberg* war auf einem gewaltigen Steinblock gleichen Namens errichtet. Durch den Felsen geht eine Öffnung, welche das Drachenloch heißt. Ein Drache fuhr einst mit solcher Gewalt gegen den Stein, dass er erzitterte. Da ließ die Obrigkeit ein Loch durchbrechen, durch welches dann der Drache flog, daher es seinen Namen hat. In selbiger Zeit soll auch der Held Siegfried am Lindelbrunner Schloss und Buhlstein vorüber gen Drachenfels gezogen sein, um dort den gräulichen Lindwurm totzustechen und sich in seinem Fette zu wälzen.

53. Das wütende Heer

Ein Jägersmann aus der *Pirmasenser* Gegend war eines Tages auf dem Anstande. Da kam eine sehr große, schön gefleckte Katze, machte sich in seine Nähe und schmeichelte, wie Katzen zu tun pflegen. Der Jäger fand das Tier unheimlich und entfernte sich, um einen andern Standplatz im Walde auszusuchen.

Kaum jedoch hatte er einen gefunden, so kam auch die Katze wieder, schlich sich um ihn herum, kletterte auf einen Baum und sah ihn fortwährend mit ihren scharfen Augen an. Der Jäger wollte erfahren, ob er eine wirkliche Katze vor sich habe, und legte auf sie an. Plötzlich schwoll das Tier, rollte die feurigen Augen und brauste in den Wald. Ein Sturm erhob sich, welcher alle Bäume umzureißen drohte. Des anderen Tages fragte ihn sein vorgesetzter Revierjäger, ob ihm gestern nichts begegnet sei.

Er hielt anfangs mit der Erzählung zurück, teilte sie aber dann doch mit. Der Revierjäger sagte darauf, nun sei ihm die Erscheinung von gestern erklärbar. Er habe in derselben Zeit auf dem Kreuzweg einen kopflosen Reiter gesehen; das wütende Heer müsse über die Gegend dahin gegangen sein.

54. Die wilde Jagd

In *Miesenbach* auf dem Matzenberg und im Ramsteiner Eck wohnen meistens Leute, von denen die Männer in Völklingen oder Friedrichsthal und in den Gruben arbeiten. Die Frauen pflanzen einen Acker oder auch zwei und haben eine Kuh im Stalle, aber nicht eine Hand voll Wiesenwachs für dieselbe. Sie gehen drum in das Bruch und in den Wald grasen. Trotzdem es zweimal im Jahre Streu gibt, reicht es nicht hin für die Leute, weil sie kein Stroh haben. Da ziehen die Frauen und Mädchen nachts in den Waldschlag, wo es feucht ist und üppiges Moos wächst, und holen sich Streu. Es gehen ihrer fünf oder sechs, manchmal auch zehn oder zwölf zusammen und sie haben schon oft die wilde Jagd wahrgenommen.

Sie erzählen, man könne sie niemals sehen, sondern nur hören. Der Anfang wäre wie ein weit entferntes Gewitter. Wenn es aber näher kommt, so könne man alles deutlich verstehen: das Pfeifen und Kugelsausen und wieder anderes Schießen. Man höre die Hunde bellen, das geschossene Wild schreien und wie die Jäger rufen: „Tyras, bring's hierher!" Auch ein Hurrarufen vernimmt man oft dazwischen. Diejenigen Frauen und Mädchen, die es schon erlebt haben, glauben und behaupten, es könne sich niemand den Lärm so vorstellen wie er ist. Wenn die Kugeln sausen, die Hunde bellen, die Treiber klappern, das geschossene Wild schreit und die Jägerstimmen dazwischen rufen, das höre sich alles gar schauerlich an, diese Jagd hoch oben in der Luft.

55. Vom Rosse des wilden Jägers

Zwei Mädchen aus *Wolfstein* gingen in den Wald auf den Königsberg um Holz zu lesen. Sie kamen in einen niedern Schlag und fanden dort viele dürre Hecken. Das eine geriet weit ab vom

Wege und sah plötzlich zwischen dichtem Gestrüpp ganz frisch gefallenen Kot von einem Pferde. Es wunderte sich nicht wenig darüber und ein leichter Schreck fuhr ihm durch die Glieder. Als es am Abend mit seiner Last nach Hause kam, erzählte es der Mutter, was es gesehen hatte. Die aber sprach zu ihm: „Dummes Ding, warum hast du nicht alles in deine Schürze gerafft? Das war ein großer Schatz und lauter Gold und Silber." Die Frau wusste, dass es Kot war vom Rosse des wilden Jägers, der sich in den Händen des Finders zu Edelmetall verwandelt.

56. Die Riesen des Bliestales

Auf den Höhen an der untern *Blies* hausten einst zwei Riesen, durch das Tal des Flusses voneinander geschieden. Ihre vorzügliche Arbeit war es, den Urwald zu lichten und Wohnstätten zu schaffen. Doch besaßen sie als ungeteilten Besitz nur eine einzige Axt. Bedurfte man derselben, so gab man sich ein Zeichen und von Zeit zu Zeit klang der hohle Ruf der Riesen furchtbar von Berg zu Berg. Der Angerufene schwang alsdann die Axt in der Luft und warf sie mit großer Stärke hinüber zur andern Höhe. Hatte der Nachbar genug der Eichen gefällt und wollte er der Ruhe pflegen, so schickte er zuvor auf gleiche Weise Axt und Stiel wieder zu dem freundlichen Mitbesitzer zurück.

57. Die Riesen des Wasgenwaldes

In uralter Zeit war der *Wasgenwald* mit Riesen bewohnt, die in den natürlichen Felsenschlössern hausten, deren Größe wir heute noch bewundern. Oft wanderten sie über das Gebirg um die Drachen zu erschlagen. Einmal fanden zwei solcher Riesen einen Menschen. „Was ist das für ein Erdwurm?", fragte der eine und der andere gab ihm zur Antwort: „Sei zufrieden: Diese Erdwürmer werden uns noch auffressen."

58. Das Heidentürmchen zu Speyer

An der Ortsgrenze des Domgartens zu *Speyer,* da wo früher die Stadtmauer hinzog, steht noch eine alte Warte mit Zinnen und zwei spitzen Türmchen. Es ist wohl das älteste Stück der einstigen Stadtumfassung und man nennt's das *Heidentürmchen.* Die Leute erzählen, in alter grauer Zeit sei ein Riesenpaar die einzigen Bewohner der Gegend gewesen. Der Riese und die Riesin hätten sich das enge Nest gebaut und darin gehauset. Die müssen aber in ihrem Türmchen gesteckt haben wie in zwei Nadelbüchsen.

59. Der Riese Kreuzmann

Auf dem "Großen Stiefel" bei *St. Ingbert* schaltete und waltete einst der grausame Riese Kreuzmann. Er war ein fürchterlicher Bösewicht und der Schrecken der ganzen Umgegend. Ehe er mit seinen wilden Gesellen auf Raub auszog, wurden im Tale die Schwerter geschärft. Als Wetzstein gebrauchte man dabei einen im Orte Rentrisch noch heute vorhandenen Spil- oder Gollenstein, eine viereckige Spitzsäule, die etwa fünf Meter über die Erde und ungefähr ebenso tief in dieselbe reicht.
Mit dem geraubten Gute füllte Kreuzmann seine Vorratskammern; als solche dienten ihm die Höhlen im Innern des Berges. Seine Gefangenen brachte er auf der Zweispitz, einem gewaltigen Felsen, den er zugleich als Tisch benutzte, seinen Götzen zum Opfer. Menschenfleisch soll, wie das Volk erzählt, seine Lieblingsspeise gewesen sein.

60. Das Riesen- oder Hünengrab

Die Herren von Buren, welche ehemals im *Speyergau* ansässig waren, führten ein Horn im Wappen. Davon erzählte ein alter Mönch folgende Sage:
In der Nähe des Schlosses Buren war ein Hünengrab. Den jungen Besitzer der Burg führte manchmal sein Weg an dem Grabe vorüber, wenn er lustwandelte oder sich mit Jagen ergötzte. Einst wälzte er aus Langeweile einige von den Steinen weg, die das Grab bedeckten, und fand ein schönes Hüfthorn. Nachdem es der Ritter eine Weile betrachtet hatte, setzte er es an den Mund und fing zu blasen an. Die Töne aber, welche das Horn gab, waren so stark und furchtbar, dass sie wie ein Sturm durch den

Wald zu brausen schienen. Die Steine rollten vom Grabe weg, und ein Riese in schwarzem Harnisch ging aus der Höhlung hervor, gürtete sein Schwert um und fragte mit furchtbarer Stimme: „Hast du mich gerufen zum Kampfe?"

„Ich fand hier dieses Horn", antwortete der Ritter, „und wollte bloß versuchen, ob es noch klinge." Da sagte der Riese: „Decke mich wieder zu, das Horn aber behalte, und wenn dir einst Gefahr droht, so wecke mich wieder damit, und ich komme zu deiner Hilfe."

So kam das Horn an das Geschlecht der Buren. Ein Enkel des Ritters ließ es einst, als ein mächtiger Heerhaufen gegen ihn im Anzuge war, von der Zinne seiner Burg erschallen; da kam der Riese, und die Schar der Feinde floh, wie sie nur den Gewaltigen sah.

61. Vom Gotte Wodan

Der mächtigste und herrlichste Gott, der König und Vater der Götter war Wodan, der von Walhalla, dem weitschauenden Hochsitz, die Welt regierte. Er war ein schöner Mann mit wallendem Bart, wenn auch nur ein Auge aus seinem Antlitz leuchtete. Über seinen Schultern hing ein himmelblauer und sternbesäter Mantel und auf seinem Kopfe saß zuweilen ein breiter Wolkenhut, doch wenn's zu Jagd oder Kampf ging, ein blinkender Goldhelm. Auf Sturmesflügeln trug ihn dann sein weißes Ross durch die Luft dahin.

Allgemein verehrte man in Wodan den Gott des Krieges und brachte ihm Menschenopfer dar. Sein Hauch hetzte die Helden zum Sieg oder tapferen Tod. Die Gefallenen aber, von Wallküren hinauf nach Walhalla geführt, durchzogen mit ihm die Jagdgründe des Himmels, eilten Tag für Tag zu fröhlichem Kampf und kehrten trotz schwerer Wunden wieder nach Walhalla zum heitern Zechgelage.

Wodan galt aber auch als Schirmer des Landbaues und als Gott der Fruchtbarkeit. Wenn er im Sturmwinde das *wütende Heer* oder die *wilde Jagd* durch die Luft führte, so stürzte er wohl manchen alten Stamm; doch segnete er auch die Bäume und die Fluren, dass sie reiche Früchte trugen.

Vieles hört man noch im Pfälzer Volke von der wilden Jagd und dem wütenden Heer erzählen, doch von Wodan selbst nur dieses: Im grauen Heidentum stand bei dem Dorfe *Rodenbach* unweit von Lautern eine große Eiche, die dem Gotte Wodan geweiht war. Dorthin kamen die siegreich heimkehrenden Krieger und brachten Gefangene als Opfer dar. Da zog der Gott im Sturm und Gewitter vorbei mit wildem Halloh! Und mit ihm das Heer der Helden.

Nach Jahren zog das Christentum in der Gegend ein. Wodans heiliger Baum wurde gefällt und ein "Hochgericht" trat an seine Stelle. Da zog der Gott nach dem fernen Norden in das Reich des Dunkels und der Nacht. Aber immer noch vernimmt der Wanderer bei stillem Wetter im Blätterrauschen Wodans Klage und Grabgesang.

62. Kolb von Wartenberg

Von einem Ritter Kolb von Wartenberg, dessen Burg in der Nähe von *Winnweiler* lag, weiß die Sage also zu berichten:

Zu *Worms* war einst ein großes Turnier, wobei sich besonders der von Wolfseck aus dem Schwabenlande hervortat, so dass zuletzt keiner mehr mit ihm stoßen wollte. Höhnend sah er deshalb auf die rheinischen Ritter herab. Das wurmte Kolb von Wartenberg, der nur zum Schauen gekommen war, und er entschloss sich, die Ehre der rheinischen Ritterschaft durch einen Strauß mit dem Übermütigen zu retten. Furchtbar war der Zusammenstoß der gewaltigen Männer; die Splitter der Lanzen wirbelten hoch in der Luft und - Wolfseck lag am Boden. Da rief er voll Scham und Wut: „Der hat mich durch höllische Kunst besiegt; er steht mit dem Teufel im Bunde." „Das lügst du!", entgegnete Wartenberg empört, „ein Zweikampf mit scharfen Lanzen soll dich dieser Lüge zeihen." Es blieb bei dem Vorschlage, und der Tag des Kampfes wurde festgesetzt.

Wohl erschien der Schwabe mit alter Keckheit; aber Wartenberg - blieb aus. Als Wolfseck höhnisch nach dem tapfern Kolb fragte, sprengte ein Ritter auf schwarzem Rosse mit geschlossenem Visier in schwarzer Rüstung heran. Nur der Helmbusch war feuerrot. Da der Ritter Kolbs Wappen trug, so ließ man ihn ein.

Alsobald begann der Kampf. Schon beim ersten Zusammenstoß sank der Schwabe vom Pferde; der Schwarze aber flog mit Sturmeseile davon. Als man den sich am Boden Krümmenden aufheben und verbinden wollte, sprach er mit matter Stimme: „Es ist unnötig. Wartenberg gab mir den verdienten Lohn; denn meine Leute haben ihn gestern unvermutet überfallen und getötet." Gleich darauf war er eine Leiche.

63. Die Waldkapelle

Im alten Reichsforst bei *Kaiserslautern* sah man noch zu Anfang der Französischen Revolution Überreste einer Kapelle, von deren Entstehung folgende Sage ging.

Blicker von Nanstall *(Landstuhl)* wurde mit einem Teile des Forstes belehnt, weil er dem Kaiser treue Dienste im Felde geleistet hatte. Außer dem Kriege liebte er nichts so sehr als die Jagd, und selbst die Sonntage und die Feste des Herrn waren ihm nicht heilig genug, um das Weidwerk an solchen Zeiten ruhen zu lassen.

Einstmals, den Abend vor Ostern, jagte er bis tief in die Nacht. Da vernahm er plötzlich ein Geräusch wie von vielem Hochwild, und die Rüden schlugen an. Er verteilte schnell seine Knechte und legte einen Pfeil auf den Bogen. Das Geräusch näherte sich immer mehr, die Hunde winselten und schmiegten sich ängstlich an ihren Herrn an. Auf einem Sechzehnender von ungeheuerer Größe kam ein schwarzer Jäger geritten. Der stieß in sein Hüfthorn, und ringsum erhob sich das wilde Geschrei der Jagd. Ganze Rudel von Hirschen und Rehen sprangen aus dem Dickicht. Dem Ritter von Nanstall sträubten sich die Haare empor, und ein Todesschauer rieselte durch sein Gebein. Jetzt ritt der schwarze Jäger auf ihn zu. Der Ritter, in der Angst seines Herzens, stieß in das Hüfthorn, um seine Knechte herbeizurufen, und er tat es mit solcher Gewalt, dass ihm die Adern sprangen und er tot zur Erde fiel.

Auf der Stelle, wo sein Leichnam gefunden wurde, ließen seine Nachkommen eine Kapelle bauen.

64. Gott Donar und sein Gefährt

Wodans Sohn ist der Gott *Donar,* der Gebieter über Wolken, Blitz und Donner. Der höchste Berg des Pfälzerlandes, der gewaltige *Donnersberg,* war ihm einstens geweiht.
Ungeheure Kräfte nannte der starke Gott sein eigen. Blies er in seinen roten Bart, so zuckte der Blitz. Fuhr er in seinem Wagen mit dem Bocksgespann über die Wolken, so rollte der Donner. Warf er seinen Hammer gegen das Felsgestein oder den Schild der Riesen, so rauschte fruchtbringender Regen hernieder. So war Donar der Wohltäter des Volkes, der Gott der Bauern. Ihm vertrauten sie Ehe und Namen, die Grenze ihres Eigentums, Weg und Steg. Geheiligt war ihm der Donnerstag, der darum noch heute als guter Hochzeitstag gilt.
Lange und viel hat wohl auch das Pfälzer Volk vom Gotte Donar erzählt, und wenn es heute von einem andern alten Wohltäter und Freunde der Bauern Folgendes berichtet, so scheinen darin Erinnerungen an den alten Donnerer enthalten zu sein:
König Dagobert, der große Wohltäter der Pfälzer, residierte auf Burg *Landeck,* der Sage nach dem ältesten Schlosse der Pfalz, das bereits Chlodwig aus einem römischen Kastell in einen königlichen Palast verwandelt haben soll. Auch in *Göcklingen,* ehedem Amphoringen geheißen, besaß der wundermilde Fürst eine Burg, wo er des Öfteren weilte.
Heute noch erzählen dort die Leute von ihm, wie er mit seinen beiden Ziegenböcken auf den Markt nach Landau fuhr und bezeichnen dabei genau den Weg, den er genommen hat. Ein heftiger Sturm, sagen sie, sei immer vor ihm hergegangen und die Bewohner der anliegenden Dörfer und Landaus wussten alsdann: eben kommt Dagoberts Gefährt.

IV. Von Teufeln, Hexen und Zauberern

65. Der Burgbau auf dem Rheingrafenstein

ls die Rheingrafen noch auf dem Kauzenberg wohnten, da drohte einem der Herren wieder einmal eine Fehde mit dem Erzbischof von Mainz. Der Rheingraf war darob nicht ganz ohne Sorgen, und als er einst auf der "Gans" jagte und den gewaltigen Doppelfelsen des *Steins* ansah, dachte er: Wer doch dort oben eine Burg haben könnte! Da stand plötzlich wie aus dem Boden gewachsen ein Jäger vor ihm, nicht übel von Aussehen und Gestalt, nur dass er so merkwürdig hinkte. Es war der Teufel leibhaftig, der also zum Grafen sprach: „Was gilt's, morgen soll auf dem Stein eine Burg stehen, wenn ich die Seele dessen bekomme, der zuerst zum Fenster hinaus sieht!" Dem Grafen grauste es, und er erbat sich Bedenkzeit aus bis zum andern Abend. Als er mit seiner Gemahlin die Sache besprach, riet sie ihm, auf den Handel einzugehen; das andere solle man nur ihr überlassen. Und richtig kam der Vertrag zustande und ward am nächsten Abend mit einem Tropfen Blut unterschrieben, den der Hinkende bei sich hatte. Wie reckten am andern Morgen die Leute in Münster die Hälse, als sie oben auf dem Stein die stattlichste Burg sahen. Und wie der Graf mit den Seinen einzog, da durfte bei Todesstrafe niemand aus dem Fenster hinaussehen. Die Gräfin aber ließ dem alten Esel, der bisher die Säcke zur Mühle trug, das Barett des Burgkaplans aufsetzen und das Tier vorsichtig in den Rittersaal führen.

Jetzt wird das Fenster geöffnet und der Esel hingebracht, der dumm hinabschaute in die schäumende Nahe. Gleich fährt auch schon der Teufel, der auf der Zinne gelauert hatte, auf den vermeintlichen Burgkaplan herab und reißt ihn zum Fenster hinaus. Und als er sich betrogen sieht, wirft er das arme Tier in den Abgrund. Drauf fuhr er heulend um die Zinnen der Burg und ward seit der Zeit nicht mehr im Nahetal gesehen.

66. Der Teufelsstein

Als bei der Erbauung des Klosters *Limburg* schon die Fundamente ausgemauert waren, kam der Teufel daher und fragte die Maurer, was sie denn da für einen Bau aufführten. „Ei", antwortete ein loser Geselle, „das gibt ein Wirtshaus." „Ein Wirtshaus?", sprach nun der Böse, „da baue ich auch mit." Und weil er sich anstellig erwies und mit furchtbarer Stärke immer die schwersten Quader aufeinander setzte und mächtige Säulen herbeischaffte, so ließ man ihn wohl mitarbeiten.
Als aber das Gebäude fertig war und er sich's näher ansah, da merkte er, dass nicht ein Wirtshaus, sondern eine Kirche vor ihm stand. Dies brachte ihn so in Wut, dass er fluchend und in der Absicht davonging, den Bau wieder zu vernichten.
Auf einem gegenüberliegenden Berge fand er ein ungeheures Felsstück; das dünkte ihm gerade recht, die schönen Hallen der neuen Klosterkirche niederzuschmettern. Als er jedoch die Felsenmasse anfasste, da läutete man drüben in der Abtei mit allen Glocken und erflehte des Himmels Schutz, und siehe, der Stein wurde weich wie Wachs und er konnte ihn nicht halten. Zudem soll eine weiße Frau ihn beim Ärmel gezupft haben.
Brüllend verließ der Böse die Stätte; aber das Kloster erblühte immer mehr und mehr und war lange eines der berühmtesten in der ganzen Gegend. Der Stein ist heute noch mit den Spuren des Teufels zu sehen und bekannt unter dem Namen *Teufelsstein.*

67. Der Teufelstisch

Auf einem Ausläufer des Etschberges bei *Kaltenbach* sieht man ein merkwürdiges Naturspiel, den *Teufelstisch,* der aus zwei Felsenpfeilern besteht, über denen eine steinerne Platte ruht. Wie der dahin kam, weiß das Volk gar gut zu erzählen.

Einst geriet der Teufel als Ritter und Sänger verkleidet unten an den Schlossberg bei Dahn. Es hatte sich gerade eine glänzende Gesellschaft von Rittern und Edelfrauen zur Mittagsruhe dort niedergelassen. Der fahrende Leiermann fragte, ob er genehm sei, und noch ehe er Antwort erhielt, sang und spielte er, dass ringsum der Wald ertönte und die Frauen begeistert seinem Liede lauschten. Dann hieß es: „Zum Mahle! Der Leiermann zeige uns weiter, was er kann!"

Das war dem Teufel, der auf eine Einladung gerechnet hatte, denn doch zuviel und in seinem Grimme drohte er, die Männer alle an seinem Spieße zu braten. Und als die Ritter höhnisch darüber lachten, streckte er einen um den andern ins Gras. Ihre Seelen band er an den Sattelknopf seines Pferdes; die Herzen aber briet er am Feuer. Mit Riesenmacht wühlte er darauf zwei Felsen aus dem Berge und trug sie auf die Höhe, legte eine steinerne Platte querüber und lud nun die Damen zum Schmause ein. Wer heute das Felsenbild sieht und die Geschichte kennt, dem wird es gar unheimlich beim Teufelstisch.

Auch so hört man im Volke von dem sonderbaren Steine erzählen: In einem Walde im *Kaltenbachertal* schritt eines Nachts der Teufel den Berg hinan. Weil er müde war, suchte er nach einem Ruheplätzchen, aber vergebens. Wild blickte der Böse über Gebirg und Tal; in seinem Zorne packte er zwei Felsen und stellte sie so aufeinander, dass sie die Form eines Tisches bekamen. Nachdem er dort eine Weile gerastet hatte, ging er wieder weiter; den Tische aber ließ er stehen. Und als nun morgens die Leute aus dem Tale kamen, sahen sie den Felsen mit Staunen und Grauen an und sprachen: „Dort hat der Teufel sein Mahl gehalten."

Einer aber darunter lachte die andern aus und sagte: „Diese Nacht will ich's mit ihm teilen." Er ging auch hin, musste aber wahrscheinlich nichts Gutes erlebt haben. Denn um die zwölfte Stunde hörte man ihn grässlich schreien und die Leute schlichen sich bekreuzigend leise nach Hause. Der Fels aber trägt den Namen *Teufelstisch* bis auf den heutigen Tag.

68. Der Teufelsberg

Der Teufel hat schon viel durcheinander gemacht, aber noch nie etwas Ordentliches zuwege gebracht. Das zeigt sich wieder auf dem Burer Berge hinter dem Bad *Gleisweiler*, der auch der *Teufelsberg* genannt wird. Dort liegen riesige Felsmassen bunt und kraus umher und die Leute erzählen, der Teufel habe da oben gehaust. Nur darüber ist man nicht einig, ob er daselbst eine Stadt zerstört und die Häuser in große Steine verwandelt habe, oder ob er aus diesen Felsblöcken seine Residenz bauen wollte, die ihm aber unter der Hand missglückt sei.

Sein Wesen soll er heute noch dort haben. Das merken die zu Weyher am besten. Wenn der Wind so recht grausig aus dem so genannten *Teufelsloch* durch die Mündung des Modenbacher Tales zwischen Weyher und Burrweiler hervorstürmt und das schwarze Nachtgewölk mit seinen unheimlichen Gestalten vor sich hintreibt, lassen sich allerlei gar wüste Stimmen vernehmen, als ob das wilde Heer vorüberziehe.

Das kommt alles vom Teufelsberg her und das Flämmchen, das zuweilen tief im Talgrunde irrt, gilt wenigstens für einen Gevatter oder ein Geschwisterkind des leidigen Gottseibeiuns.

69. Der Teufelsbrunnen

Zu *Einöd* bei Zweibrücken hatte eine reiche Jungfrau, die Tochter eines Bauern, einem armen, aber braven und wackern Burschen die Ehe verheißen. Des Mädchens Vater jedoch wollte nichts davon wissen und schalt und tobte so lange, bis sich der Jüngling entschloss, das Dorf zu verlassen und in die Fremde zu wandern. Er hoffte, in der weiten Welt sein Glück zu machen und bald als wohlhabend vor dem geldsüchtigen Alten zu erscheinen. Als er nun beim Abschied davon sprach, die Jungfrau werde ihm nicht Glauben halten, fing diese an sich zu verschwören mit den Worten: „Wenn ich einen andern als dich nehme, so hole mich der Teufel!"

Martin, so hieß der Bursche, zog fort in die Fremde und ließ sich beim kaiserlichen Heere anwerben. Marie aber, das Mädchen, hielt sich von nun an einsam und zurückgezogen von ihren Gespielinnen. Da geschah es nach etlichen Monaten, als sie eines Tages an ihrem Fenster saß und arbeitete, dass ein stattlicher Reiter - es war der Sohn des Burgvogts von Zweibrücken - im Galopp die Straße herauf ritt. In demselben Augenblick, als ihn Marie erblickte, bäumte sich das Ross des Jünglings und warf diesen mit einem Satze auf den Boden. Man trug den Unglücklichen in Mariens Haus, wo er von der Jungfrau mehrere Wochen sorgfältig gepflegt ward. Aber was geschah? Nach der Wiederherstellung des Zweibrückers wurde Marie trotz ihres Schwures seine Verlobte. Wenige Tage darauf kam Martin vom kaiserlichen Heere zurück. Und als ihn die Nachricht traf von dem, was vorgegangen, verschwand er zur selben Stunde und niemand wusste, wohin er seinen Weg genommen.

Es war am Hochzeitstage um Mitternacht, als zwei fremde Jägerburschen in den Saal traten. Der eine hatte rabenschwarzes Haar und blitzende Augen. Der erfasste die Braut und riss sie im Tanze herum; zugleich verbreitete sich ein stinkender Schwefelgeruch. Schlag zwölf erscholl ein höllisches Gelächter, und der Rabenschwarze fuhr mit der Braut und dem gekommenen Jäger zum Fenster hinaus. Der aber war niemand anders als Martin, der sich dem Teufel verschrieben hatte.

Des andern Tages fand man drüben auf der Wiese ein Wasserloch von unergründlicher Tiefe; ringsum war alles Gras wie von Feuer verzehrt. Da war der Teufel mit seiner Beute hinein gefahren, weshalb das Loch den Namen *Teufelsbrunnen* davongetragen hat. Alle sieben Jahre soll ein Kranz von weißen Rosen oben auf dem Wasser erscheinen und wieder versinken. Das Fenster aber, durch welches der Böse den Weg nahm, blieb vermauert bis in die letzte Zeit.

70. Der Müller und der Teufel

In einer Mühle bei *Kirchheim* kehrte von Zeit zu Zeit ein armer Pilger ein. Immer reichte ihm die wohltätige Müllerin ein warmes Abendbrot, und im Kuhstalle fand der Gast stets ein weiches Strohlager. Einmal nun, wie er so des Nachts dalag, gingen ihm allerlei Gedanken durch den Kopf. Er wollte drum nicht zum Schlafen kommen. Da öffnete sich um Mitternacht, als gerade die

Glocke zwölf schlug, plötzlich die Tür, und herein traten der Müller und seine Frau. Der Müller trug schweres Silbergeld in einem Säckchen und die Müllerin leuchtete ihm mit einer trüben Lampe. Leise schlich er zu dem Pilger hin; der aber hatte die Augen geschlossen und tat, als ob er fest schliefe. Zufrieden nickte der Müller mit dem Kopfe und dachte bei sich: „Von dem habe ich nichts zu fürchten; der sieht und hört nichts mehr."
Dann ließ er sich von der Müllerin nebenan in die Scheune leuchten. Dort im Barren hatte er sein Geld versteckt und es der Obhut des Teufels anvertraut. Heute sollte der heimliche Schatz wieder um ein gut Stück vermehrt werden. Der Teufel suchte den Müller vor dem wachenden Pilger zu warnen, indem er einmal übers andre Mal rief: „Es guckt! Es guckert!" Der Müller aber konnte die Ängstlichkeit des Bösen nicht begreifen und sprach zu ihm: „Was machst du für ein erbärmliches Gesicht, schwarzer Bruder? Außer uns dreien kann keine Seele auf der Welt diesen Schatz heben. Wer wird denn auch auf den Gedanken kommen, dass nur ein Flammkuchen, über und über mit Schuhnägeln gespickt, mein Geld deiner Macht entreißen kann? Darum frisch an die Arbeit, ehe die Geisterstunde vorüber ist!"
Mit vereinten Kräften hoben nun der Schwarze und der Weiße einen schweren Quaderstein aus dem Mauerwerk und öffneten so ein kleines Gemach, in dem die Schätze des Müllers verborgen lagen. Das Säcklein mit den harten Talern wurde dazugetan und die Schatzkammer wieder geschlossen. Der Müller und sein Weib kehrten ins Wohnhaus zurück, und der Teufel übernahm wieder die Wache über das versteckte Geld.
Am nächsten Morgen verließ der Pilger die Mühle und kehrte lange Jahre nicht mehr dort ein. Wie er nun wieder einmal in die Gegend kam, hörte er, dass die Müllersleute gestorben seien. Er ging in die Mühle und bat um ein Nachtquartier, und die Müllerskinder, die ihn kannten, nahmen ihn freundlich auf. Als er darnach fragte, wie es ihnen gehe, erzählten sie ihm, dass sie gar oft Geld nötig hätten. „Unser Vater", so sagten sie, „hat ganz sicherlich Geld versteckt, und wir haben schon das ganze Haus umgewendet, ohne es zu finden."
Nun erzählte der fremde Mann getreu, was er in jener Nacht gesehen und gehört hatte. Da wurden die Betrübten mit einem

Male froh. Der Bruder trug Holz herbei und heizte den Backofen, und die Schwester rührte in aller Eile Teig an und machte einen Flammkuchen, den sie mit Schuhnägeln spickte, soviel nur Platz darauf hatten.
Kurz vor Mitternacht kam der Kuchen aus dem Ofen, und mit dem zwölften Glockenschlage legten sie ihn an die Stelle, die der Pilger nannte. Da tat sich die Schatzkammer auf, und vor ihnen lagen unzählige Gold- und Silberstücke. Mit großem Gepolter erhob sich der Teufel und fuhr scheltend durch das Gebälk zum Scheuerdach hinaus. Reich beschenkt verließ der Pilger die Mühle. Den Müllerskindern aber ging es gut, solange sie lebten.

71. Die Hexe vom Münstertal

Es ging ein Mann von Zotzenheim (hessisch) nach dem pfälzischen Dorfe *Niederhausen* an der Appel und trug einen Korb mit Trauben. Als er vor Wöllstein auf die Appelbrücke kam, stellte er seinen Korb nieder um auszuruhen. Da sah er auf einem Apfelbaum einen Raben, der schrie erbärmlich. Er nahm einen Stein und warf nach dem Raben; dieser fiel auch gleich herunter und der Mann glaubte, er sei tot. Doch als er heruntergefallen war, war's eine Katze; er ging fort, die Katze kam nach und schrie. Dabei wurde sie immer größer und größer und ihre Augen waren wie Mühlräder. Der Mann trug den Korb auf der rechten Schulter und seinen Stock in der linken Hand, weil so die Hexen keine Gewalt über den Menschen haben.
Als er nach Freilaubersheim, dem nächsten Dorfe, kam, weckte er sich den Nachtwächter und erzählte ihm den Vorgang. Der sagte ihm: „Schau nach jenem Häuschen, da wirst du die Katze unter der Tür hineinschlüpfen sehen." Und gleich darauf ging zwar keine Katze, aber eine weibliche Person in das Haus. „Wer der Katze etwas zuleide tut", meinte der Nachtwächter noch, „dem tut sie zuleide an seinem Vieh."

72. Die gebrannte Hexe

Hammichel, ein Färber in *Wolfstein*, hantierte nachts allein in seiner Färberküche. Kam da ein kohlrabenschwarzes Kätzchen herein. Das tat gar zutraulich und der Hammichel fragte: „Was tust du denn da?" Wie erstaunte er aber, als das Kätzchen sagte: „Ich will mich nur ein bisschen wärmen." Da war es dem Färber nicht geheuer und er schüttete dem Tiere die heiße Farbbrühe über, die er gerade in der Hand hatte. Urplötzlich verschwand das Kätzchen. Aber am nächsten Tage hörte man, dass eine Frau, die im Geruche stand eine Hexe zu sein, mit Brandwunden bedeckt im Bett liege.

73. Die diebische Hexe

Auf dem Glaserhöfchen in *Miesenbach* wohnte vor langer Zeit eine Frau, von der die Leute sagten, sie sei eine Hexe. Der eine Bauer klagte: „Mir wird das Korn, das ich für die Mühle gewogen habe, aus dem Sack gestohlen." Ein anderer: „Meiner Frau ist wieder ein Hafen Latwerg fort gekommen." Und ein dritter beschwerte sich: „Meine Kühe geben keine Milch und sind doch alle frisch."

Da passten die Leute auf den Dieb auf. Einer merkte, wie eine Taube oben zum Fenster hinein flog, wo die Frucht lag, und es war doch im ganzen Dorf keine Taube. Ein zweiter sah einen Schmetterling zum Kamine herunterkommen. Der alte Adam endlich kam dazu, wie eine Katze durch das Hühnerloch in den Stall schlich. Er ging ihr nach und musste sehen, wie sie eine Kuh nach der andern molk. Das war ihm doch zu arg; wütend sprang er hin und klopfte dem Tiere gehörig auf die Pfoten. Dabei dachte er: „Das kann niemand anders sein als die Hexe vom Glaserhöfchen."

Am andern Morgen ging er ihr ins Haus und fragte, ob sie helfen könne, Kartoffeln ausmachen. Die Frau aber lag mit verbundenen Händen im Bett und klagte: „Ich wollte gern helfen, wenn meine Arme und Hände nicht so geschwollen wären. Ich weiß gar nicht, woher das kommt." „Ich weiß es", sagte der alte Adam, „Kartoffeln machen wir keine aus; aber ich kenne jetzt die Diebin, die mir meine Kühe gemolken hat."

Von dieser Zeit an wurde keine Frucht mehr gestohlen, es fehlte keine Latwerge mehr, und auch die Kühe im Stalle blieben verschont.

74. Das Hexengewitter

Bei *Oggersheim* währte einmal ein starkes Gewitter außerordentlich lange. Ein Jäger, der auf der Landstraße war, mutmaßte, es müsste durch Hexerei entstanden sein. Er lud demnach sein Gewehr mit einer geweihten Kugel und schoss mitten in die schwärzeste Wolke. Da fiel aus dieser eine nackte Frauengestalt tot zu Erde, worauf das Gewitter sich augenblicklich verzog.

75. Der Hexenball

Vor dem Revolutionskriege waren arme Familien vom Hunsrück und vom Hochwalde in die Sickinger Gegend gekommen. Einige der Weiber zählten zur Hexengesellschaft. Wenn sie sich zu ihren Versammlungen salbten, sprachen sie diese Worte: „*über* Hecken und Stauden!" Das hatte Hansnickel, ein Knecht, vernommen und aus seinem Verstecke gesehen, wie seine Hausfrau zum Hause hinausfuhr. Er salbte sich auch und ward sobald in Bewegung gesetzt, hatte aber in der Übereilung „*durch* Hecken und Stauden!" gesprochen. Mit zerrissener Haut kam er auf dem Festplatze an. Alles war dort schon in Saus und Schmaus und sie zogen ihn auch in ihre Ergötzung hinein. Als der Tanz geendet hatte, machte der Herr des Festes die Runde, diesmal aber nicht mit Säcken behangen wie sonst, sondern in goldbesticktem Kleide. Da sah der bestürzte Knecht unter dem Gewande den Pferdefuß und rief: „Jesus Christus!" Und blitzschnell war die Versammlung auseinander; der Knecht aber stand allein auf dem Ballplatze.

76. Hexentanz und Hexenkraut

An der Bienwaldstraße zwischen *Schaidt* und Niederlauterbach steht am Rande der Bildstraße ein kleines Waldhaus; das *Jakobshäuschen*. Vorher war dort die Jakobshütte. Das Häuschen wurde zum Schutze eines Waldhüters aus Schaidt und zur Sicherheit der Grenzwächter erbaut.

Weil es am Kreuzwege steht und von hier aus das "weiße Kreuz" sichtbar ist, so kam die Sage auf, dass dort in der ersten Mainacht die Hexen ihren Spuk treiben. In der Nähe wächst auch zahlreich das Hartheu oder Hexenkraut. Wenn dies in der Geisterstunde gepflückt wird, so bannt es die Hexen.

77. Der Zauberschütze Punker von Rohrbach

Der Pfalzgraf bei Rhein, Ludwig der Bärtige, also genannt, weil er sich einen großen Bart wachsen ließ, belagerte einst die Burg *Lindelbrunn*, deren Inhaber öfters Raubzüge in sein Gebiet unternahmen. Bei seiner Mannschaft hatte er einen gewissen Punker von Rohrbach (bei Heidelberg), der als Armbrustschütze nicht seinesgleichen besaß, deshalb aber auch im Verdacht der Zauberei stand.

Alle Schlossbewohner, einen einzigen ausgenommen, brachte er mit seinen Pfeilen um. Wohin er sich auch wendete, wen er nur ansah, den erreichte sein todbringendes Geschoss. Solche Schüsse standen jeden Tag nur drei in seiner Gewalt, weil er nämlich drei Pfeile auf das Bild des Heilands abgeschossen hatte. Wenn aber jene drei Schüsse abgeben waren, schoss er, wie die Übrigen, seine Pfeile nur auf gut Glück ab.

Nun geschah es einmal, dass jemand von den Schlossbewohnern in der Nachtzeit dem Schützen spottend zurief: „Punker, wirst du denn nicht den am Tore hängenden Reif unverletzt lassen?" Darauf antwortete Punker: „Nein; gerade am Tage der Einnahme des Schlosses will ich ihn wegnehmen." Wie er es vorher gesagt hatte, so brachte er es auch zur Erfüllung. Denn nachdem alle mit Ausnahme eines einzigen umgebracht worden waren, wurde die Burg genommen und Punker holte sich jenen Reif und hing ihn an seinem Hause in Rohrbach auf.

Es wird ferner erzählt, dass einer von den Vornehmen sich einmal von Punkers Kunst sicher überzeugen wollte. Er stellte deshalb dessen eigenen kleinen Sohn an eine Säule, legte ihm als Ziel einen Zehner auf das Barett und trug dem Vater auf, die Münze mit dem Pfeil herunterzuholen. Der Schütze erklärte dies tun zu wollen; doch stehe er lieber davon ab, damit ihn der Teufel nicht zu seinem Untergang versuche. Der Fürst aber bestand darauf und Punker steckte zuerst einen Pfeil in seinen Koller am Halse, legte einen andern auf die Armbrust und schoss den Zehner vom

Barett ohne jede Schädigung des Knaben. Als nun der Fürst den Schützen fragte, warum er den Pfeil in den Koller getan hätte, antwortete Punker: „Wenn ich, vom Teufel getäuscht, mein Kind getötet hätte, so dass mein Tod sicher gewesen wäre, so hätte ich Euch sofort mit dem andern Pfeil durchbohrt und so meinen Sohn und mich gerächt."

78. Der Schnittlfelsen

In der Nähe von *Erlenbach* bei Dahn ist ein Felsen, der Schnittlfelsen geheißen. Auf demselben wohnte ehemals ein Mann namens Schnittl, der sich auf mancherlei Zauberkünste verstand; insbesondere konnte er sich selbst verhexen und erschien dann in verschiedener Gestalt den Bewohnern der Gegend.
Einmal verhexte er sich in einen Baumstamm. Da kam ein Schreiner des Wegs, setzte sich, müde wie er war, auf den Stamm und legte auch sein Fensterglas darauf, das er in der Stadt geholt hatte. Plötzlich rüttelte sich der Stamm, und des Schreiners Glas fiel und zerbrach.
Gleich erkannte der Mann, dass es Schnittl gewesen sei, und er klagte laut über ihn und über den ihm zugefügten Schaden. Da stand mit einem Male Schnittl in seiner wahren Gestalt vor ihm und sprach tröstend: „Sei zufrieden! Ich verwandle mich in einen Ochsen, dann verkaufst du mich, und für das Geld kannst du wieder Glas haben und es bleibt dir noch ein gutes Stück übrig." Und wirklich verwandelte er sich in einen Ochsen, den der Schreiner noch desselbigen Tages einem Bauern verkaufte. Als der aber am andern Morgen in den Stall kam, fand er an des Ochsen Stelle nur ein Bündel Stroh. Die Leute fürchteten sich stets vor Schnittl; denn er nahm zuweilen auch die Gestalt wilder Tiere an. Heutzutage kommen die Kinder furchtlos zum Schnittlfelsen, locken doch die süßen Heidelbeeren, die darauf wachsen.

79. Der Heidenfelsen

Nicht weit von *Erlenbach* bei Dahn steht ein Felsen, den man den Heidenfelsen nennt. Einmal trieb sich dort ein Jude herum. Wie er aber sah, dass ein Räuber daher kam, versteckte er sich rasch.

Der Ankömmling trat vor den Fels und sprach: „Eiserne Tür, geh auf!" Da tat sich eine eiserne Türe auf, die der Jude vorher nicht wahrgenommen hatte. Er wartete nun, bis der Räuber wieder weggegangen war. Dann trat auch er an die Stelle und sprach die Worte: „Eiserne Tür, geh auf!" Und wieder ging die Tür auf und vor seinen Augen lag eine weite Höhle, die Schatzkammer der Räuber, die dort ganze Kisten voll Geld aufgestellt hatten. Er ging also hinein und füllte alle seine Taschen mit den vor ihm liegenden Schätzen. Doch als er wieder herauswollte, kamen gerade die Räuber zurück; sie merkten den Raub, plünderten den Eindringling aus und nagelten ihn an die Wand.
Noch heute ist in dem Felsen eine Höhle. Darin haben Heiden gewohnt, wie die Leute erzählen, und es sollen auch Spuren gefunden worden sein, wie kleine Messer und viele Knochen.

80. Der krumme Dallacker

Vor langer Zeit saßen Musikanten in einem Wirtshause zu Neustadt. Ein fremder Herr holte sie ab, dass sie in der Nacht bei ihm spielten. Sie kamen an die Burgruine auf dem *Königsberg*. Da stand ein herrlicher Bau, das Tor tat sich von selbst auf und sie waren in einem glänzenden Saale, der sich mit reich geschmückten Gestalten anfüllte.
Bald begann der Tanz; dazu spielten die Geigen von selber und so seltsam ergreifende Weisen. Die Spielleute wurden köstlich bewirtet und nach dem Feste reich belohnt. Als sie nun herauskamen um heimzukehren, da war das Schloss auf einmal verschwunden. Sie gingen nach Neustadt, kannten sich aber nimmer dort aus und wurden auch von niemand erkannt. Erst als sie ihr Erlebnis erzählten, trat ein mehr als 100-jähriger Greis in ihre Nähe und er konnte sich noch dunkel an jene Spielleute erinnern, die einst im Wirtshause seines Großvaters eingekehrt waren, dann abgeholt wurden und nicht wieder kamen. „Euch hat der krumme Dallacker verführt!", rief der Greis. Da fielen die Männer entsetzt zu Boden und waren Asche und Staub.
Vom Dallacker aber wird erzählt, dass er im Neustadter Tale als Raubritter sein Wesen getrieben habe.

V. Von Zeichen und Wundern

81. Der Stab des Klausners

wei Kinder vom *Hanweilerhofe* am Donnersberg gingen einmal in den Wald, um Erdbeeren zu brechen. Als sie großen Durst bekamen, suchten sie das Brünnchen bei der Klauser-Hütte auf. Sie bückten sich nieder und wollten trinken; da sahen sie im Wasser des Brunnens ein altes, graues Männchen. Das stand hinter ihnen und trug in der Hand einen großen Stock.

Voll Freundlichkeit sprach er zu den erschrockenen Kindern: „Wenn euch das Wasser schmeckt, so trinkt euch satt; ist es aber nicht gut, so geht, so schnell ihr könnt!" Die beiden Kinder fürchteten sich und sprangen fort.

Das graue Männchen steckte derweil seinen Stab mitten in die Quelle, und er wuchs zu einer mächtig dicken Weißbuche, die heute noch steht. Das Brünnchen aber ist jetzt weiter unterhalb der Klauser-Hütte.

82. Das Marienbild zu Gräfinthal

Etwa eine halbe Stunde von *Bliesmengen* liegt in einem freundlichen Tale der *Gräfinthaler Hof* und in dessen Bezirk die Ruine des Klosters Gräfinthal. Das Gotteshaus verdankt Namen und Entstehung der Gräfin Elisabeth von Blieskastel. Noch vor der Gründung des Klosters stand daselbst in der Höhlung einer alten

Eiche ein Marienbild. Eines Tages nun zog ein Ungläubiger vorüber und verletzte das Bild mit einem Pfeile, worauf es wunderbarlicher Weise Blut vergoss. Ein Blinder nahm davon, rieb die Augen damit und wurde sehend. Auch die Gräfin Elisabeth von Blieskastel, die seit langem an einem schmerzlichen Augenübel litt, hörte es, begab sich an Ort und Stelle, benetzte ihre Augen mit dem fließenden Blut und wurde alsbald für immer geheilt. Um dem Himmel ihren Dank für diese Hilfe zu beweisen, gründete sie im Jahre 1243 das Kloster zu Ehren Mariens. Der Ruf des Bildes aber ging hinaus in weite Ferne und Tausende von Pilgern wallfahrteten nach Gräfinthal.

In späterer Zeit hieß das Bild auch die schwarze Muttergottes, weil es während der Französischen Revolution verbrannt werden sollte, sich aber als unverbrennlich zeigte. Als es hierauf öffentlich verkauft wurde, ersteigerten es einige Mädchen aus Blieskastel und schenkten es der dortigen Pfarrkirche; nach Jahren ward das Bild der allgemeinen Verehrung entzogen.

83. Das Muttergottesbild zu Forst

In früheren Zeiten besaß die Kirche in *Forst* ein Muttergottesbild, das bei dem Volke in großem Ansehen stand. Bei der Zerstörung und Plünderung durch die Franzosen in den Jahren 1689 und 1794 blieb das Heiligtum unversehrt erhalten. Dadurch gewann es noch höhern Wert im Herzen des Volkes. In allerlei Trübsalen und Fährnissen suchte man es auf und war sicher unter seiner Obhut. Das Bild soll auch, wie weiter erzählt wird, vor drohenden Kriegsgefahren, vor Krankheiten und Teuerungen mit klagenden Lauten das bevorstehende Übel verkündet haben.

84. Das Marienbild zu Ranschbach

Nahe bei *Ranschbach* entspringt der Kaltenbrunn. In früheren Zeiten stand dort eine der Mutter Gottes geweihte Kapelle, die aber im Bauernkriege zerstört wurde. Eines Tages, es war nicht lange nach dem Dreißigjährigen Kriege, hütete bei der Quelle der Schweinehirt von *Leinsweiler* seine Herde. Da sah er, wie seine Tiere ein Muttergottesbild aus dem Boden herauswühlten. Er nahm es an sich und brachte es nach Leinsweiler, wo es in der Kirche aufgestellt wurde. Doch am nächsten Tage war es verschwunden und man fand es wieder in der Kirche zu Ranschbach. Nach Leinsweiler zurückgebracht, verschwand es abermals und so noch ein drittes Mal. Als man es nun am dritten Tage wieder in Ranschbach abholen wollte, da fing das Bild plötzlich an zu reden und bat, man möge es doch an seinem Orte lassen. Das ist denn auch geschehen und heute noch steht es auf dem Altare zu Ranschbach.

85. Das fromme Knäblein zu Speyer

In *Speyer* sieht man ein wundertätiges Marienbild, welches das Jesuskindlein auf dem Arme trägt. Zu diesem trat einmal ein Knäbchen, das ein Stück Brot in der Hand hatte; davon brach es ein Bröcklein und reichte es dem Jesuskinde bittend hin mit den Worten, deren sich die Kinder gewöhnlich zu bedienen pflegen: „Da, Kindchen, da, beiß einmal." Da neigte sich das Bild des Jesuskindes und umfing das Knäbchen, indem es sprach: „Musst nicht mehr weinen, Kindchen, über drei Tage sollst du mit mir zusammen essen."

Das hörte des Knäbchens Mutter; sie zitterte und bebte und erzählte auch das Wunder einem alten Kanonikus, der gerade vorbeiging. Dieser erkannte den Sinn jener Worte und sprach: „Frau, habet acht auf Euer Kind, denn es wird kaum noch drei Tage leben." So geschah es auch, das Knäbchen bekam ein Fieber und war am dritten Tage tot.

86. Das Marienbild im Dom zu Speyer

Sankt Bernhard hatte sich einmal verspätet unter den Fürsten, die zu einem Reichstage gen *Speyer* gekommen waren, und die Stunde, wo er gewöhnlich Maria mit einem Ave zu grüßen pflegte, hatte schon längst geschlagen, als er sich seiner Säumnis erinnerte. Er lief also, so sehr er konnte, dem Dome zu und begann schon einige Schritte vor dem Altare sein Gebet: „O clemens, o pia, o dulcis virgo Maria!" d.i.: „O du gütige, o du milde, do du süße Jungfrau Maria!" Als er aber nahe dem Altare stand, da schaute ihn die Muttergottes nicht mit ihrem sonst so freundlich lächelnden, sondern mit einem Auge voll Verweises an und fragte aus dem Bilde: „Sancte Bernarde, unde tam tarde?" d.i. „Heiliger Bernhard, warum kommst du so spät?" Das war der heilige Bernhard jedoch nicht gewohnt und er antwortete Marien mit Pauli Worten: „Mulier taceat in ecclesia!" d.i.: „Das Weib soll schweigen in der Kirche." Seitdem hat das Bild kein Wort gesprochen.

Von demselben Marienbilde geht noch die Sage, es sollte anno 1794, als die Franzosen in Speyer eingezogen waren, mit vielen kirchlichen Geräten unter dem frisch gepflanzten Freiheitsbaume verbrannt werden, wollte aber durchaus nicht brennen, worauf es die Klubbisten in kleine Stücke zerhieben um es zu vertilgen. Die Speyerer beschlossen, das Andenken an die berühmten Worte des hl. Bernhard: O clemens! O pia! O dulcis virgo Maria! die zuerst im Dome zu Speyer erklungen waren, auf eine bleibende Weise der Nachwelt zu überliefern. Also ließen sie in dem mittlern Gange des Langhauses vier Messingplatten in den Boden einlegen, auf denen obige Worte eingegraben standen; auf der ersten: o clemens! Der zweiten: o pia! Der dritten: o dulcis! Der vierten: Maria! In vier Entfernungen, dreißig Fuß voneinander. Diese Entfernung gab zu der Sage Veranlassung, es habe der hl. Bernhard bei jedem Gruß einen dreißig Schuh weiten Sprung getan.

87. Der rauschende Kelch im Speyerer Dom

In der unterirdischen Gruftkirche des *Speyerer Domes* steht ein uralter Taufstein aus dem 9. oder 10. Jahrhundert, der dem heiligen Gral nachgebildet sein soll und zur Zeit des Mittelalters viel von sich reden machte. Wundertätige Kraft war ihm eigen und Taube, welche zum Dome wallfahrteten, schickte man hinunter in die schauerliche Dämmerung der Gruft. Hielten sie nun das Ohr über den rauschenden Kelch, aus dessen Boden eine eiserne Röhre in die Tiefe hinab lief, so vernahmen sie alsbald wie aus unermesslichem Abgrunde ein dumpfes Geräusch und ihre Taubheit war geheilt. Das Marienbild und der rauschende Kelch überlebten beide die große Zerstörung des Domes.

88. Die Maria-Hilf-Kapelle auf dem Kolmerberg

Einstmals war ein Graf von einer langwierigen Krankheit befallen. Weit und breit konnte er keine Hilfe finden und keine Heilung. Da gab er das heilige Versprechen, dort eine Kapelle zu erbauen, wo ihm Errettung zuteil werde.

Nach langer Pilgerreise kam er matt und müde zu einem Berge, auf dem die Zelle eines Klausners und dabei an einem Baum ein Muttergottesbild stand. Der Unglückliche warf sich auf die Knie und bat inbrünstig um Hilfe und Rettung. Als der Klausner sein Gebet vernahm, eilte er zum nahen Brunnen und flehte zu Gott, er möge das Wasser segnen, dass es dem Kranken zum Heil werde. Dann schöpfte er davon, besprengte dessen Mund und Stirn und gab ihm davon zu trinken. Sogleich richtete sich der Graf auf und war gesund von der Stunde.

Dankbaren Sinnes erfüllte er sein Versprechen, baute eine Kapelle und nannte sie "Maria-Hilf". Sie liegt mitten im Walde bei *Dörrenbach* und heißt im Munde des Volkes *Kolmerbergkapelle.* Auch die Quelle dabei ist noch vorhanden, und der Ort wird alljährlich am Kreuzerhöhungstage viel von Wallfahrern besucht.

89. Die Kapelle und das Glöcklein des hl. Cyriakus

Zwischen Lambrecht und Neustadt a.d.H. führt seitlich eine Straße nach dem Dorfe *Lindenberg,* über dem ein freundliches Kapellchen auf dem Platze steht, den ehemals die Burg Lindenfels einnahm. Man verlegt die Zeit ihrer Erbauung in das Jahr 1550 und erzählt über die Wahl des Standortes folgende Sage: Der Baumeister der Kapelle hatte im Sinn, dieselbe ins Tal zu stellen und schon lagen die Steine und Balken daselbst bereit. Am nächsten Tage sollte der Bau beginnen. Als man aber in der Frühe auf den Platz kam und die Arbeit in Angriff nehmen wollte, da waren Steine und Balken verschwunden. Nach längerem Suchen fand man sie endlich dort, wo jetzt die Kapelle steht. Nun brachte man den ganzen Tag damit zu, Holz und Steine wieder herabzuschaffen, um den folgenden Tag das Werk anfangen zu können. Aber als man des andern Morgens kam, war wieder alles auf der Höhe. Jetzt wurde dem Bauherrn klar, was zu tun sei. Cyriakus selber hatte anfänglich diesen Ort bestimmt, wo man, dem Himmel näher und entfernter vom Getriebe der Welt, inniger beten konnte. Und so wurde denn das Kirchlein dahin gebaut, wo es noch heute steht. In der Kapelle hing ein seltsames Glöcklein. So oft der heilige Cyriakus von einer Wanderung heimkam, fing es von selber an zu läuten. Einmal nun war er auf der Heimkehr sehr ermüdet und nahm sich einen Wingertspfahl als Stütze. Da blieb das Glöcklein bei seiner Ankunft stumm; Cyriakus brachte den Pfahl wieder in den Weinberg zurück und das Glöcklein begrüßte ihn darauf wie immer.

90. Der hl. Cyriakus und der Wingertsbalken

Bei *Lindenberg* steht die Kapelle des hl. Cyriakus, dem noch heute alljährlich an seinem Namenstage (8. August) besonders von *Deidesheim* aus frühreife Trauben dargebracht werden. Nach der Güte derselben richtet sich die Hoffnung auf den Ausfall des Jahrganges. Der hl. Cyriak hat ehedem, wie das Volk glaubt, an Stelle der heutigen Kapelle in einer Klause gewohnt. Täglich ging er, auch in der schlechten Jahreszeit, den weiten Weg durch den Wald nach Deidesheim, um die bescheidenen Mittel zu holen, die er zum Leben brauchte. Das Stadttor sprang immer von selbst auf, wenn er dort ankam. Einmal im tiefen Winter war der Weg die so genannte "Dopphohle" herab sehr glatt, und der Heilige konnte fast nicht weiterkommen. Da nahm er aus einem dortigen Weinberg in der "Weinbach" oder im "Wiesental" einen Wingertsbalken und benützte ihn als Stock. Als er aber an das Stadttor kam, sprang es nicht auf. Sogleich erkannte der hl. Cyriak das begangene Unrecht, machte den Weg zurück und brachte den Balken an seinen Platz. Mit großer Mühe und ohne Stütze gelangte er wieder vor das Tor, das nun wie sonst aufsprang, als er herankam.

91. Die Strutelpeters-Kapelle

Ein junger Bursche aus *Ormesheim* bei *Blieskastel* entlief zu Zeit der Belagerung Wiens seinen Eltern und trat bei den kaiserlichen Truppen ein. Er wurde aber von den Türken gefangen genom-

men und mit nach Asien geschleppt. Weil er standhaft und treu bei seinem alten Glauben beharrte, warf man ihn in den Kerker, wo er schwer zu leiden hatte.
Da erwachte in ihm wieder die Liebe zur Heimat. Er gelobte der hl. Jungfrau: Werde er je wieder seine Heimat sehen, so wolle er eine Kapelle bauen und wenn er auf eigenem Rücken die Steine herbei tragen müsse.
Und siehe, als er eines Morgens erwachte, hörte er über sich den Gesang der Lerchen und erblickte um sich die grünen Fluren seiner Heimat. Er lag unter einem Schlehdorn, wohin ihn die hl. Jungfrau auf ihrem Sternenmantel getragen hatte, und an der gleichen Stelle baute er ohne Beihilfe eine kleine Kapelle, die heute noch nach seinem Namen die *Strutelpeters-Kapelle* genannt wird.

92. Die St. Lorenzkapelle

Bei *Eschringen* steht die *St. Lorenzkapelle.* In einer Nische hinter dem Altare bewahrte sie ehedem des Heiligen Bild. Unten bei der Mühle sprudelt noch heute der Lorenzenborn.
Hier lebte vor Zeiten eine alte Witwe mit ihrer Enkelin. Von dem übernächtigen Spinnen war die Arme fast erblindet und musste von der gewohnten Arbeit lassen. Da geschah es, dass einmal um Mitternacht ein altes, halberstarrtes Mütterlein Einlass begehrte. Gerne gewährte man ihr Herberge und Erquickung. Und am andern Morgen bestrich die Fremde der Kranken die Augen und riet ihr sich siebenmal des Tages zu waschen mit frischem Wasser aus dem Born bei der Mühle. Die Großmutter tat so und sie genas wie durch ein Wunder.
Als eines Tages das Mägdlein mit dem Kruge wieder zum Brunnen gekommen war, da fuhr es erschrocken zurück; denn aus der Tiefe des Wassers schaute ein Antlitz herauf, so hold und freundlich wie das eines Engels, und diese Erscheinung wiederholte sich ihr bei jedem Gang an den Brunnen. Man untersuchte den Quell und zog aus dem Schlamm das Bild des hl. Laurentius und brachte es zur Kapelle.
Der Brunnen aber, in den also das Bild gekommen war, galt als Heilwasser für vielerlei Leiden.

93. Das goldene Kreuz im Klosterweiher

Eine halbe Stunde östlich von *Niederhochstadt* liegt bei dem Hainbache am Fuße des Klosterberges der *Klosterweiher,* wo sich einst ein weitberühmtes Johanniterkloster erhob. Von dem Stift, das während der Französischen Revolution zerstört wurde, ist nichts mehr vorhanden als die Ziegel, die auf den Dächern von Niederhochstadt als so genannte Spitzziegel noch heute in großer Zahl zu finden sind.

Der Weiher aber liegt in großer Ausdehnung da und steht bei den Bewohnern der Gegend in besonderer Achtung. Es wird erzählt, dass die Nonnen beim Nahen der Feinde zu Gott um Rettung flehten. Besonders bange war es ihnen um ein goldenes Kruzifix, einer Zierde des Klosters.

Damit dieses Heiligtum nicht in die Hände der Feinde gerate, warfen sie es in den Teich. Und siehe, alsobald gefror das Wasser zu, und eine dicke Eisdecke schützte das goldene Kreuz vor Raub und machte es den Nonnen möglich, sich über den Weiher zu retten. In früheren Jahren hat man oft nach dem goldenen Kreuze gefischt, jedoch vergebens. Nur Balken und Bretter des ehemaligen Klosters kamen dabei zum Vorschein. Aber auch heute noch sollen die Fische des Klosterweihers einen besonders guten Geschmack haben.

94. Der Servatiusbrunnen

Als der heilige Servatius um die Mitte des vierten Jahrhunderts in der Gegend von *Speyer* war, wurde er eines Tages auf seiner apostolischen Wanderung von brennendem Durste befallen. Vergebens schaute der Gottesmann sich nach einem kühlenden Brunnen oder rieselnden Bächlein um.

Da fasste er gläubiges Vertrauen und machte mit dem Finger ein Kreuzzeichen auf den Boden. Alsogleich sprudelte eine lebendige Quelle hervor, welche von da an nie mehr versiegte und nachmals Servatiusbrunnen oder Tafelsbrunnen genannt wurde.

95. Der Lorenzenbrunnen

Lorenz, ein frommer Hirte, weidete einst seine Herde auf einer Wiese im Walde. Es war ein heißer Sommertag, und ein heftiger Durst quälte den Hirten. So weit er auch sehen und hören konnte, nirgends gewahrte er ein Bächlein oder eine Quelle. Auch sein Suchen blieb vergeblich; er kam dem Verschmachten nahe und flehte in seiner Not zu Gott. Und siehe, als er zufällig seinen Hirtenstab in die Erde steckte, sprudelte an der Stelle ein frischer Quell hervor. Aufrichtig dankte er dem Herrn für seine Rettung und löschte dann seinen Durst mit dem köstlichen Wasser.
Die Quelle aber nannte er zur dauernden Erinnerung Lorenzenbrunnen. Das Wunder wurde bald in der ganzen Umgegend bekannt, und viele Leute wallfahrteten dahin als zu einem heiligen Orte. Noch heutigen Tages ist die Quelle erhalten und in ihrem obern Teile brunnenähnlich ausgemauert. Sie liegt im *Göllheimer Walde* zwischen den so genannten Heuwiesen und der Römerstraße.

96. Die Wunder des hl. Philipp von Zell

Der hl. Philippus, der aus Schottland gekommen war, durchwanderte um das Jahr 750 das fränkische Reich und verkündete das Evangelium. Er baute sich in dem heutigen Zellertal oberhalb *Niedernheim* eine kleine Zelle an einem Brunnen, der noch jetzt Philippsbrunnen heißt, und führte ein andächtiges Leben. Es geschahen zahlreiche Wunder durch ihn. Wilde Vögel flogen ihm auf die Hand, nahmen Speisen aus derselben und entfernten sich wieder dankbar singend. Die Hasen der Gegend sammelten sich um ihn, leckten ihm seine Füße und gingen liebreich von ihm gestreichelt wieder ins Feld.
Einst stahlen ihm Diebe nächtlicherweise zwei Ochsen; aber vergebens suchten sie sich zu entfernen. Nach langem Umherirren fanden sie sich des Morgens wieder an seiner Tür. Sie fielen ihm zu Füßen, und der Bestohlene nahm sie gütig auf, warnte sie vor Wiederholung und schickte sie nach reichlicher Speisung fort. Als Philipp gestorben war und sein Leichnam auf einer Tragbahre lag, da erschien ein General der pipinischen Armee. Er

war dem Verstorbenen durch traute Liebe verbunden, hatte aber nichts von seinem Tode gehört. Wie schon oft wollte er sich auch diesmal den Segen des hl. Philipp erbitten, den er in gar manchen Schlachten als sichern Schild kennen gelernt hatte.
In seiner Trauer fing er ein stürmisches Klagen an. Da wird der Tote wieder lebendig, erhebt sich von seiner Bahre und flößt dem Freunde Mut ein, indem er zu ihm spricht: „Reise ab, Gott wird dir jedes Glück gewähren; denke an diesen Ort, solange du lebst, gesund wirst du gehen und gesund wieder zurückkehren!"
Darnach neigte Philipp sein Haupt wieder, und seine ehemaligen Gefährten stellten ihn auf den Grabhügel, den sie bereitet hatten.
In feierlicher Prozession wurde nun der Leichnam in mehrere Klöster getragen. Als der Zug von *Zell* aufbrechen wollte, war das Gelände schon einige Tage von Wasser überschwemmt, und der Platzregen dauerte noch an. Mit Vertrauen auf des Herrn Hilfe brach man dennoch auf. Plötzlich ließ der Regen an allen Orten nach, wo sich die Prozession befand, und alles konnte trocknen Fußes gehen. Das Leichentuch über der Bahre wurde nicht von einem Tropfen berührt und schien nur angenehm betaut.
Der Zug ging durch *Enkenbach* nach *Lautern.* In der Nähe der Stadt begegnete ihm eine Frau, die war von einem bösen Geist besessen und wurde jämmerlich von demselben auf die Erde geworfen und zerstoßen. Auf das Gebet der Gläubigen ließ der Herr durch seinen hl. Philipp der Unglücklichen die Gesundheit wieder schenken, und sie konnte vor aller Augen gesund die Rückreise in ihre Heimat antreten.

VI. Von Glocken und Schätzen

97. Die Glocken zu Speyer

Die Glocken zu Speyer zeigten es in alter Zeit jedes Mal an, wenn die Sterbestunde eines Kaisers gekommen war. Derselbe durfte noch so ferne weilen, so fingen sie doch zu läuten an, ohne dass jemand daran rührte.

Nun kam einst der von allen verlassene Kaiser Heinrich IV. als bettelnder Greis nach Speyer und fand in dem letzten ärmlichen Häuschen der Vorstadt Aufnahme. Noch in gleicher Nacht hauchte er auf harter Lagerstatt sein Leben aus. Da hub die große Kaiserglocke im Dome an, dumpf und feierlich zu klingen, und alle fünfzig Glocken der Stadt fielen mit klagendem Tone ein. In Speyer aber und weit im Lande umher lief das Volk zusammen und fragte: „Der Kaiser ist gestorben? Weiß niemand, wo der Kaiser starb?"

Nach Jahren erwartete sein verräterischer Sohn Heinrich V. in seiner Pfalz zu Speyer auf goldener Lagerstatt den Tod. Geschäftige Diener eilten besorgt hin und her, und als das letzte Stündlein kam, da wimmerte es plötzlich durch die Luft. Die kleine Glocke, die Armensünderglocke, die lange verstummt war, läutete von selbst und mit seltsamem Klange und keine der vielen Glocken stimmte mit ein.

Und wieder lief das Volk in den Straßen zusammen wie ehedem; doch fragte es heute: „Wer wird denn wohl gerichtet jetzt?"

98. Die fliegende Glocke

In dem ehemaligen Dorfe *Aschbach* bei Kaiserslautern geschah es, dass man eine Glocke in einen Brunnen versenkte, damit sie vor den Franzosen sicher sei. Als sie nun von den Feinden entdeckt ward, erhob sie sich vor deren Augen und entflog nach Horbach. Sie sahen sie fliegen und verfolgten sie auch dorthin. Da sprach die Glocke zu ihren Verfolgern:

„Susanna heiß' ich,
in Horbach bleib' ich,
wenn ein Gewitter an den Himmel kommt,
so vertreib' ich's."

Das tat denn auch die Glocke einmal bei einem schweren Wetter. Ihren wunderbaren Klang soll man auf drei Wegstunden hören. Etwas anders lautet eine alte Aufzeichnung über diese Glocke aus dem Jahre 1876: Es war im Dreißigjährigen Kriege, als die Franzosen nach Horbach kamen, um die dortige alte Glocke wegzuführen und zu Kanonenguss zu verwenden. Doch sie hatten kaum das Weichbild des Dorfes erreicht, da sprach die Glocke laut und verständlich:

„Susanne heiß' ich,
die Gewitter vertreib' ich
und in Horbach bleib' ich."

Voll Schrecken ließen die Franzosen ab von ihrem Raube, und die Glocke blieb der Gemeinde erhalten.
Als sie am 12. März 1876 zersprang, da gab es viele Tränen in den Augen der Bewohner. Mit solcher Liebe hingen sie an der alten Glocke.

99. Die große Glocke von Neustadt

Unweit der Straße, die durch das Neustadter Tal führt, und in der Nähe dieser Stadt liegt die *Wolfsburg* und ihr gegenüber der *Königsberg*. Beide sollen durch einen unterirdischen Gang miteinander verbunden sein.
Beim Wolfsberg ist das Nonnental. Dort wühlte einst ein Eber eine große Glocke aus, die mit Hafer angefüllt war. Diese Glocke wurde in dem Kirchturm zu *Neustad*t aufgehängt, aber in den

neunziger Jahren des 18. Jahrhunderts von den Franzosen zerstört. Sie war wegen ihres hellen Klanges weit und breit berühmt.

100. Die Glocke von Lindesheim

Zwischen Obrigheim und Dirmstein lag ehemals das Dorf *Lindesheim* und die Gegend trägt heute noch diesen Namen. Wie der Ort eingegangen ist, weiß man nicht; das aber steht fest, dass seine Gemarkung im Jahre 1818 unter die Gemeinden Obrigheim und Offstein geteilt wurde.

Schon in früheren Jahren wühlte eines Tages auf den Feldern von Lindesheim ein Eber eine Glocke aus dem Boden. Um den Besitz derselben stritten sich die benachbarten Dörfer Obrigheim, Colgenstein, Dirmstein und Offstein. Schließlich machte einer den Vorschlag, man solle die Glocke auf einen Wagen laden und ein blindes Pferd daran spannen.

Derjenige Ort, in den das Tier den Wagen mit seiner Last ziehe, solle der Eigentümer des Fundes sein. So geschah es auch. Wahrscheinlich war aber das Pferd von Colgenstein und lief deshalb auch dorthin. So bekam Colgenstein die Glocke. Bevor sie in dem Kirchturm aufgehängt wurde, ließ man folgende Worte einhauen:

> "Susann" wurd' ich genannt,
> da mich der Eber fand
> Zwischen Erl und Weiden,
> Wo sich die Gewitter scheiden.

Als im Jahre 1866 im Kirchturm zu Colgenstein Veränderungen vorgenommen wurden, zersprang leider die Glocke und musste umgegossen werden.

101. Das versunkene Glöcklein

Die St. Lorenzkapelle bei *Eschringen* war vor Zeiten ein herrliches Kirchlein. Der zierliche Turm trug ein silbernes Glöcklein von wunderhellem, seltsam ergreifendem Klange.

Da brach ein Krieg aus. Die Feinde kamen und warfen das Bild des hl. Laurentius ins Wasser. Das Glöcklein aber hatte man beizeiten in Sicherheit gebracht. In die Tiefe des sumpfigen Baches

versenkt ruhte es sicher und geborgen. Es war ganz in der Nähe, wo der Finkelrechweg vorbeiführt.
Heute ist der Sumpf verschwunden und niemand weiß mehr die Stelle, wo man das Glöcklein hinabgesenkt hat. Doch hört man alljährlich in den Tagen des Monats Mai, wenn am Abend die Betglocken läuten, und in der hl. Adventszeit das Klingen des Glöckleins wie aus weiter, verlorener Ferne.
Wohl haben sie schon oft nach dem Glöcklein gegraben, doch immer vergeblich. Ein alter Klosterbruder aber hat einmal gesagt: „Sobald in der Gemeinde des Dorfes die altererbte Zwietracht zu schwinden anfängt, hebt sich das Glöcklein um einige Fuß und wird endlich am Festtage allgemeiner Versöhnung an der Oberfläche erscheinen."

102. Die vergrabenen Glocken

Das alte Zisterzienserkloster *Ramsen* fiel den Heerhaufen der Französischen Revolution zum Opfer. Nur die Glocken blieben vor welscher Raubgier verschont. Die Mönche brachten sie in der Nacht heimlich vom Turme und vergruben sie in einer Klosterwiese. Wo sie verborgen sind, weiß niemand. Man hat schon oft nach ihnen gegraben, bis heute aber nichts gefunden.
Nicht weit von Albersweiler bei Landau liegt in einer freundlichen Talmulde das Dörfchen *St. Johann* oder *Kanskirchen*. Es besaß ehemals ein Nonnenkloster, das später in ein Schlösschen umgewandelt wurde. Von seiner alten Kirche aber wird erzählt: Zur Zeit des Krieges, vielleicht des Dreißigjährigen, hörten die Bewohner von St. Johann, dass der Feind im Anzuge auf das Dorf sei. Man wusste gar wohl, dass es derselbe neben anderem auch auf die Kirchenglocken abgesehen habe. Darum nahm man sie vom Turme herab und versenkte sie in einem Tale, das sich nordwestlich von St. Johann bis an den Fuß des Orensberges hinzieht.
Durch Krieg und Krankheit wurden die meisten Bewohner verjagt und dahingerafft und so weiß man heute noch nicht, wo die Glocken von St. Johann ruhen.

103. Die goldene Orgel

Eine Stunde von Albersweiler in einem schönen Tale liegt das Dorf *Eußerthal,* das von einem ehemals bedeutenden, nun aber völlig verschwundenen Zisterzienserkloster den Namen hat. Nur der Chor der frühern Abteikirche steht noch und dient noch heute dem Gottesdienste. Von dem ungeheuern Reichtum des Klosters weiß man gar mancherlei zu erzählen, besonders hört man viel von der goldenen Orgel sagen, welche einst eine Zierde der Klosterkirche war. Ihre Pfeifen und Röhren waren von purem geläuterten Golde.

Als das Kloster einmal von Feinden überfallen ward, brachten die Mönche diesen Schatz zuerst in Sicherheit. In einen Sumpf, der sich damals im Tale ausdehnte, versenkten sie tief hinab die kostbare Orgel. Aber umsonst hatten sie das schöne Werk gerettet; sie mussten fliehen und starben in weiter Ferne, und ihr Kloster zerfiel in Trümmer.

Wohl weiß man heute darum, dass die Orgel noch in der Nähe ist; aber wo sie liegt, ist allen unbekannt. Jedesmal nach sieben Jahren steigt sie zutage und lässt um die Mitternachtsstunde ihre herrlichen Töne erschallen. Nichts gleicht dem zarten Hauche dieser goldenen Flöten bei der feierlichen Stille der Nacht. Bald schwellen die Töne zu mächtigen Wogen an und rauschen durch das enge Tal hin; bald dämpft sich der Schall wieder und endet mit einem leisen Widerhall in den Bergwäldern.

Aber niemand wagt sich hin, den Meister und seinen herrlichen Schatz zu schauen, den vielleicht erst die fernste Zukunft wieder ans Licht bringen wird.

104. Das goldene Kegelspiel

Das Schloss *Drachenfels* beim Dorfe Busenberg in der Gegend von Dahn ist besonders sehenswert wegen der Aushöhlungen des Felsens, auf dem die Burg steht. Totenstille herrscht jetzt in seinen öden Felsgemächern. Nur in manchen Nächten tönen sonderbare Klänge aus denselben ins Tal herab. Die Geister der Burg unterhalten sich dann mit einem goldenen Kegelspiel, das schon oft die Sehnsucht so manches Talbewohners erweckt hat, aber noch

von niemand gehoben werden konnte.
Zwischen der Wegelnburg, auch im Süden der Pfalz, und der nahen Feste Hohenburg zieht sich auf der Anhöhe ein ebener, waldiger Platz hin, vom Volke der *Stöckelgarten* genannt. Das war vor Zeiten ein prächtiger Garten, worinnen die Ritter sich mit Kegelwerfen vergnügten. Sie gebrauchten dazu gleichfalls ein goldenes Kegelspiel, das noch jetzt in dem dortigen Brunnen, dem einst so tiefen *Maidenbrunnen,* begraben liegt.
Viele wissen auch von einem goldenen Kegelspiel auf Schloss Altdahn zu erzählen.

105. Der Schatz zu Beilstein

Die Burgruine *Beilstein* liegt zwischen Kaiserslautern und Hochspeyer, nicht weit vom Eingang zum Heiligenberg-Tunnel. Ihre letzten Bewohner waren Raubritter, und von einem erzählt man, dass er seinem Pferde die Eisen verkehrt aufschlagen ließ, um die Kaufleute zu täuschen. Er brachte viel unrecht Gut zusammen und begrub es in einem Keller. Seitdem aber die Burg in Trümmer liegt, wird der durch Mord und Totschlag erworbene Schatz von einer feurigen Kröte bewacht. Die ist groß wie ein Backofen und hat Augen so groß wie ein zinnerner Teller. Den Schatz hat sie sich bis jetzt noch nicht entreißen lassen.
Einmal versuchten zwei von Hochspeyer dort zu graben. Als es auf der Stiftskirche zu Lautern zwölf schlug, kam die Kröte gehüpft. Entsetzt eilten sie fort und sahen nur noch, wie sich das Untier über das aufgeschaufelte Loch ausbreitete. Andern Tags aber lag ein großer Felsen darauf. Ein andermal gingen ein Bursche und ein Mädchen aus Kaiserslautern nach dem Schloss Beilstein. Sie waren nicht mehr weit von der Ruine, als der Bursche etwas zurückblieb. Da kam ein Frosch gehüpft mit einer Krone auf dem Kopfe und einem goldenen Schlüssel im Maule. Den gab er dem Mädchen und sagte ihm, es solle allein auf das Schloss gehen, dort aufschließen und sich von den Schätzen nach Herzenslust nehmen. Doch dürfe niemand etwas davon wissen. Die Jungfrau aber eilte zu dem Burschen zurück und erzählte ihm alles. Als nun beide an das Schloss kamen, hatte das Mädchen den goldenen Schlüssel verloren.

106. Das weiße Fräulein an der dicken Eiche

Ein Handwerksbursche träumte, neben der dicken Eiche an der *Matzenberger Straße* liege ein großer Schatz. Mit noch zwei andern Kumpanen wollte er ihn in der nächsten Nacht heben.
Er grub ein, zwei Meter tief in den Boden, und schon traf seine Hacke auf den Deckel einer eisernen Kiste; da rief plötzlich ganz laut eine Stimme: „Halt ein!" Es war das weiße Fräulein, das neben ihm stand und also zu reden begann:
„Der Schatz soll euch werden, wenn ihr drei Bedingungen erfüllt, um mich zu erlösen. Fürs erste komme ich in der folgenden Nacht als große feurige Kröte gehüpft; dann sollt ihr nicht davon springen, sondern mich küssen. In der zweiten Nacht erscheine ich als schwarzer Pudel mit feurigen Augen; auch ihn müsst ihr furchtlos küssen. In der dritten Nacht endlich bin ich wieder das weiße Fräulein wie jetzt, und nach einem dritten Kuss ist meine Erlösung vollbracht und der Schatz gehört euch. Wenn ihr aber nicht so tut, so könnt ihr die Kiste zu Krümeln schlagen, ihr werdet nimmer den Schatz heben!"
Die Burschen tranken sich in der folgenden Nacht Mut an, und jeder nahm noch einen tüchtigen Schluck in der Brusttasche mit. Bald hatten sie das Loch - von dem aus der vorigen Nacht war nichts mehr zu sehen - wieder aufgeschaufelt bis auf die eiserne Kiste. Da schlug die Glocke in Enkenbach zwölf, und gehüpft kam eine hässliche Kröte, so groß wie ein Backofen. Plumps - quatsch, plumps - quatsch! und sonst war's kirchhofstill rings umher.
Da entfiel den Burschen das Herz und sie flohen. Die eiserne Kiste mit dem Schatze aber versank hundert Meter tief in den Boden und ward seitdem nicht mehr gesehen.

107. Die Schätze zu Wilenstein

Auf Schloss *Wilenstein* beim Karlstale zeigt sich den Sonntagskindern an sonniger Stelle auf der moosigen Ruine die Schlangenkönigin mit der goldenen Krone auf dem Haupte. In den unterirdischen Gewölben steht eine eiserne Kiste, worin große Reichtümer aufbewahrt sind, und ein Hund mit feurig glänzenden

Augen sitzt darauf und hält den Schlüssel im Rachen. Ein Knecht machte einmal den Versuch, die Schätze zu heben; aber es misslang. Statt des Hundes lässt sich zuweilen ein schwarzer Mann in den Ruinen sehen. Die längst verschütteten Kellergewölbe sollen noch eine andere Kostbarkeit bergen: einen uralten trefflichen Wein, der in seiner eigenen Haut liegt.

108. Der Stolzenberger Schatz

Ein armer Mann aus dem Dorfe *Stahlberg,* das auf dem Berge gleichen Namens nicht weit von dem Städtchen Rockenhausen liegt, träumte vor langer Zeit dreimal hintereinander:

Auf der Mannheimer Brück'
solle er suchen sein Glück

Er machte sich auf, kam an und ging einen ganzen Tag auf der Brücke hin und her, ohne sein Glück zu finden. Als es Abend ward und der Stahlberger seine Hoffnung schon aufgeben wollte, trat ein kurpfälzischer Soldat, der ihn beobachtet hatte, auf ihn zu und fragte, was er suche. Da erzählte der Angeredete seinen Traum. Der Soldat aber lachte und sprach:
„Dafür gebe ich nichts. Träume sind Schäume. Ich habe schon mehrmals und auch gestern Nacht wieder geträumt, auf dem Stolzenberg hinter dem Hollerstock (Holunderstock) sei vieles Geld vergraben. Aber was weiß ich, wo der Stolzenberg ist, und wie soll ich erst den Hollerstock finden!"
Als der Stahlberger wieder daheim war, ging er eines Tages auf den *Stolzenberg,* eine spärliche Ruine bei Bayerfeld-Cölln, grub und fand das Geld, und seine Armut hatte ein Ende.
Gleiches erzählt man auch von dem *Bollesbrunnen* bei der Ruine Diemerstein, die etwas seitlich vom Neustadtertale unweit Frankenstein gelegen ist.

109. Der weiße Peter

Im Tale bei *Wachenheim* am Fuße der alten *Wachtenburg* stand einst ein halbzerfallenes Häuschen; darin wohnte ein Mann, den die Leute wegen seiner schneeweißen Haare den weißen Peter nannten. Gar oft blieben sie stehen und schauten ihm nach; denn

es war noch nicht lange her, dass er keinen weißen Kopf hatte und ein Gesicht voll Schrecken. Die waren ihm in einer Nacht gekommen. Wie das zuging, hat er manchmal einem erzählt, der Mitleid mit ihm zeigte.
Der weiße Peter war ein armer Schelm, und um seiner Not abzuhelfen, wollte er auf der uralten Wachtenburg Schätze suchen. So stieg er denn um Mitternacht die Burg hinan. Dort wusste er neben dem Eingang zum Herrensaal ein mit Hecken verdecktes Pförtchen, von dem aus Treppen unter die Erde führten. Da drang er ein und stieg gar viele Stufen hinab. Nur der schwache Schein seiner Laterne zeigte ihm den Weg durch die halbzerfallenen Gänge. Mit einem Male ward ihm so unheimlich zumute, sein Herz pochte laut, und er wünschte sich wieder über die Erde. Als er schier verzagen wollte, traf er auf ein buckliges, graues Männchen, das eben aus dem Schlafe erwachte und sich die Augen ausrieb. Doch war es keineswegs verdrossen, dass es der Peter gestört hatte, sondern sprach zu ihm:
„Dank dir, dass du mich geweckt hast. Gar lange schon muss ich hier träumen mit all den Rittern dort drinnen im großen Saale." Mit diesen Worten fasste das Männlein den Peter an der Hand, schritt mit ihm bis zu dem Ende des Ganges, und sie betraten einen weiten Raum. Da saßen viele Ritter schlaftrunken an den Tischen, ihre Schwerter und Schilde neben sich. „Sie alle müssen schlafen", sagte das Männlein, „bis einer durch sein Zauberwort den großen Hund bändigt und ihm den goldenen Schatz entreißt. Zu diesem aber führen drei Tore, ein eisernes, ein silbernes und ein goldenes. Vor dem goldenen liegt der grimmige Hund, der jeden furchtbar anbellt. Weh' dem, der dann das Zauberwort nicht kennt. Es heißt: Zufriedenheit. Da nimm die drei Schlüssel zu den drei Toren! Doch vergiss nicht das Zauberwort, sonst erwachen die Ritter durch das Bellen des Hundes und werden dich töten." Damit gab das Männlein dem Peter einen eisernen, einen silbernen und einen goldenen Schlüssel und verschwand.
Der Peter aber öffnete mit dem eisernen Schlüssel das eiserne Tor, ging von da durch einen finsteren Gang zu der silbernen Pforte. Als er auch diese aufgeschlossen hatte, sah er am Ende des Ganges das goldene Tor. Doch davor lag der grimmige Hund mit seinen schrecklichen Zähnen. Und jetzt erhob er sich und

machte einen Ansatz, als wollte er auf Peter losspringen. Den aber überkam eine qualvolle Angst, er besann sich nach dem Zauberwort und o Schrecken! - er hatte es vergessen.
In seiner furchtbaren Not rannte er davon, durch das silberne und eiserne Tor zum Rittersaal. Doch der unheimliche Hund sprang ihm unter wütendem Gebell nach. Da erwachten die Ritter und griffen, als ob der Feind sie überrumpelt hätte, zu den Schwertern und stürmten auf Peter ein. Der eilte hastig durch die Gänge und wieder die Treppen hinauf zu dem Pförtchen, durch das er unter die Erde gelangt war. Dort blieb er atemlos und halbtot vor Schrecken liegen.
So fanden ihn, als der Morgen dämmerte, die Leute; aber sie erkannten ihn fast nicht mehr. Hatte er noch gestern ein junges Gesicht und blonde Haare, so war er über Nacht ein altes Männlein mit weißem Schopfe geworden. Die Leute aber nannten ihn fortan in seinem alten Häuschen am Fuße der Wachtenburg den weißen Peter.

110. Der Schatz auf dem Disibodenberg

Wo Glan und Nahe zusammenfließen, steht auf felsiger Höhe die Ruine des Klosters *Disibodenberg,* das vor Zeiten der heilige Disibod gegründet und bewohnt hat. Während der Erbfehde zwischen Kurpfalz und Pfalz-Zweibrücken hatte der Herzog Alexander von Zweibrücken im Jahre 1504 das befestigte Kloster durch seinen Hauptmann Eisengrein besetzen lassen. Der Kurfürst dagegen sandte seinen Kreuznacher Vogt Braun von Schmidburg samt dem Landschaden von Steinach mit Mannschaft dahin, das Kloster zu nehmen. Eisengrein zog bei der Annäherung der Kurpfälzer schleunig ab. Die Mönche waren vorher schon geflohen und hielten sich zu Meisenheim auf. Nur der Pater Pförtner war nicht mit dahingegangen; er hatte vorgegeben, in der Nähe des Klosters zu bleiben, um zu sehen, wie es dort zugehen werde. Er ging aber bei Nacht und Nebel, noch ehe die Zweibrücker abgezogen waren, in das kurpfälzische Lager und verriet dem Schmidburger, dass der Abt die Kostbarkeiten des Klosters versteckt habe. Den Ort wolle er ihm zeigen, wenn er Halbpart gebe.

Als sie nun zusammen ins Kloster kamen, befahl der Vogt dem Pförtner, ihm die Stelle zu zeigen; doch der verlangte erst zu wissen, wie geteilt werden solle. „Dir soll werden, was du verdienst", sprach Braun, und der Pater zeigte nun die Stelle im Keller, wo er, hinter einem Fasse versteckt, den Abt ein eisernes Kästchen hatte einsenken sehen. Der Schatz wurde gehoben, und Braun und der Landvogt teilten ihn vor des Pförtners Augen. Als dieser seinen Teil verlangte, ließ Braun zwei Landsknechte kommen und sagte: „Gebt dem Verräter, was er verdient!" Und die Landsknechte hängten ihn auf unter der Klosterpforte.

Das Kästchen hat aber nicht alle Schätze des Klosters enthalten, und das Volk glaubt immer noch, dass irgendwo solche verborgen liegen. Man erzählt sogar, es sei einmal einem armen Juden aus Odernheim beinahe geglückt, den Reichtum zu heben. Der Mann war so arm, dass seine Kinder unter den andern Juden des Dorfes verteilt wurden, und er selbst hatte sich in den Klosterkellern ein Nachtlager zurecht gemacht. Lange Zeit schlief er darin, ohne besonderes zu sehen oder zu hören. In der Nacht vor dem Tage des hl. Benedikt vor Nursia aber wurde er plötzlich geweckt; es war ganz hell um ihn und ein Tisch stand da, der voller Goldstücke lag. Um den Tisch herum saßen zwölf Männer, das waren die zwölf Apostel. Petrus sagte zu dem Juden: „Wenn du dreimal um den Tisch läufst, ohne das Gold anzusehen oder zu berühren, dann ist alles dein!"

Alsbald begab er sich ans Laufen, und als die dritte Runde beinahe beendet war, da ließ Judas, der Zwölfen einer, wie von ungefähr ein Goldstück auf die Erde fallen. Der Ärmste dachte: „Was du hast, das hast du!" Er tat die Augen auf, bückte sich und wollte das Goldstück erhaschen. In demselben Augenblicke fühlte er eine heftige Ohrfeige, er hörte die Glocke in Staudernheim eins schlagen und um ihn war alles dunkel. Das eine Goldstück aber hielt der Jude fest und tröstete sich damit auf seinem ärmlichen Lager. Auch ein andermal war einer dem Schatze recht nahe. Das ging so. Ein Eseltreiber, der noch ein Knabe war, fuhr eines Tages an dem Kloster vorbei. Da kam einer heraus und hieß ihn mitgehen, und wenn er in das Zimmer käme, so solle er nur nicht vergessen, die Blume zu brechen. Alsdann verschwand der Mann wieder. Wie nun der Knabe ins Kloster kam, sah er viele Kisten, die mit Geld gefüllt waren. Davor aber lag ein großer Hund mit großen Augen. Vor Schreck dachte der Knabe nicht mehr an die Blume, und als er schnell wieder zur Tür hinausging, schlug diese so gewaltig zu, dass es ihm beinahe die Fersen mitnahm.

111. Der Schatz auf Hohenfels

Am südlichen Hange des Donnersberges, nicht fern von dem Dorfe *Imsbach,* stand vor Zeiten die Burg *Hohenfels,* von der kaum mehr eine Spur zu sehen ist. Die Leute in der Umgegend erzählen, es hätten vor Zeiten silberne Treppen zu derselben geführt, und reden viel von dort verborgenen Schätzen, die von Berggeistern gehütet werden, und von einem tiefen Keller, in welchem der uralte Wein in seiner eigenen Haut liegt, nachdem die Fässer längst vermodert und zerfallen sind.
Den Hohenfelser Schatz zu heben, sind schon viele Leute ausgegangen. Einmal tat dies eine kleine Gesellschaft von Männern in tiefer Nacht. Plötzlich standen sie vor einem offenen, hell erleuchteten Gewölbe, von dem am Tage noch niemand etwas gesehen hatte. Sie traten hinein und sahen in der Mitte des Raumes eine steinerne Tafel, auf der ein großer Haufen Geldes, silberne Blumen und ein Schlüssel lagen. Davor aber saß als Hüter des Schatzes ein Berggeist. Der bot den Männern das Geld samt dem Schlüssel an, so sie ihm dafür einen aus ihrer Mitte zu eigen gäben. Die Gesellschaft beriet sich nun, wen sie als Kaufpreis lassen wolle, und verfiel auf einen Juden, der dabei war. Der Sohn Israels jedoch ergriff entsetzt die Flucht. Die anderen eilten ihm nach, erwischten ihn aber erst außerhalb des Gewölbes. Als sie den kläglich Jammernden zurückbrachten, fanden sie den Eingang zu dem Gewölbe nicht mehr, hörten aber in der Tiefe ein fürchterliches Geheul. Seitdem hat kein Mensch mehr den Schatz gesehen.

112. Der Schatz zu Rotenkirchen

Nordwärts vom Donnersberg, nicht gar weit weg von dem Städtlein Kirchheimbolanden, liegen die wenigen Trümmer der alten Prämonstratenser-Abtei *Rotenkirchen.* Ein einsames Gehöfte, der

Rotenkircher Hof, steht seit langer Zeit auf der Stelle des ehemaligen Klosters.

In der Mitte des achtzehnten Jahrhunderts sah die Frau des Hofbauern, so oft sie im Garten arbeitete, einen Klosterbruder, der immer auf einem alten Gewölbe stand. Er machte der fürstlich Nassau-Weilburgischen Regierung zu Kirchheim die Anzeige von diesem Gesicht und erklärte, sie wolle den Hof verlassen. Doch sie wurde als albern verlacht. Endlich gab der Fürst einem Italiener den Auftrag das Gewölbe zu untersuchen und stellte die Bedingung, ihm von dem etwaigen Schatze den zehnten Pfennig zu geben. Lange durchwühlte der Italiener vergeblich das Gewölbe. Auf einmal bemerkte er an der Mauer einige verschobene Steine, hob sie heraus und fand irdene Töpfe mit blinkenden Goldgulden gefüllt.

Als er lachend dem Fürsten den zehnten Pfennig bezahlte, da kratzten die Räte sich ärgerlich hinter den Ohren. Der Bruder aber ward seitdem von der Hoffrau nicht mehr gesehen.

113. Der Schatz auf Scharfeneck

Etwa drei Stunden von Landau, tief zwischen Bergen versteckt, liegt das Dorf Dernbach. Östlich davon läuft eine bedeutende Höhe aus, auf deren Felsenstirn sich die ausgedehnten und festen Ruinen der Burg *Scharfeneck* erheben, welche ehemals den Grafen von Löwenstein zugehörte. Von dieser Burg geht folgende Sage: Von allen Schätzen, die einst hier aufgehäuft waren, scheint nur ein kleiner Teil fort gekommen zu sein; denn ein Ritter und sein Sohn wandeln noch heute durch die Ruinen und hüten die großen Reichtümer daselbst. Sie sind auf ewig dazu verdammt und sollen beide keine Ruhe finden: der Sohn wegen Ungehorsams gegen seinen Vater und dieser wegen schrecklicher Verfluchung seines ungeratenen Kindes. Wie aber die zwei erlöst und die Schätze gehoben werden können, das weiß niemand.

Einmal stieg ein Bauersmann aus der Nachbarschaft gierig nach Geld und Gold den hohen Burgberg hinan. Da gesellte sich jemand zu ihm, der sich freundlich, jedoch nur durch Gebärdenspiel mit ihm unterhielt. Unvermerkt führte der Fremde den Landmann in ein Gewölbe der Burg, das dieser bisher noch nie wahrgenommen hatte. Darin stand eine große, eiserne Kiste, und darauf lag ein hübscher Blumenstrauß. Der stumme Begleiter bedeutete dem Bauern, den Strauß zu nehmen. Der griff auch herzhaft zu, aber o Schrecken! Das Blumengebinde verwandelte sich sogleich in einen entsetzlichen Hund, den der geängstete Landmann am Schwanz hielt. Als er sich von seiner Betäubung etwas erholt hatte und die funkelnden Augen und den geöffneten Rachen des Tieres erblickte, rief er in seiner Verzweiflung: „Jesus, Maria!"

In demselben Augenblicke war die Kiste samt dem Schatze verschwunden, er selbst aber befand sich draußen vor der Burg. Seitdem konnte sich niemand dem Schatze nähern.

114. Die Juden und der Schatz

In *Börsborn* bei Glanmünchweiler lebten einst zwei Brüder, arme, aber fleißige Handelsjuden, von denen der älteste einen Sohn hatte. Eines Tages kam ein reicher Jude zu den beiden Brüdern und erzählte ihnen von einer großen Kiste Geld, die könnten sie sich an einer bestimmten Stelle auf der *Heidenburg* bei *Oberstaufenbach* herausgraben.

Am andern Morgen in aller Frühe machten sich die zwei Brüder und der Sohn des einen auf den Weg; von Börsborn nach Oberstaufenbach sind es mindestens drei gute Stunden zu Fuß über Berg und Tal. Als der Tag graute, waren sie schon fleißig beim Graben. Sie stießen wirklich am späten Abend auf eine Kiste. Der älteste von den Juden fing nun an zu schulen (beten) und dankte Gott, dass er sie den Schatz hatte finden lassen. Er befahl seinem Bruder, sowie seinem Sohne in der nun folgenden Geisterstunde kein Wort zu reden. Um Mitternacht kam ein heftiger Sturm. Es fuhr ein roter Wagen heran, von zwei Rappen mit silberbeschlagenem Geschirr gezogen, und darin saß ein Mann mit Feuer sprühenden Augen.

Als das der junge Jude sah, bekam er Angst und fragte: „Nun, Ette (Vater), machs Buch zu!" Bei diesen Worten jedoch verschwand die Kiste mit dem Gelde und der aufgegrabene Berg, in den auch Pferde und Wagen hineinfuhren, tat sich wieder zu. Man hörte ein Heulen und Wehklagen und eine Stimme rief:

„Jetzt glaubte ich erlöst zu sein und muss nun weitere sieben Jahre um den Berg herumfahren." Die armen Juden aber mussten trotz aller Mühe und Anstrengung ohne Geld abziehen.

115. Die Heidenburg

Eine arme Jungfrau träumte einst, sie sei zur Nachtzeit auf den Berg der *Heidenburg* gestiegen, die bei dem Dorfe *Oberstaufenbach* nicht weit von dem Städtchen Wolfstein liegt. Da sah sie im Dunkel des Gehölzes eine Blume, die einen gar seltsamen Schein um sich warf. Sie erinnerte sich, dass ihr einmal ein altes Mütterchen erzählt habe, wie der Berg voller Schätze sei und dass man mit einer Schlüsselblume zu ihnen gelangen könne.

Eben dachte sie daran, jene glückbringende Blume zu brechen, dann dürfe der reiche Schulze im Dorfe, dessen Sohn sie liebte, sie bald keine Bettlerin mehr schelten; da erwachte sie plötzlich. Es kam die Mitternacht heran, als sie ihre Hütte verließ und eilends den Berg emporstieg. Ein Lichtschein von der Höhe zeigte ihr den Weg: es war eine Schlüsselblume. Das Mägdlein brach sie und berührte damit das Tor, vor dem es stand. Das tat sich weit auf, und die Glückliche trat in einen glänzenden Tempel voll Gold und Edelstein. Und eine leise Stimme rief: „Gedenke der Blume!" Die Jungfrau legte dieselbe auf einen Demanttisch und trat zuerst zu einem Haufen Goldes. Damit füllte sie ihre Schürze, was sie tragen konnte, und wandte sich darauf zum Ausgang.

Kaum jedoch war sie draußen vor der Burg, wo sie unter der Last niedersank, da schlug das Tor heftig hinter ihr zu. Vor Schreck ließ sie die Schürze los, und ihr Gold entfiel ihr und versank in den Schutt des Berges. Doch tröstete sie sich im Gedanken an ihren Schlüssel und wollte aufs neue zurück. Der aber lag innen auf dem Demanttisch, und der Berg mit den Schätzen blieb für immer verschlossen.

Sonntagskinder sehen noch heute, wie die Jungfrau um die spärlichen Ruinen der Heidenburg wandelt, und hören ihr Klagen um die vergessene Blume. - Ähnliches erzählt man von der Burg Beilstein, deren geringe Überreste bei Kaiserslautern liegen.

116. Der Krötenstuhl

Auf der *Wegelnburg* bei dem Dorfe *Nothweiler* lebte vor alten Zeiten die schöne Tochter eines Herzogs, die aber so stolz war, dass sie keinen ihrer vielen Freier gut genug fand und viele umsonst das Leben um sie verlieren mussten.

Zur Strafe wurde sie dafür verwünscht und muss so lange auf einem öden Felsen hausen, bis sie erlöst wird. Nur einmal in der Woche, nämlich den Freitag, darf sie sichtbar erscheinen, zuerst in Gestalt einer Schlange, dann als Kröte und das dritte Mal als Jungfrau in ihrer natürlichen Art. Jeden Freitag wäscht sie sich auf dem Felsen, der noch heutigen Tages der Krötenstuhl heißt, an einem Quellborn und sieht sich dabei in die Weite um, ob niemand nahe, der sie erlöse.

Wer das Wagestück unternehmen will, der findet oben auf dem Krötenstuhl eine Muschel mit drei Wahrzeichen: einer Schlangenschuppe, einem Stück Krötenhaut und einer gelben Haarlocke. Diese drei Dinge bei sich tragend, muss er an einem Freitagmittag in die wüste Burg steigen, warten, bis sie sich zu waschen kommt, und sie drei Wochen hintereinander in jeder ihrer Erscheinungen auf den Mund küssen, ohne zu entfliehen. Wer das aushält, bringt sie zur Ruhe und empfängt alle ihre Schätze.

Mancher hat schon die Merkzeichen gefunden und sich in die Trümmer der alten Burg gewagt, und viele sind vor Furcht und Gräuel umgekommen. Einmal hatte ein kühner Bursche schon den Mund der Schlange berührt und wollte auf die andere Erscheinung warten, da ergriff ihn Entsetzen und er rannte bergab; zornig und raschelnd verfolgte sie ihn als Kröte bis auf den Krötenstuhl. Sie bleibt übrigens die Länge der Zeit hindurch wie sie war, und altert nimmer. Als Schlange ist sie am grässlichsten und nach dem Spruch des Volkes "groß wie ein Wiesbaum (Heubaum), als Krott groß wie ein Backofen und da spaucht sie Feuer."

Auch so hört man im Volke erzählen:

Auf der *Wegelnburg* bei Nothweiler lebt eine verwünschte Jungfrau, und wer sie erlöst, erhält einen großen Schatz. Vor langer, langer Zeit kamen aus weiter Ferne starke, junge Männer dahin, um das Wagestück zu unternehmen. Die Jungfrau erschien mit einem Bunde Schlüssel, weiß gekleidet, und sagte einem jeden, der sie erlösen wollte, dass er sie dreimal küssen müsse. Er dürfe sich aber durch nichts abschrecken lassen, denn sie sei es immer selbst.

Am ersten Tage zeigte sie sich als schöne Jungfrau. Nachdem der Mann sie geküsst hatte, ermahnte sie ihn, bei dem zweiten und dritten Kusse standhaft zu sein. Des andern Tages kam sie als Schlange, groß wie ein Wiesbaum, und wand sich um ihn. Er erschrak zwar sehr, ließ sich aber nichts anmerken und küsste die Schlange, welche darauf verschwand. Am dritten Tage erschien sie als ungeheuere Kröte, feuerspeiend, mit glühenden Augen. Über seinem Kopfe hing ein großer Mühlstein an einem Nähfaden, nach dem der Teufel immer mit der Schere kneipte. Diese Probe hielt keiner aus; alle flohen und so ist die verwünschte Jungfrau unerlöst geblieben bis heute. Alte Leute berichten noch heute von den Schätzen auf der Wegelnburg, aber auch, warum die unglückliche Jungfrau in der Verwünschung dort leben muss: Es war ein Fräulein von Flörsheim, um das aus der benachbarten Burg Herr Heinrich von Fleckenstein freite. In ihrer Hartherzigkeit verlangte sie von dem Ritter, er solle dreimal in drei Stunden mit einem fünfzig Pfund schweren Beutel voll Gold von der Burg hinab zum Sauerbach und von dort wieder zur Burg eilen. Dann wolle sie ihm ihre Hand reichen.

Der Fleckensteiner tat, wie das Fräulein begehrte, stieg mit seiner Last dreimal ins Tal und wieder die steile Höhe hinan und die Aufgabe gelang ihm. Doch als er zum dritten Male wiederkehrte, da fiel er tot zu den Füßen der Flörsheimerin, die fortan mit ihrem Reichtum auf die Burg gebannt blieb.

Einmal hat ein Bauernbube aus Nothweiler eine Kiste voll Gold auf dem Schlosse gesehen. Statt zuzugreifen lief er heim und holte seinen Vater. Doch wie die beiden auf die Burg kamen, war der Schatz verschwunden und alles Suchen blieb vergeblich.

117. Der Klosterbrunnen bei Pirmasens

Auf dem Wege von *Pirmasens* nach Kaltenbach, etwa eine halbe Stunde von der Stadt, stand früher rechts von der Straße ein Kloster. Als einziges Überbleibsel ist heute ein Brunnen vorhanden, den die Leute den Klosterbrunnen nennen. Dort zeigt sich alle

sieben Jahre eine goldene Boll, die an zwei goldenen Kettchen hängt. Wer gerade das Glück hat, um diese Zeit in der Nähe zu sein, kann das schöne Trinkgefäß sehen.
Gleichzeitig erscheint auch ein Mönch. Ist einer zugegen, der an einem Sonntag im Advent geboren wurde, so sieht er die Erscheinung. Reicht er dem Mönch mit dem Gefäß einen Trunk Wasser ohne ein Wort dabei zu sprechen, dann winkt ihm die Gestalt und führt ihn durch eine sich plötzliche öffnende eiserne Pforte in den Berg. Dort stehen in hohen, hell erleuchteten Gewölben viele Truhen mit Gold und funkelnden Edelsteinen gefüllt. Davon darf sich der Besucher nehmen, soviel er zu schleppen vermag. Gibt er aber nur einen einzigen Laut von sich, so ist die ganze Herrlichkeit verschwunden, und er steht mit nassen Füßen in der sumpfigen Wiese.

118. Der Bauer und der Schatz

Das ehemalige Schloss auf dem *Großen Stiefel* bei *St. Ingbert* war einst die Behausung gefürchteter Ritter, die nur vom Stegreife lebten. Als sie ihr Wesen aber gar zu arg trieben, wurden sie ausgehoben, und als Räuber gehenkt; ihre Burg fiel der Zerstörung anheim. Ihre Schätze jedoch konnten nicht gefunden werden und ruhen noch heute, von bösen Geistern bewacht, im Inneren des Berges.
Vor vielen, vielen Jahren suchte ein reicher Bauer, dessen Sinn nur nach Geld und Gut stand, den Schatz zu heben. In dunkler Nacht grub er ganz allein auf der Höhe des Berges und stieß nach harter Arbeit auf eine eiserne Kiste. Er legte sie völlig bloß; da sprang auch schon der Deckel auf und blankes, glitzerndes Gold lachte ihm entgegen. In seiner Freude stieß der Bauer einen lauten Jubelschrei aus. Damit aber versank unter fürchterlichem Getöse der Schatz und von unsichtbarer Hand bekam der Schatzgräber eine so gewaltige Ohrfeige, dass er betäubt zu Boden stürzte. In der Kühle des Morgens kam er wieder zu Bewusstsein. Als er über das Geschehene nachdachte, gewahrte er, dass jede Spur seiner nächtlichen Arbeit verschwunden war. An der Stelle der von ihm ausgeworfenen Grube sah sein Auge gewöhnlichen Waldesboden, mit Laub und Moos bedeckt. Seine Werkzeuge, an

denen kein Stäubchen Erde haftete, lehnten in der Nähe an einem Baume. Als er noch sann und sann, hörte er über sich lauten Flügelschlag und von einem Baume herab erklang ein so teuflisches Hohnlachen, dass es ihm durch Mark und Bein ging. Schreckerfüllt eilte er in wilder Flucht den Berg hinab; seine Werkzeuge flogen ihm nach und fanden sich einige Tage später am Fuße des Berges. Der Bauer selbst aber verfiel in ein hitziges Fieber und schwebte wochenlang zwischen Tod und Leben. Wieder genesen, war er ein ganz anderer als früher und ließ sich genügen an dem, was er hatte.

119. Die vergessene Schlüsselblume

Vor langen Zeiten stand auf dem *Großen Stiefel* bei *St. Ingbert* ein prächtiges Schloss und nach seiner Zerstörung sah man noch die Ruinen davon aus dem Boden ragen. Insbesondere schauten die Umwohner oft nach dem Türlein, das in ein Gewölbe führte und stets verschlossen war. Gar viel wurde von ihm erzählt, dass es einen Raum hinter sich berge, der ganz mit Reichtum und Pracht angefüllt sei. Da war einmal ein armer Schäfer, der fand einst am Abhange des Berges eine Schlüsselblume von lauterem Golde. Gleich dachte er an das Türlein, brach die Blume und eilte zur alten Pforte. Er öffnete sie und trat ein. Wie staunte er, als er in einem großen, hell erleuchteten Saale stand, in dem unermessliche Reichtümer angehäuft waren. Den biedern Schäfer packte die Habsucht und er stopfte sich die Taschen voll. Bei seiner Rückkehr aber vergaß er den Schlüssel und merkte das erst, als er im Freien war. Rasch will er zurück; da braust es wie ein Sturmwind aus dem Berge, donnernd schließt sich die Pforte und schlägt noch dem Schäfer den Absatz des Schuhes weg. Dennoch eilt der schwer Beladene freudig heim zu den Seinen. Als er aber nachschaut, hat er nur Steine in den Taschen.

120. Die Schätze im Innern des Kirkeler Berges

Die Burg *Kirkel* soll an einem Orte erbaut sein, wo einst ein römisches Kastell stand, am Saume des Pirmanns-Waldes. Sie gehörte nach dem Aussterben der Herren v. Kirkel zur Kurpfalz und dann zum Herzogtum Zweibrücken, bis sie im Jahre 1677 durch die Franzosen zerstört wurde. Nur der Turm und der hinterste Teil vom Hauptgebäude blieben stehen. Bald hatten die Leute gar viel zu erzählen von den Schätzen im Innern der Burg; doch wollte niemand so recht daran glauben.

Eines Tages nun spielte eine Schar Kinder auf dem Schlossberg. Darunter war auch eines als Sonntagskind bekannt. Das geriet an der Stelle, von wo aus einst ein unterirdischer Gang nach dem Karlsberg bei Homburg führte, in eine Vertiefung. Da tat sich auf einmal die Erde auf und das Mädchen stand unter einem weiten Tor, das in eine lange Höhle führte. Diese war von Kerzen auf goldenen Leuchtern erhellt und links und rechts lagen große Reichtümer in Gold und Silber und Edelsteinen aufgespeichert. Das Kind stand wie im Traume, bis ihm ein alter Mann winkte zu kommen. Da trat es ein und sah gleich hinter dem Tore einen großen, langhaarigen Hund auf einer Kiste liegen. Der knurrte, dass ihm Angst und Bange wurde. Als aber der Alte dem Tiere zurief, war es mäuschenstill.

Der Mann zeigte dem Mädchen alle Herrlichkeiten und führte es zuletzt wieder zurück. Am Tore sagte er zu ihm: „Weil du nicht einmal nach den schönen Sachen gegriffen hast, so nimm hier diesen Stein. Wenn du in Not bist, wirf ihn in das Loch, durch das du heute hereinkamst und die Erde wird sich dir öffnen. Du sollst dann von den Schätzen soviel erhalten, dass es dir in deinem Leben an nichts fehlt." Da schlug der Alte das Tor zu und das Mädchen stand wieder in der Kaut. Weil es aber seine Spielkameraden nicht mehr fand, ging es allein nach Hause. Nach einiger Zeit wollte das Sonntagskind wieder in den Schlossberg, hatte jedoch den Stein verloren. Da fand es noch nicht einmal das Loch und seitdem hat niemand mehr etwas von den Schätzen gesehen.

121. Der Birkenbusch auf Kirkel

Immer noch ruhen große Schätze in den Ruinen der *Kirkeler* Burg und die Leute reden viel davon und sehnen sich nach ihnen. Aber noch ist die Zeit nicht gekommen, die sie ans Tageslicht bringt. Oben auf dem zerbrochenen Turme fristet ein Birkenbusch sein kümmerliches Dasein. Er wird aber immer größer werden und einst ein stattlicher Baum sein. Aus seinem Holz wird eine Wiege gezimmert und für das erste Kind, das man darin schaukelt, sind die Reichtümer des Schlossberges bestimmt.

122. Die unterirdischen Schätze im Pauliner Schlösschen

Hinter dem *Pauliner Schlösschen* bei *Weißenburg*, gegen den Berg zu, soll bei einem Brunnen ein Gang sein, der stets verschlossen bleibt. Am Karfreitag aber liegt dort zur Mittagsstunde ein Hund, der den Schlüssel zu jener unterirdischen Pforte im Maule trägt. Wer ihn ohne ein Wort zu reden an sich nimmt, dem öffnet sich das geheimnisvolle Tor und führt ihn tief, tief in den Berg hinein. So gelangt er in ein großes Gemach mit vielen Waffen rings umher; in der Mitte des Raumes aber steht eine Kiste, auf deren Deckel ein großer, schwarzer Hund liegt. Wer reinen Sinnes und Wandels ist, der kann den Hund leicht herabjagen, die Kiste öffnen und von den eingeschlossenen Schätzen nach Herzenslust an sich nehmen.

Ein Winzer, der diese Sage erzählte, beteuerte, dass dies seiner Großmutter gelungen sei, als sie noch ein Mädchen von zwölf Jahren war. Es war an einem Karfreitag, allwo die Katholiken gern schwere und unangenehme Arbeiten vollbringen, da musste sie ihrem Vater das Essen in die Reben bringen. Sie kam zum Brunnen, erfüllte alle Bedingnisse und brachte einen Schurz mit eitel Goldstücken gefüllt zum arbeitenden Vater. Der kehrte alsogleich mit ihr an die Stelle zurück, um der Schätze noch mehr zu gewinnen. Aber der Hund saß nicht mehr am Brunnen und auch der Eingang zum unterirdischen Gewölbe war nicht mehr zu finden.

123. In Gold verwandelte Porzellanscherben

Die Frau eines Winzers aus *Schweigen* graste eines Tages in den Reben unweit des *Pauliner Schlosses*, da sah sie plötzlich am Fuße des Turmes einige Porzellanscherben, die schön bemalt waren und einen goldenen Rand hatten. Sie steckte einige davon zu sich

und gab sie bei ihrer Heimkehr ihrem vierjährigen Kinde zum Spielen. Der Knabe, Konrädel geheißen, warf die glänzenden Stücke zu Boden, dass sie hell erklangen. Freudig rief er aus: „Mutter, wo hast du die schönen, gelben Batzle her?"
Die Frau nahm die Scherben wieder an sich und siehe, es waren lauter blanke, funkelnde Goldstücke. In aller Eile sagte sie ihrem Manne von dem reichen Funde und sie gingen zusammen abermals zum Schlösschen um auch die übrigen Porzellanscherben zu holen. Allein sie waren verschwunden und konnten trotz eifrigen Suchens nicht mehr gefunden werden.

124. Das weiße Fräulein auf der Leinbachmühle

Der von Waldleiningen kommende Leinbach vereinigt sich unterhalb *Frankensteins* mit der Hochspeyer und treibt vor seiner Mündung eine Sägemühle.
Dort stand einst um Mitternacht ein junger Bordschnitter bei der Arbeit. Beim matten Scheine eines einzigen Lichtleins sah er einmal auf die Säge, die ihre geraden Linien durch den Baumstamm zog, das andere Mal auf das große Wasserrad, über das sich der glitzernde Bach wälzte. Da, die Uhr zeigte eben auf zwölf, kam langsam auf den Speichen ein weißes Fräulein herauf. Es bat ihn, er solle mit ihm gehen durch einen langen, finstern Gang nach *Neidenfels* zu. Dort sei ein großer Schatz verborgen. Den solle er heben und es erlösen. Der Bordschnitter aber dachte an sein junges Weib, schüttelte den Kopf und blieb. Traurig verschwand darauf das Fräulein.
In der folgenden Nacht um dieselbe Stunde erschien es wieder. Abermals und ebenso betrübt verschwand es, als seine Bitte ohne Gehör blieb. In der dritten Nacht nahm der Bordschnitter seine Frau mit und richtig stellte sich auch das Fräulein wieder ein. Wie flehentlich und verlockend es auch bat, umsonst. Da hob es seinen Arm und sprach mit rührender Stimme: „Die Eichel ist noch nicht gefallen, die zum mächtigen Eichbaum wächst, aus dessen Holz man eine Wiege zimmert. Der erste Säugling, der darin geschaukelt wird, der erst kann mich wieder erlösen!" Und langsam mit den Speichen des großen Wasserrades sank es in die Flut hinab und kam nie wieder.

125. Der entgangene Schatz

Der alte Beyer hütete seine Ochsen vor dem "alten Schloss" (*Altwolfstein*), und wie er so in Gedanken über die "Schlosswiese" hinging, stand er plötzlich vor einem großen, viereckigen Stein, den er vorher nie gesehen hatte. Der Stein trug oben einen Ring wie ein Griff zum Aufheben. Beyer wollte ihn auch anfassen und in die Höhe heben, da hörte er eine Stimme: „Beyer, deine Ochsen gehen im Schaden!" Er meinte, irgend ein Bekannter habe ihm zugerufen, um ihm Unannehmlichkeiten zu sparen, sah, dass seine Ochsen wirklich in ein fremdes Grundstück geraten waren und trieb sie eilig auf seine Wiese zurück. Dann ging er wieder zu der Stelle, wo der wunderliche Stein gelegen. Doch der war nun verschwunden.
Ein andermal hütete ein Mann droben auf dem "Herrenacker" sein Vieh. Er ließ es laufen und ging selbst einmal nebenan auf den "Schlossacker"; da traf er einen großen Kessel an voll gelber Ameisen. Der Mann wusste, dass das Geld bedeute, und wollte hingehen und die Ameisen herausholen. Da hörte er, ehe er zugreifen konnte, eine Stimme, die sagte:

„Ri, ra, rare,
Dein Vieh geht im Schare" (Schaden)

Er drehte sich nach seinem Vieh um, das weidete aber ruhig auf dem Herrenacker, wo es hingehörte. Wie er sich aber dann wieder nach dem Kessel umwandte, war der verschwunden.

126. Der gehobene Schatz

Auf dem Wingertsberge bei *Annweiler* brannte früher ein nächtliches, blaues Licht, das bald größer, bald kleiner wurde. Einmal kam ein Mann aus dem Orte, welcher spät in der Nacht nach Hause fuhr, in die Nähe des Lichtes; da ging er schweigend hin, deckte seinen Mantel darauf und setzte dann seinen Heimweg fort. Am nächsten Morgen um fünf Uhr war er wieder auf dem Berge und an der Stelle. Als er seinen Mantel aufhob, lag ein Haufen Geldes darunter, den er ungestört an sich nahm. Das Licht aber wurde seit dieser Zeit nicht mehr gesehen.

127. Das Glühhäufchen

In früherer Zeit hatten die *Morlauterer* nicht wie jetzt die schöne Straße um nach Lautern zu kommen. Sie mussten alle über den Wäscher Pfad durch das Wäldchen gehen.
Eines Abends sah nun ein Bauer auf seinem Wege nach der Stadt ein Glühhäufchen im Walde. Er wollte seine Pfeife anzünden, nahm ein Stückchen Glut und legte es auf. Als sie jedoch nicht zum Brennen kam, schleuderte er es weg und holte sich ein anderes. Und so mehrere Male hintereinander. Aber die Pfeife brannte nicht. Da fing der Mann erbärmlich an zu fluchen. Im selben Augenblick verschwand das Glühhäufchen.
Als er andern Tages den Weg zurückkam, sah er an der nämlichen Stelle mehrere Dukaten liegen. Nun ging ihm ein Licht auf: Das Glühhäufchen waren lauter Dukaten gewesen, die auf den Fluch hin verschwanden.
Ähnliches hört man vielenorts in der Pfalz erzählen. Wenn ein Wanderer in der Stunde zwischen zwölf und ein Uhr nachts quer über das Feld geht, so findet er manchmal dortselbst eine Glut liegen. Sie stammt nicht von einem Feuer her, sondern ist ein Schatz. Hat der Mann ein neues Kleidungsstück an, so soll er es darauf legen. Hat er gerade keins, so soll er zu Hause eines holen und damit die Glut bedecken. Kommt er dann am nächsten Morgen wieder, so hat sich die Glut in Gold verwandelt und er kann den Schatz heben.

128. Die Glut

Ein alter Bauer in *Miesenbach*, ein gar geiziger Mann, weckte seine Magd immer sehr frühe. Eines Morgens nun im Herbste beim Kartoffelnausmachen, als es noch dunkel war, sollte sie in der Viehküche das Feuer unter dem Kessel anstecken. Sie brachte es aber um alles in der Welt nicht zum Brennen. Da sah sie plötzlich einen Haufen Glut hinter dem Haus im Kleegarten. Dreimal ging sie hin und holte sich jedes Mal eine gehörige Schippe voll; aber unter dem Kessel wollte es immer noch kein Feuer geben. Als sie deshalb zum vierten Male in den Garten kam, lagen ihrer Drei um die Glut und sagten, sie habe genug und bekäme jetzt nichts mehr. Da weckte sie ihren Herrn und erzählte ihm, was vorgefallen war, auch dass der Torf zu nass sei und nicht zum Brennen komme. Der Alte merkte, wie es um das Feuer im Kleegarten stehe, und schickte die Magd zu Bett; er wolle selbst die Tränke für das Vieh kochen. Die geholte Glut aber war lauter Gold, das sich der Bauer aneignete. So aber wollten es die drei Männer nicht. Drei Nächte hintereinander erschienen sie und klopften dem Alten, er solle dem Mädchen das Geld geben. Der aber tat es nicht, sondern schaffte seine Magd nach Amerika. Ein Jahr später kamen die drei wieder drei Nächte hintereinander und verlangten, er solle dem Mädchen das Geld schicken, sonst gehe seine Familie im dritten Gliede unter.

Der geizige Alte behielt das Geld auch jetzt noch und seine Enkel gingen wirklich zu Grunde.

Auch eine zweite Sage von der Geldglut kann man in Miesenbach erzählen hören:

Ein alter Bauersmann aus dem Dorfe war in Erzenhausen auf dem Kuhhandel; von da ging er nach Schwaedelbach, verspätete sich dort und musste um Mitternacht allein durch den großen Hebenhübelwald. Aus Furcht und Langeweile wollte er Tabak rauchen, hatte aber weder Feuerzeug noch Zunder und Feuerstein bei sich.

Endlich sah er, dass er schon zum Walde heraus war, und entdeckte zu seinem Schrecken am Fußpfade, wo viele Eichen standen, eine Feuerglut und um dieselbe lagen drei Männer. Der alte Bauer dachte: „Der Schäfer hütet in der Nähe seine Herde und hat seine Freunde bei sich, die miteinander Kartoffeln braten." Er ging an die Glut und fragte, ob er ein Köhlchen Feuer haben könnte für seine Pfeife. Die Drei willigten gerne ein, aber die Pfeife ging nicht an. Er wollte sich dann ein zweites Köhlchen nehmen. Da sagte einer von den Dreien: „Geh' fort, es reicht." Der Bauersmann ging ohne Widerrede weiter und kam glücklich nach Hause.

Als er am andern Morgen seine Pfeife anstecken wollte, lag ein Goldstück in derselben. Da erzählte er seiner Frau, was ihm begegnet war, und die sagte: „Du bist recht dumm. Warum hast du nicht die Glut ausgeschlagen, so wäre alles Gold dein eigen gewesen!"

129. Die blaue Flamme

Ein kleiner, rings von Bergen eingeschlossener Talkessel in der Gemarkung von *Finkenbach* heißt die Hollerbach. Dort findet man auf einem Acker noch heute zahlreiche Stücke von römischen Ziegeln und sonst noch andere Altertümer.

Nach der Sage soll ehedem ein Kloster hier gestanden sein. Der Keller desselben ist in die Erde versunken; aber er birgt einen guten Wein, der in seiner eigenen Haut liegt. Auch reiche Schätze sind an jener Stelle vergraben. Alle hundert Jahre erscheint dort zur Mitternacht eine blaue Flamme. Wer zur rechten Stunde hinkommt und nachgräbt, findet den Schatz.

In der Nähe des Ortes stand vor vielen Jahren ein einsames Haus. Burschen und Mädchen des Dorfes fanden sich dort oft in der Spinnstube zusammen. Als sie nun einmal bis Mitternacht blieben und eines der Mädchen zum Fenster hinausschaute, rief es: „Seht doch, was ist denn dort drüben an der Pappel?" Die andern kamen herbei, schauten auch hinaus und sahen, wie sich eine blaue Flamme an einer Pappel hinaufschlängelte, ohne dass diese verbrannte. Aber es währte nur einige Augenblicke, dann war die Erscheinung verschwunden. Niemand jedoch hatte den Mut nach dem Schatz zu graben und so ruht er heute noch in der Erde.

B.
Von pfälzischer Landes-, Orts- und Familiengeschichte
(Geschichtliche Sagen)

Wer nicht das Altertum und die Vergangenheit seines Volkes liebt und achtet, der fühlt auch nicht den Stolz, ihm anzugehören, und kein Vertrauen zu der Zukunft kann in seinem Herzen wohnen.

(Müllenhoff)

I. Von Kriegen und Fehden und anderen Nöten

130. Die Heidenmauer

ordwestlich von *Dürkheim* liegt ein Kreis von bemoosten Steinen, etwa eine halbe Stunde im Umfang, die Heidenmauer genannt.
Da soll vor uralten Tagen Etzel, der Hunnenkönig sein Lager aufgeschlagen haben, als er von Römern und Franken bei Chalons besiegt, sich über den Rhein zurückzog.
Auf der Nordseite der Heidenmauer befindet sich der so genannte Wursttrapp-Graben. Das Volk erzählt, dahin habe der Ritter *Hans Trapp* die gestohlenen Würste hoch zu Ross heimgebracht.

131. Attilas Grab

Als die wilden Reiterscharen der Hunnen nach der Schlacht bei Chalons wieder über den Rhein flohen, kamen sie auch in die Gegend von Glan und Alsenz. Ihr König ließ die Kirchen niederbrennen, die Fruchtfelder verheeren und die fränkischen und römischen Ansiedelungen zerstören. Da ereilte ihn eines Tages plötzlich der Tod, und großes Wehklagen erhob sich unter den Seinen. Nur ungern ließen sie seinen Leichnam im fremden Lande. Doch suchten sie einen Ruheplatz für ihren toten Herrn, wo ihn nie ein Römer oder Germane finden werde.
Damals bedeckte die Höhe zwischen *Kallbach* und *Unkenbach* ein tiefer und großer Weiher. Den gruben die Hunnen bei Nacht ab,

so dass das Wasser sich ins Moscheltal ergoss. In dem leeren Bette schaufelten die hunnischen Krieger ein tiefes Grab und senkten den toten König mit Ross und Rüstung und all seinem Golde hinein. Selbst Speise und Trank gaben sie ihm in großen Gefäßen mit hinab in die Gruft. So konnte er auch im Jenseits als König leben. Hierauf deckten sie schnell das Grab zu, stauten den Weiher wieder und zogen fort.
Heute ist der Weiher ausgetrocknet; aber noch niemand fand das Königsgrab. Doch heißt der Platz das "rote Meer" und der Berg der "Heidensteil".

132. Wie die Heidenburg fiel

Die *Heidenburg bei Oberstaufenbach* war in alter Zeit von Heiden bewohnt und wurde einst von einer christlichen Schar belagert. Doch deren Geschosse prallten an den eisenharten Felsen ab, und herab geworfene Steinblöcke töteten viele der Belagerer. Jeder Angriff der Christen blieb erfolglos, so dass ihr Anführer vom Abzuge sprach.
Anders aber wollte es ein Priester, der dabei war und zum Ausharren ermahnte: der Christengott werde schon den Weg bahnen, dass das Nest falle. Und siehe, ein blindes Pferd, das im Gebüsch am Bergeshang weidete, scharrte vor Durst und scharrte immerzu, bis eine Quelle aus dem steinigen Boden hervorsprang. Voller Freude sahen das die Belagerer, und der christliche Priester erkannte darin die Hilfe des Himmels.
Man grub nun an der Stelle weiter und weiter, und immer mehr Wasser kam aus der Erde. Oben aber im Felsenbrunnen der Burg sank das Wasser tiefer und tiefer, bis er schließlich ganz leer war. Mit Toben und Grausen sahen das die Heiden, und es blieb ihnen nichts übrig, als sich zu ergeben.
Bald verkündeten die Flammen weithin, dass die Heidenburg gefallen und zerstört sei. Heute sieht man nur spärliche Reste von ihr, und fleißige Hände graben dort nach hartem und nützlichem Gestein. Vielleicht finden sie eines Tages in den geheimnisvollen, verschütteten Kellern den dort vergrabenen uralten, köstlichen Wein.

133. Kaiser Adolfs Tod

Adolf von Nassau wurde einst in einem Gefechte bei Straßburg schwer verwundet und darauf in ein nahes Kloster gebracht.
Unter der Pflege der schönen Nonne Imagina genas er bald von seinen Wunden. Zugleich erfuhr er von seiner Wohltäterin, dass der Bischof von Straßburg ihn gefangen nehmen wolle. Heimlich führte Imagina ihren Schützling des Nachts bis zum Rheine, und dort bat Adolf seine treue Begleiterin, die er lieb gewonnen hatte, sie möge ihm auch weiter folgen und mit ihm fliehen. Die Nonne erhörte sein Flehen, ward seine Gattin und wohnte mit ihm auf Burg Adolfseck. Und als Adolf auszog in die Schlacht, um mit Albrecht von Österreich um die deutsche Krone zu kämpfen, da begleitete sie ihn und betete im Kloster *Rosenthal* um Sieg für den geliebten Helden. Drüben am *Hasenbühl* bei *Göllheim* wogte der heiße Streit, und die Flehende wartete ungeduldig auf frohe Botschaft. Doch vergeblich. Schon war der Abend angebrochen, da trat Imagina vor die Pforte des Klosters und horchte in die Nacht hinaus. Es war ihr auf einmal, als habe sie Pferdetritte und das Winseln von Hunden vernommen. Und siehe, da kamen Adolfs Schlachtross und die beiden Bracken des Königs zum Kloster. Als sie sich wieder zur Rückkehr wandten, folgte ihnen Imagina aufs Schlachtfeld und fand mit Hilfe der Tiere die Leiche des Königs, die nun in Rosenthal beigesetzt wurde.
Eines Tages gewahrte man die Nonne mit den treuen Hunden tot über Adolfs Gruft. Dessen Leichnam aber kam später nach *Speyer* neben den seines Todfeindes.

134. Wie die Bauern Schloss Lindelbrunn nahmen

Ein Haufe empörter Bauern lag einst vor *Lindelbrunn.* Als es ihnen nach vielen Versuchen doch nicht gelang, des Schlosses Meister zu werden, zogen sie plötzlich von dannen, als ob sie die Belagerung aufgegeben hätten. In einem benachbarten Walde hielten sie Lager und sannen auf Rat, wie sie die Burg durch List überwältigen möchten. Einer von ihnen, ein schlaues Bäuerlein, begann: „Wisst ihr was? Ich will mich auf Umwegen an die Burg schleichen und sehen, ob ich eingelassen werde. Komme ich bis Sonnenuntergang nicht wieder zurück, so wisst ihr, dass ich im Schlosse bin, und dann machet euch auf den Weg, dass ihr um Mitternacht dort in der Nähe seid."

Die Bauern ließen sich diesen Vorschlag gefallen; das Bäuerlein aber erlangte richtig Einlass in die Burg, stellte sich, als wäre es todmüde, und streckte sich noch vor Nacht auf das ihm angewiesene Lager. Zur Mitternachtsstunde aber wusste er sich unbemerkt ans Tor zu schleichen und die Zugbrücke niederzulassen. Die Bauern drangen sogleich in die Burg ein, machten die wenigen Knechte, welche sich widersetzten, nieder und plünderten und verbrannten das Schloss.

135. Die Bauern auf Neuleiningen

Burg und Dorf *Neuleiningen* liegen auf einem gegen die Rheinebene vorgeschobenen Bergkegel des Haardtgebirges und gewähren dem Beschauer einen malerischen Anblick. Von der Höhe selbst genießt man eine reizende Aussicht auf einen großen Teil des Worms- und Speyergaues.

Wie in allen Klöstern und Schlössern der Gegend, so kehrten die aufrührerischen Bauern im Jahre 1526 auch auf Neuleiningen ein. Und doch entging es durch die Klugheit und das beherzte Wesen einer Frau der sichern Zerstörung.

Gräfin Eva, aus dem Leininger Geschlechte, wohnte damals auf der Burg und verließ auch dann nicht das väterliche Erbe, als die Grafen von *Alt-* und *Neu-Leiningen* schon die Flucht ergriffen hatten. Die Nußdorfer Bauern kamen am Gebirg herab, und täglich sah man an den Haardthöhen ein Schloss in Rauch und Flammen aufgehen. In nächster Nähe hausten die Bockenheimer Bauern; Dirmstein war gefallen und Altleiningen, die alte Stammburg, niedergebrannt. Da zog ein Bauernhaufen von der *Battenburg* herüber, die sie rein ausgeplündert hatten, und erstiegen auch Neuleiningen, um sich in dessen Sälen und Kellern zu vergnügen und dann das Schloss in Brand zu setzen.

Freundlich trat die Gräfin Eva ihrem ungewöhnlichen Besuche entgegen. Im Rittersaale gab sie ihren Gästen ein treffliches Mahl und trug ihnen den feinsten Braten und die besten Weine mit vorgebundener Schürze eigenhändig auf. Die Bauern ließen sich das Gebotene trefflich munden und fühlten sich durch die Dienstfertigkeit der Gräfin so geehrt, dass sie dankend abzogen, ohne der Burg ein Leid anzutun.

136. Das Klösterlein zu Fischbach

Das Klösterlein zu *Fischbach* bei *Hochspeyer* wurde im Jahre 1564 von dem Kurfürsten Friedrich III. von der Pfalz aufgelöst. Es diente später (von 1682 bis 1688) der Herzogin Marie von Simmern als Witwensitz. Heute stehen an seinem Platze Bauernhäuser, Scheuern und Ställe. Die Sage aber weiß anderes darüber zu erzählen:
Im Bauernkriege zerstörten die wilden Horden auch das Klösterlein zu Fischbach. Sie drangen in die Klosterzellen und vertrieben die Nonnen. Seit dieser Zeit hört man bei den Trümmern ein Seufzen und Klagen wie von Gespenstern; es ist das klägliche Flehen der geschlagenen Bauern. Noch weiß man im Walde ein Plätzchen, wo sie lagerten; da will nichts wachsen und selbst im heißen Sommer spürt man dort einen eisigkalten Schauer. Das Kloster mit seinen meist adligen Damen hatte auch ein silbernes Glöcklein. Zum Schutze vor den diebischen Feinden begruben sie es tief in einen Keller. Niemand aber weiß, wo es heute liegt.

137. Der Hirt von Oggersheim

Bevor im Dreißigjährigen Krieg der spanische General Don Corduba die Stadt Frankenthal belagerte, hat sich mit *Oggersheim* eine denkwürdige Sache zugetragen. Als nämlich Corduba sein Quartier zu *Lambsheim* nahm, da fuhr ein solcher Schreck unter die Inwohner von Oggersheim, dass die Vornehmsten alle mit Sack und Pack und was sie fahren, tragen und in der Eile fortbringen konnten, sich in die Festung Mannheim flüchteten. Den meisten Hausrat aber samt Wein, Früchten und Vieh ließen sie zurück, und es blieben in dem Städtlein nicht mehr als etwa 24 Bürger, die nicht viel zu verlieren hatten. Sie begaben sich auf die Stadtmauer und die beiden Tortürme, um zu sehen, wie die Sache ablaufe. Stracks darauf aber erschienen die spanischen

Reiter von Lambsheim her, und die Oggersheimer schossen von den beiden Pforten mehrmals auf den herankommenden Feind, um ihn abzuschrecken. Dessen ungeachtet kam ein Trompeter herbei geritten und gab ein dreimaliges Zeichen.
Die Oggersheimer riefen vom Turm hinab und fragten, was er begehre. Der Trompeter antwortete, er verlange im Namen des spanischen Reitergenerals Corduba, dass sie sich ergeben sollten. Und als er ferner gefragt wurde, in wessen Namen Corduba solches täte, hat er wiederum geantwortet, es geschehe im Namen Ihrer Kaiserlichen Majestät.
Darob bekamen die Oggersheimer Bürger eine solche Furcht, dass sie alle von den Türmen und Mauern herunterstiegen und sich auf der andern Seite des Städtleins über den niedrigsten Teil der Mauer davon machten. Nur einer blieb, Hans Warsch, der Schafhirt.
Als er sich nun so ganz allein und von allen verlassen sah, unterhandelte er mit dem Trompeter und verlangte von ihm die Zusage, dass man ihn bei seiner Religion und allem, was er habe, lassen und ihn samt Weib und Kindern schützen solle, dann wolle er die Stadt übergeben. Der Trompeter sagte zu, und Hans Warsch öffnete die Tore.
Darauf zogen die Spanier ein, stellten dem Hirten eine Schildwache vors Haus und hielten ihr Versprechen treulich. Kurz hernach genas die Frau des mutigen Schäfers eines Knäbleins, und Hans Warsch bat den General Don Corduba, der in der Krone wohnte, zu Gevatter. Der spanische Führer nahm diese Einladung an, war bei der Taufe zugegen und ließ den Hirten an seiner Tafel speisen.

138. Die Mordkammer

An der Nordwestseite des Donnersberges gegen *Falkenstein* zu senkt sich ein enges Waldtal, das den Namen *Mordkammer* führt. Von dieser geht die Sage, "der Schwed" habe im Dreißigjährigen Kriege hier ein großes Blutbad angerichtet, während andere erzählen, der Herzog von Lothringen habe in dieser Schlucht einen Haufen aufrührerischer Bauern, welche die Burg Falkenstein erstürmt und ausgeraubt hätten, bis auf den letzten Mann zusammenhauen lassen. Noch andere glauben, der Schinderhannes, ein bekannter Räuberhauptmann, habe an der Stelle sein Wesen getrieben. Sogar die Hunnen sollen hier entsetzlich gehaust haben und die Bewohner eines nicht allzu weit davon entfernten Dorfes stammen, wie böse Nachbarn behaupten, von diesen wilden Horden ab.

139. Zerstörung des Klosters St. Medard

Zwischen *Mutterstadt* und *Ruchheim,* etwas links vom Wege ab, liegt eine sanfte Höhe, welche Niedertsbuckel genannt wird. Dort stand einst eine dem hl. Medard gewidmete Kapelle, vielleicht auch ein Dörflein dabei. Das Volk glaubt, dass es ein Kloster gewesen sei, und weiß von der Zerstörung desselben also zu erzählen:

Als während des Dreißigjährigen Krieges die Schweden in die Gegend kamen, besuchten sie auch das Kloster auf dem Niederts- oder Medardsbuckel. Da ihnen aber die Mönche Widerstand leisteten, so erstürmten sie das Kloster mit Gewalt, nagelten dann die eingefangenen Mönche an ihre Wagen und schleppten sie so mit sich fort, bis sie verbluteten. Das Kloster aber zündeten sie vor ihrem Abzuge an, dass es in Asche zerfiel. Seitdem ist es an dem Orte zu gewissen Stunden nicht geheuer. Bald erzählt man von einem Mönche, bald von einer weißen Frau, bald von einem fürchterlichen Hunde, die sich zuweilen dort sehen lassen und die Schätze hüten, welch die Mönche vor den Schweden vergraben hatten.

140. Belagerung von Burg Lichtenberg

Die Burg *Lichtenberg* bei *Kusel,* häufiger noch die *Lichtenburg* genannt, wurde im Jahre 1635 auf der Ostseite gegen das Dorf Körbom von den Kroaten belagert. Nach den übrigen drei Seiten war sie zum Teil durch eine Ringmauer, zum andern Teil durch eine steil ins Tal abfallende Felswand geschützt. Aber auch die Angriffsseite hatte eine derart starke Befestigung, dass an einen erfolgreichen Sturm nicht zu denken war. Da beschlossen die Feinde, die Übergabe der Burg durch Aushungern ihrer Verteidiger zu erzwingen. Sein Wasser erhielt Lichtenberg damals in messingenen Röhren vom Baumholderloch her. Zu allem Elende scharrte dortselbst ein Pferd die Brunnenleitung aus; die Teicheln wurden herausgenommen, und die Belagerten entbehrten nun des Wassers. Aber als kluge Leute wussten sie sich zu helfen; obgleich hinter den Mauern Tote lagen, die aus Hunger und Durst gestorben waren, so ließen sie ihre drei letzten Schweine auf dem Walle laufen und schleuderten Knochen hinab. Auch warfen sie die Tiere öfters an verschiedenen Stellen der Burg nieder und brachten sie zum Schreien. Die List gelang, die Kroaten ließen sich täuschen, gaben die Belagerung auf und zogen ab.

141. Neustadts Retterin

Es war im Jahre 1688. Die Franzosen fielen in die Pfalz ein und verwüsteten grauenhaft einen Teil derselben. *Worms, Frankenthal, Speyer* und andere Städte waren schon in Flammen aufgegangen. Tapfer wehrten sich *Neustadts* Bürger gegen die Feinde. Doch auch sie erlagen der Übermacht und sollten nun die grausame Rache der Welschen fühlen. Die Mauern der Stadt wurden niedergerissen, und es erging der Befehl, sie ganz niederzubrennen. Ein Mädchen sollte Neustadts Retterin werden. *Kunigunde Kirchnerin* hieß sie und war die Enkelin des kurpfälzischen Kanzlers.

Die liebreizende Jungfrau hatte das Herz des französischen Kriegskommissärs de Werth gefesselt. Sie wollte ihm aber nur dann die Hand zum ehelichen Bunde reichen, wenn ihre teuere Vaterstadt verschont bliebe. Der verliebte de Werth machte nun dem General Vorstellungen. Als diese jedoch nicht durchdrangen, eilte Kunigunde selbst herbei, fiel dem General zu Füßen und bat um Erhaltung Neustadts. Die Schönheit und Unerschrockenheit des Mädchens blendeten den Gewaltigen so, dass er den grausamen Befehl wieder zurücknahm.

Nun hielt aber auch Kunigunde ihrerseits Wort. Sie schenkte Herz und Hand ihrem Liebhaber. Bald darauf ward Hochzeit gehalten. Die Heldin zog als glückliche Gattin mit nach Paris. Ihr Geschlecht blühte noch nach hundert Jahren. Die dankbare Vaterstadt aber bewahrte zum Andenken an sie ihr von Künstlerhand gemaltes Bildnis lange Jahre auf dem Rathaus.

142. Der Metallfühler

In der Gegend von *Obermoschel* sieht man noch die Reste der Burg *Lewenstein,* welche ehemals einem adeligen Geschlecht den Namen gab, das im siebzehnten Jahrhundert erlosch. Es verarmte, und die letzten Glieder desselben nahmen oft zu unwürdigen Mitteln ihre Zuflucht, um ein Auskommen zu finden.

Eines derselben stand im Rufe, geheime Künste, insbesondere das Metallfühlen, zu verstehen. In den Tagen, als im orleanischen Kriege (1688-1697) die Franzosen jene Gegend bedrohten, riet er dem Kommandanten der nahen Burg *Landsberg,* sich auf alle Fälle gefasst zu machen, jedenfalls aber seine Schätze zu bergen. Der Kommandant tat es insgeheim wirklich.

Als er darauf mit dem von Lewenstein durch den Burggarten ging, blieb letzterer plötzlich aufmerksam stehen und stampfte mit dem Fuße auf den Boden, indem er sagte:

„Hier habt Ihr Euer Geld vergraben; aber da ist es nicht sicher, tut es an einen anderen Platz!" Darob sah ihn der Kommandant verwundert an, ließ es sich aber nicht umsonst gesagt sein. In nächtlicher Stunde schaffte er seine Barschaft anderswo hin. Wenige Tage nachher kam der Metallfühler wieder, und nun fand er den Schatz unter einer Platte in der Burg. „Ihr steht mit dem Bösen im Bunde", sagte der Kommandant höchst betroffen. Der Metallfühler entgegnete: „Bewahre Gott! Ich bin nur ein Sonntagskind, und solche hat es noch mehr. Darum bringt Eure Truhe unter die große Linde neben dem Heiligenhäuschen vor dem Burgtore. Dort ist sie gefeit und auch für ein Fronsonntagskind unsichtbar." Der Kommandant folgte wiederum dem Rate. Aber noch in der nämlichen Nacht grub der von Lewenstein das Geld aus und lebte herrlich und in Freuden. Als der Kommandant später nach seiner Truhe sehen wollte, war sie fort. Weil aber unrecht Gut nicht gedeiht, schlug das Geld auch beim Lewenstein nicht an; bald war er fertig damit und wieder so arm wie zuvor.

143. Jammerhalde und Hahnensalz

Das Jahr 1793 war für die Bürger von *Kaiserslautern* eine Zeit des Jammers. Besonders schrecklich gestaltete sich der Winter, der

mit Recht als der "Plünderwinter" bezeichnet wird. Nichts war mehr sicher vor den beutegierigen Franzosen, keine Habe und kein Eigentum, ja selbst das Leben nicht. Da taten sich einige Familien zusammen und flüchteten mit allem, was sie mitnehmen konnten, in den Dansenberger Wald, wo sie in einer Höhle wohnten. Um nicht zu verhungern, hatten sie allerlei Nahrungsmittel, darunter auch einige Hähne, an sich genommen. Doch es dauerte nicht lange, so kamen die Plünderer und durchsuchten den Wald nach den Flüchtigen. Bald fanden sie ihre Spur; denn die Hähne fingen an zu krähen und ließen sich durch nichts ruhig bringen. Man wollte sie doch nicht alle gleich töten. Die Franzosen aber gingen dem Schalle nach, die Hähne krähten immer weiter und die Bürger lebten in der größten Angst. Endlich drangen die Feinde in die Höhle ein, beraubten die Flüchtlinge und nahmen ihnen noch obendrein das Leben.
Von der Zeit an heißt dieser Wald *Jammerhalde* und ein angrenzendes Gebiet trägt den Namen *Hahnenfalz* bis heute. Beide liegen an der Pirmasenser Straße, kurz vor der Roten Hohl. Die Leute erzählen, in dem Walde höre man alle sieben Jahre ein großes Jammern.

144. Der Trompeter an der dicken Eiche

In der Nähe der dicken Eiche an der *Matzenbergerstraße* ertönt zuweilen nachts bis zum Morgengrauen ein Hornsignal, ohne dass von Ross und Reiter etwas zu sehen wäre. Einmal wollte sich die Frau des Enkenbacher Hirten noch vor Tagesanbruch einen Schubkarren voll Laub aus dem Walde holen. Sie hatte gerade die unterste Lage in ihrem ausgespreiteten Tuche zurecht, als plötzlich dicht neben ihr eine Trompete schmetterte. Schnell leerte sie ihr Tuch aus, machte das Streusel wieder auseinander und fuhr ohne Laub nach Hause.
Wer aber ist der gespenstige Trompeter?
Es war zur Franzosenzeit. Das Revolutionsheer hatte das Gelände bis zur Hochstraße besetzt. Da kamen von Nordosten her die Preußen unter Möllendorf, warfen die Franzosen aus ihrer Stellung und jagten sie über den Geiersberg nach *Hochspeyer* hinunter und die Trippstadter Straße hinauf nach Pirmasens zu.

Den raschen Rückzug der Franzosen soll ein Trompeter verschuldet haben; der war als Überläufer aus dem Revolutionsheer zu den Preußen gekommen. Er kannte die französischen Signale und blies aus einem Versteck heraus zum Rückzug und der Ruf wiederholte sich bald auf der ganzen Linie der Franzosen.
Ob er ihnen später noch in die Hände fiel? Vielleicht wurde er gerade an dieser Stelle erschossen. Soviel ist gewiss: Bei der dicken Eiche geht er heutzutage noch um und ruft die Geister der gefallenen Krieger zum Rückzug.

145. Der tote Soldat

Zwölf junge Burschen aus *Löllbach* waren mit Napoleon I. nach Russland gezogen. Keiner von ihnen ist zurückgekehrt und die letzten Briefe hatten sie von Greifswald aus geschrieben.
In einer Nacht nun erwachte die Mutter des einen Soldaten durch ein jämmerliches Stöhnen. Sie sah ihren Sohn mit triefenden Kleidern weinend auf der Kiste sitzen. Als sie ihn fragte, wo er zu so später Stunde herkomme, hielt er die Hände vor die Augen und verschwand.
Es war dies zur selben Zeit, als der Truppenteil, bei dem die jungen Leute standen, an der Beresina vernichtet wurden.

146. Der heimgekehrte Krieger

In *Odernheim* am *Glan* kehrten nach einem langen Kriege zwei Kämpfer heim. Am Vaterhaus des einen begehrten sie spät abends unerkannt Einlass, der ihnen auch gewährt wurde. Der eine Kriegsmann, dessen Eltern während seiner langen Abwesenheit verarmt waren, zeigte denselben auch seine wohl gefüllte Geldschlange, mit deren Inhalt er sie am nächsten Morgen erfreuen wollte. Mit lüsternen Augen schauten die beiden Alten darnach. Bald begab man sich zur Ruhe.
Als am andern Tage der eine Krieger erwachte, erkundigte er sich nach seinem Kameraden. Mann und Frau erzählten ihm, der sei schon frühe aufgestanden und weit über alle Berge. Das aber konnte der Kriegsmann nicht glauben und hielt den beiden die Worte vor: „Habt ihr dem Reiter etwas Leids getan, so habt ihr's

euerm eigenen Sohne getan!" Da gestanden Mann und Frau mit Zittern ihre böse Tat. Im Sande des Kellers hatten sie die Leiche verscharrt. Die Unseligen aber gingen hin und erhenkten sich selbst.

147. Nächtliche Erscheinung in Speyer

Es war im Oktober des Jahres 1813. Um Mitternacht saß zu *Speyer* ein Schiffer am Rheine und lehnte an einer alten Linde. Die Domuhr schlug gerade zwölf. Da stand vor ihm eine hohe, verhüllte Gestalt und begehrte rheinüber. Als er den Kahn löste, stieg eine Reihe solcher Gestalten ein, und pfeilschnell waren sie drüben. Die Aussteigenden versprachen, bei der Rückkehr zu lohnen, und verschwanden in der Ferne wie Wolken.
In der vierten Nacht, als der Schiffer wieder am Lindenbaum Wache hielt, rief es vom jenseitigen Ufer: „Hol über!" Und wieder war es die düstere Schar, die in seinen Nachen trat, der gar geschwind in Speyer landete. Diesmal gab jeder seinen Lohn. Der Schiffer aber sah unter den Mänteln Schwerter blitzen und Panzer und Schilde und das Funkeln von Gold und Edelstein, den Glanz von Samt und Seide. Wie Nebel durchflohen die Gestalten die Nacht und verschwanden am Dome. Der Schiffer blieb voll Gedanken am Lindenbaum sitzen bis zum Anbruch des Tages, und als er seinen Handlohn betrachtete, da hatte er lauteres Gold, worauf die Bilder der alten Kaiser erglänzten. Manchen Tag sah er sie an und wieder rief es von drüben: „Hol über!" Das waren die flüchtigen Franken von der Leipziger Schlacht. Der Schiffer aber verstand nun die Erscheinung: die im Dome ruhenden Kaiser waren aus dem Grabe gestiegen und halfen Deutschland frei machen von fremder Herrschaft.

148. Wie du willt, Melchior

Der Donnersberg, der höchste unter den pfälzischen Bergen, war ehemals von verschiedenen Burgen umgeben, deren eine *Falkenstein* hieß. Dieselbe gab einem berühmten Geschlechte den Namen, das auch im Rheingau und in der Wetterau Güter besaß. Diese zerstreuten Besitzungen waren einmal unter zwei Brüder geteilt. Davon hieß der eine Melchior und hatte seinen Sitz im Rheingau; der andere, Konrad, aber bewohnte die Stammburg am Donnersberge. Nun geschah es, dass beide Brüder einen Streit miteinander bekamen. Da erschien eines Morgens plötzlich Melchior mit seinen bewaffneten Knechten auf der Anhöhe vor Falkenstein und forderte unter Drohen und Schimpfen seinen Bruder zum Zweikampfe heraus.

Konrad aber war ein frommer Ritter und suchte den zürnenden Bruder vom Fenster aus durch freundliche Worte zu besänftigen. Doch umsonst. Der erbitterte Melchior drohte die Burg zu stürmen. Als nun der Graf sah, dass alles Zureden vergeblich sei, schloss er das Fenster mit den Worten: „Wi du willt, Melchior." Darauf ging er ruhig in den Hof hinab, um seine Knechte zum Widerstande bereit zu halten. Aber Melchior wurde durch diese Worte so besänftigt und gerührt, dass er all seinen Groll vergaß. Er begehrte friedlichen Einlass in die Burg, und bei festlichem Mahle feierten die Brüder ihre Versöhnung.

Jene Worte aber wurden zur ewigen Erinnerung in einen Stein gehauen und dieser über dem Burgtore eingemauert. Das Schloss ist jetzt zerfallen; aber der Stein ist noch vorhanden und wird den Reisenden in dem Garten des Eisenwerks bei Hochstein gezeigt.

149. Treuenfels

Die Burg *Treuenfels* gehörte ehemals zu Schloss *Altenbaumberg* und war als Vorburg desselben von großer Bedeutung. Über ihre Entstehung wird also erzählt:

Der Erzbischof von Mainz lag einst in Fehde mit dem Raugrafen Konrad II. von Altenbaumberg. Dieser hatte mit seinem Vetter, dem Raugrafen Heinrich I. von Neuenbaumberg, eine Waffenbrüderschaft geschworen. Sieben Wochen bedrängten die Erzbischöflichen Altenbaumberg, so dass der Mundvorrat darin ausging und die Mauern fast nicht mehr widerstanden.

Umsonst sah man nach Neuenbaumberg um Hilfe; denn auch diese Feste war vom Feinde umlagert. Wohl hätte Heinrich abkommen können, weil sein Bruder ihm zur Seite stand. Doch wie durch die Reihen der Feinde gelangen? Da erspähte man einst in mondheller Nacht, dass die Reisigen, welche am steilsten Teile

seiner Burg Wache hielten, leise abzogen. Heinrich ahnte, was vorgehen sollte. Sogleich knüpfte man lange Seile zusammen und ließ sie bis auf einen Felsenvorsprung hängen, von dem leichter hinabzuklettern war. In voller Rüstung ließ er sich zuerst hinunter; fast die Hälfte seiner Mannen folgte. Glücklich erreichten sie den Talgrund, wo sie sicher waren. Auf weiten Umwegen wanderten sie durch die Nacht und sahen gegen Tag des Feindes Lager. Der Mond war untergegangen. Heinrich schlich dem feindlichen Lager möglichst nahe und lauerte hinter dem Gestrüppe.
Als nun mit Tagesanbruch die Bischöflichen die Burg zu stürmen anfingen, zündete er ihr Lager an und fiel ihnen mit Schlachtruf in den Rücken. Die Feinde wandten sich und fielen unter den Schwertern der Neuenbaumberger. Konrad hatte schnell den helfenden Vetter erkannt und warf sich nun gleichfalls durch die Ausfallpforte mit seinen Leuten auf den Feind, der bestürzt die Flucht ergriff.
Beim ersten Strahl der Morgensonne fanden sich die beiden Waffenbrüder auf dem Felsenkopfe, wo noch des Mainzer Feldhauptmanns Zelt stand, und fielen einander in die Arme. „Hier soll eine Burg erstehen", rief Heinrich, „dass nicht wieder gleiche Gefahr dir komme." „Wir wollen zusammen bauen", entgegnete Konrad, „und die Burg trage als Zeuge deiner Treue auf ewig den Namen Treuenfels." Und so geschah es.
In der gleichen Nacht hatte aber auch Heinrichs Bruder die geschwächten Belagerer geschlagen und ihr Lager mit reicher Beute erobert.

150. Der Eberkopf

Das Tor der berühmten Sickingenschen *Ebernburg* bei Kreuznach, die auch die Herberge der Gerechtigkeit genannt wird, war von alters her mit einem Eberkopfe geziert, an den sich folgende Sage knüpft:
Die Burg, früher nur die an der Alsenz genannt, gehörte zu dem Gebiete der Raugrafen von Altenbaumburg und wurde von einem derselben bewohnt, der als ein tapferer, aber wilder und zornmütiger Geselle bekannt war. Dieser kam einst auf die unfern gelegene Burg *Monfort* und sah daselbst des Ritters schöne Tochter.

Alsbald beschloss er sie heimzuführen, erhielt aber ganz gegen sein Vermuten abschlägigen Bescheid. Die Jungfrau hatte sich bereits seinem Nachbarn, einem Rheingrafen auf dem Stein bei Kreuznach, zu eigen gelobt. Des Raugrafen Zorn war groß. Er warf glühenden Hass auf den Rheingrafen und sann auf Rache. Eines Tages jagte er in dem Forste unweit des *Rheingrafensteines.* Ein grimmiger Eber stieß ihm auf. Im Kampfe mit demselben zerbrach ihm die Waffe. Er geriet in die äußerste Todesgefahr. In diesem Augenblicke blitzte vor seinem Auge eine blanke Klinge, und der Kopf des Ebers rollte vom Rumpfe getrennt vor seine Füße. Sein Feind, der Rheingraf war's, der den kräftigen Hieb zur Stunde geführt. Da war des Raugrafen Zorn gebrochen, er reichte seinem Gegner die Hand, ward sein Freund und selbst der Brautführer an dessen Ehrentage. Über dem Tore seiner Burg aber ließ er zum immerwährenden Gedächtnis einen Eberkopf ausmeißeln und nannte sie fortan die Ebernburg.
Eine andere Sage berichtet, einst sei die Burg von Feinden umschlossen worden, und da man sie nicht anders habe gewinnen können, so sollte der Hunger die Übergabe erzwingen. Als drinnen fast alles aufgezehrt war, führte man das letzte Schlachtvieh, einen Eber, auf den Schlosshof und zerrte das Tier so, dass es jämmerlich schrie, also dass die draußen glaubten, es werde ein Schwein geschlachtet. Und das wiederholte man jeden Morgen, bis die Feinde endlich in der Meinung abzogen, die Belagerten hätten noch Nahrung in Fülle.
Zum Andenken an diese erfolgreiche List brachte man einen Eberkopf am Tore der Burg an und gab ihr den Namen Ebernburg.

151. Der Mönchskopf

Ein Abt von *Limburg* hatte einmal, wie es öfters vorkam, einen Hader mit dem Grafen auf *Hartenburg*. Die zweifelhafte Sache war um so schwerer zu entscheiden, da keine der Parteien die geringste Nachgiebigkeit zeigte.
Endlich lud der Graf doch den Abt zu einem Besuche auf sein Schloss, um den Streit in Minne zu vertragen. Da aber der geistliche Herr immer noch die frühere Zähigkeit zeigte, so gab der Graf ein Zeichen, auf welches Bewaffnete in den Saal kamen und

den Abt trotz alles Sträubens und Tobens ins Verlies führten. Als man das in seinem Kloster erfuhr, sammelten sich sogleich die zahlreichen Knechte desselben zur gewaltsamen Befreiung ihres Herrn. Sie rückten nach der Hartenburg, mussten aber mit blutigen Köpfen die starken Mauern des gräflichen Schlosses verlassen. Der Kerker und die magere Kost machten endlich den Abt mürbe, so dass er nachgab und sich mit dem Grafen vertrug. Dennoch musste er sich bei seinem Abzuge noch den Spott der Dienerschaft gefallen lassen.
Zum Andenken daran aber ward ein nach Limburg sehender steinerner Mönchskopf in das Türmchen eingemauert, dessen Treppe zum großen Rittersaale führte.

152. Die Grafen von Eberstein

Als Kaiser Otto seine Feinde geschlagen und die Stadt Straßburg bezwungen hatte, lagerte er vor der Burg der Grafen Eberstein, die es mit seinen Feinden hielten. Das Schloss stand auf einem hohen Fels am Wald (unweit Baden in Schwaben) und dritthalb Jahre lang konnte es das kaiserliche Heer immer nicht bezwingen, sowohl der natürlichen Festigkeit als der tapferen Verteidigung der Grafen wegen. Endlich riet ein kluger Mann beim Kaiser folgende List: er solle einen Hoftag nach *Speyer* ausschreiben, zu welchem jedermann ins Turnier sicher kommen dürfte, die Grafen von Eberstein würden nicht säumen sich dahin einzufinden um ihre Tapferkeit zu beweisen; mittlerweile möge der Kaiser durch geschickte und kühne Leute ihre Burg überwältigen lassen.
Der Festtag zu Speyer wurde hierauf verkündet; der Kaiser, viele Fürsten und Herren, unter diesen auch die drei Ebersteiner, waren zugegen; manche Lanze wurde gebrochen. Des Abends begannen die Reigen, wobei der jüngste Graf von Eberstein, ein schöner, anmutiger Mann mit krausem Haar, vortanzen musste. Als der Tanz zu Ende ging, nahte sich heimlich eine schöne Jungfrau den drei Grafen und raunte: „Hütet Euch, denn der Kaiser will Eure Burg ersteigen lassen, während Ihr hier seid, eilt noch heute Nacht zurück!"
Die drei Brüder berieten sich und beschlossen der Warnung zu gehorchen. Darauf kehrten sie zum Tanz, forderten die Edeln

und Ritter zum Kampf auf morgen und hinterlegten hundert Goldgülden zum Pfand in die Hände der Frauen. Um Mitternacht aber schifften sie über den Rhein und gelangten glücklich in ihre Burg heim. Kaiser und Ritterschaft warteten am andern Tage vergebens auf ihre Erscheinung beim Lanzenspiel; endlich fand man, dass die Ebersteiner gewarnt worden waren.
Otto befahl, aufs schleunigste die Burg zu stürmen; aber die Grafen waren zurückgekehrt und schlugen den Angriff mutig ab. Als mit Gewalt gar nichts auszurichten war, sandte der Kaiser drei Ritter auf die Burg, mit den Grafen zu unterhandeln. Sie wurden eingelassen und in Weinkeller und Speicher geführt; man holte weißen und roten Wein, Korn und Mehl lagen in großen Haufen. Die Abgesandten verwunderten sich über solche Vorräte. Allein die Fässer hatten doppelte Böden oder waren voll Wasser; unter dem Getreide lag Spreu, Kehricht und alte Lumpen. Die Gesandten hinterbrachten dem Kaiser, es sei vergeblich die Burg länger zu belagern; denn Wein und Korn reiche denen inwendig noch auf dritthalb Jahre aus. Da wurde Otto geraten, seine Tochter mit jüngsten Grafen Eberhard von Eberstein zu vermählen und dadurch dieses tapfere Geschlecht auf seine Seite zu bringen. Die Hochzeit ward in Sachsen gefeiert und der Sage nach soll es die Braut selber gewesen sein, welche an jenem Abend die Grafen gewarnt hatte.
Otto sandte seinen Schwiegersohn hernachmals zum Papst in Geschäften; der Papst schenkte ihm eine Rose in weißem Korb, weil es gerade der Rosensonntag war. Diese nahm Eberhard mit nach Braunschweig und der Kaiser verordnete, dass die Rose in weißem Felde künftig das Ebersteinische Wappen bilden sollte. Davon trägt auch das Kloster *Rosenthal* bei *Göllheim*, eine Stiftung des Grafen Eberhard II. von Eberstein und seiner Gemahlin Adelinde, seinen Namen.

153. Die Burgfrau von Berwartstein

Unweit der Straße von *Bergzabern* nach *Dahn*, ungefähr in der Mitte zwischen beiden Orten, erheben sich die Mauern der wieder aufgebauten Ritterburg *Berwartstein* oder *Bärbelstein*, die durch ihre vielen Felsengemächer und in den Felsen gehauenen Gänge

besonders bekannt ist und darum häufig aufgesucht wird. Vormals ein festes Schloss, konnte sie nur mit großen Streitkräften angegriffen werden. So war sie einst längere Zeit belagert und dem Feinde gelang es trotz der lebhaftesten Gegenwehr die Mauern der Burg zu ersteigen. Der Ritter fiel mit allen seinen Leuten in den Räumen der Feste, die sie Schritt für Schritt verteidigten, und niemand blieb von den Burgbewohnern übrig als die Burgfrau. Die hatte sich beim Eindringen der Feinde mit ihrem Säugling an einem sichern Orte verborgen.
Als aber die Siegestrunkenen Feuer anlegten und die Flammen die Unglückliche zu erreichen drohten, wollte sie sich lieber dem Tode als dem rauen Kriegsvolke übergeben. Rasch stürzte sie zu dem Söller hin und sprang mit ihrem Kinde in das Flammenmeer, das sie augenblicklich verschlang.
Alljährlich zeigt sie sich nun einmal in ihrem ehemaligen Schlosse. Dumpf rollt zur Nachtzeit ein Wagen durch das unten liegende Dorf, aus dem am Burgberge die Burgfrau mit ihrem Kinde steigt. Hat sie die Höhe erreicht, so blickt sie mit Wehmut vom Schlosse hernieder und stürzt sich mit ihrem Säugling voll Verzweiflung den Felsen hinab.

154. Der böse Wolfsberger

Auf dem *Wolfsberger Schloss* bei *Neustadt* saß vor viel hundert Jahren ein arger Raubritter, der alle Leute plünderte, die durch das Tal zogen. Auf einer vorspringenden Felsenplatte hatte er immer eine Wache stehen, die nach Reisenden spähen musste. Noch heute sieht man die Fußtapfen derselben im Stein, aber seltsamer Weise sind es ihrer drei in einer Linie hintereinander und alle drei unmenschlich groß. Das kommt daher, weil die Menschen in der Ritterzeit halbe Riesen waren.
Der schlimme Wolfsberger tat auch seinen Nachbarn in der Neustadt allerlei Leids und doch konnten sie ihm nicht beikommen, weil er sehr schlau war. Schlug ja zuweilen sogar seinen Pferden die Hufeisen verkehrt auf, um die Verfolger auf falsche Spur zu bringen.
Endlich legte sich die heilige Feme ins Mittel und lud ihn vor ihren Freistuhl. Der Räuber erschien wirklich in dunkler Nacht

ganz allein. Auf sein Ross hatte er aber vorsorglich einen Sack voll Erbsen geladen und diese so auf den Weg gestreut, dass man seine Spur leicht finden konnte. Seine Freunde und Knechte gingen derselben nach und befreiten ihn in dem Augenblicke, als er zum Tode verurteilt war und niedergestoßen werden sollte. Was später noch aus ihm geworden, weiß kein Mensch, aber die Leute meinen, der Krug werde so lange zum Brunnen gegangen sein, bis er zerbrochen sei, und der Teufel werde den Spitzbuben doch noch geholt haben.

155. Das Grab Noes und die Pest

Die Lichtenberger Amtsbeschreibung vom Jahre 1578 weiß uns zu erzählen: „Hinter dem Dorf *Schwartzerden* in den Gräben findet man ein großen ronden ufgeworfenen Graben, gleich einem Wall; darvon berichten die Einwohner zu Schwartzerden, die es auch von ihren Vorfahren also gehöret haben, dass ein heidnischer Tempel daselbst gestanden sei, in welchem Noe in einem eisernen Sarg begraben liege. Diesen Noe haben sie zur Zeit der Peste angebetet und ihm geopfert, welcher sie auch erhöret und sie also bewahret, dass, wenn gleich dieselbe Seuche allenthalben im ganzen Lande umher sehr gewütet, hat sie doch ihnen nichts schaden können und sei aus ihrem Dorf niemands gestorben.
Aber seithern, dass der Tempel zerbrochen und sie ihn, den Noe, nicht mehr angebetet, haben sie gleich den andern, ja wohl eher, herhalten müssen. Von diesem heidnischen Tempel, wie man ihn abgebrochen, sind die meisten Häuser zu Schwartzerden erbaut worden, darunter viel ganzer und halber heidnischer Bilder und alte römische Abschriften gewesen; diese haben sie zerschlagen und die Stück vermauret."
Das Volk der Gegend nennt die Stelle seit uralter Zeit das Grab Noe und die Bewohner von Schwartzerden schützten die letzten Spuren des Tempels lange durch ein Strohdach vor Verwitterung.

II. Von Gründungen, Stiftungen und Ortsbenennungen

156. Entstehung von Kaiserslautern

K*aiserslautern*, das zum ersten Male im neunten Jahrhundert genannt wird und seine größere Wichtigkeit dem edlen und mächtigen Hohenstaufen Friedrich I. verdankt, soll einer der uraltesten Plätze der Pfalz sein. Nach einer alten Chronik hat Julius Cäsar die Stadt erbaut, die aber nachmals von dem Hunnenkönig Attila wieder zerstört wurde.

Eine andere Sage weiß zu berichten, dass während der Christenverfolgung unter Diokletian und Maximian zu Trier 20000 Menschen den Märtyrertod starben, wodurch das Wasser der Mosel sechs Meilen Wegs von ihrem Blute gefärbt war. Viel Volk drang deshalb in die Wüste und Öde, um sich zu verbergen. Zu dieser Zeit floh eine fromme Frau mit Namen Lutrina aus dem edlen Geschlechte der Assyrier, welche Trier erbaut hatten, mit ihrem Hofgesinde in die Wälder. Als sie lange umhergeirrt waren, fanden sie zuletzt in einer von einem Einsiedler bewohnten Wildnis - die Stelle heißt jetzt noch Einsiedel - einen Ort, wo sie sich eine Wohnung errichteten, die sie Lutrea (Lautern) nannten.

157. Schloss und Dorf Neidenfels

Dorf *Neidenfels* liegt im Neustadter Tale, und die Eisenbahn geht daran vorüber. Es ist ein kleines Dörflein, und über demselben

sieht man eine stattliche Burgruine, von der es seinen Namen hat. Schloss und Dörfchen sollen vor Zeiten nicht Neidenfels, sondern *Lichtenstein* geheißen haben, gerade wie die andere Burg gegenüber auf einer waldigen Höhe, von der kaum mehr eine Grundmauer übrig ist.
Zwei Brüder bewohnten einst die einander so nahe gelegenen Burgen, ihr Sinn aber war nichts weniger als brüderlich. Der, welchem der jetzige Neidenfels gehörte, war der Schlimmere von beiden und der Verursacher des Haders. Er hätte gern das ganze Besitztum der Familie allein gehabt und ging ernstlich darauf aus, seinen Bruder aus der Welt zu schaffen.
Wie er nun so Tag und Nacht mit neidischen Augen nach dem andern Lichtenstein hinüberschaute, entdeckte er, dass jeden Abend ein bestimmtes Fensterlein auf kurze Zeit beleuchtet war. Auch erfuhr er von einem Knechte seines Bruders, dass dieser jedesmal abends denselben Ort besuche. Darauf legte er sich auf die Lauer und schoss von seiner Burg aus mit einem Standrohr eines Abends seinen Bruder hinter jenem kleinen Fenster nieder. Von der Zeit an wurde sein Schloss der *Neidenfels* genannt und heißt samt dem Dörfchen heute noch so.

158. Kehrdichannichts, Murmelnichtviel, Schaudichnichtum

Nicht weit von *Dürkheim* liegt auf einem Berge das Forsthaus *Kehrdichannichts,* ehemals von dem Grafen Friedrich Magnus von Leiningen erbaut. Oberhalb dieses Ortes ließ der Kurfürst von der Pfalz einen Turm errichten, den er *Murmelnichtviel* nannte, und in der Nähe befand sich auch noch ein anderes Jagdhaus, das den merkwürdigen Namen *Schaudichnichtum* trug.
Alle diese Bauten verdanken, wie das Volk erzählt, Namen und Entstehung den immerwährenden Uneinigkeiten und Reibereien zwischen Kurpfalz und Leiningen wegen Gerechtsamen und allerlei Wald- und Forstangelegenheiten. Die leiningischen und kurpfälzischen Jäger händelten darum ohne Unterlass, und wenn der stolze "Jäger aus Kurpfalz" dem trotzigen Leininger begegnete, so sagte er jedes Mal zu diesem: „Murmelnichtviel!", worauf der mürrische Gegner ihm erwiderte: „Kehrdichannichts!" Auch

das Drohwort "Schaudichnichtum!" mag dabei manchmal gefallen sein. So gingen die Streitigkeiten und Eifersüchteleien zwischen den Jägern und Forstleuten lange fort, bis sich schließlich auch die Fürsten der Sache annahmen und zur gegenseitigen Einschüchterung und zum Trutz die drei Bauten mit ihren sonderbaren Namen errichteten.

159. Entstehung von Bad Diedelkopf

Wer von *Kusel* aus westwärts wandert, gelangt nach einer kleinen Viertelstunde in das Dorf *Diedelkopf.* Geht er durch dasselbe hindurch, so gewahrt er am andern Dorfende ein kleines Gebäude und daran eine Tafel mit der Inschrift: "Bad". Vor dem unscheinbaren Hause erhebt sich hart neben der Landstraße ein ungefähr drei Meter hoher Gedenkstein, auf dem also zu lesen steht: "Von Gottes Gnaden Johannes, Pfalzgraf bey Rheyn, Herzog in Bayern, Graf zu Veldenz und Sponheim hat diese Salzsod mit gutem Bedacht aufgefangen und dies Thor bawen lassen. Anno 1597."

Über die Entstehung der Saline Diedelkopf, die nicht lange bestanden haben soll, erzählt der Volksmund folgendes: Pfalzgraf Johann von der nahen *Lichtenburg* war an einem heißen Sommertag auf die Jagd geritten. Die Julisonne sandte ihre sengenden Strahlen auf die Erde hernieder. Plötzlich wurde der Pfalzgraf von einem heftigen Fieber ergriffen. Erschöpft sank er vom Pferde, noch ehe er seine Burg erreichen konnte. Er setzte sich auf einen Stein am Wege und lechzte nach einem frischen Trunk. Doch nirgends war kühlendes Wasser zu finden; denn der Sonnenbrand hatte den vorbei fließenden Bach bis auf den Grund ausgetrocknet.

Auf einmal rauschte es im nahen Gebüsch. Der Pfalzgraf wandte sich um und sah, wie ein Hirsch vom Durst getrieben durch den Wald drang bis hin zu einer Quelle. Der ermattete Jäger nahm seine letzten Kräfte zusammen und schleppte sich zu jenem Orte. Und als er einige Züge des frischen Wassers genommen hatte, da verließen ihn die Fieberqualen, und er konnte sein Ross besteigen und zur Burg zurückkehren. Aus Dankbarkeit beschloss der Pfalzgraf, die Quelle, die ihn vom Tode errettete, aufzufangen

und zum ewigen Angedenken in einen Brunnen zu verwandeln, was auch noch im selben Jahre geschah.
Heute ist die ehemalige Saline als Badeanstalt eingerichtet und wird mit ihren schwefelhaltigen Quellen von den Bewohnern der Stadt Kusel und seiner Umgebung fleißig benützt.

160. Gründung Kreuznachs

Noch war das Land der Franken heidnisch, da lag auf einer Insel in der Nahe ein Fischerdorf. Gar oft bedrohten die wilden Fluten des Stromes die Habe der Bewohner und rissen häufig ihre leichten Hütten in Trümmer.
Nun kam ein christlicher Glaubensbote übers Meer und errichtete auf der Insel ein steinernes Kreuz. Das blieb unerschüttert stehn, während nebenan Eis und Wasser die Behausungen der Fischer zerstörten. Da baten die heidnischen Franken den fremden Meister, er solle sie steinerne Häuser bauen lehren, die gleich dem Kreuze unverletzlich seien. Und er baute ein Haus, Stein auf Stein, und die reißenden Fluten ließen es unversehrt.
Da pilgerten viele zu dem frommen Manne und er brachte ihnen den neuen Glauben. Von dem nahen Kreuze der Insel aber erhielt die neue Ansiedelung den Namen Kreuznach.

161. Gründung des Klosters Disibodenberg

Im sechsten Jahrhundert lebte in Irland der fromme Bischof Disibodus. Dem erschien in der Nacht im Traume ein Engel und sprach: „Gehe hin über das Meer in das jenseitige Land, das Evangelium zu verkünden. Und da, wo du deinen Wanderstab in die Erde steckest und er grünet, wo ein weißes Reh sich dir nahet und am Boden scharret, dass ein Brunnen lebendigen Wassers hervorspringt, da bleibe und baue ein Kloster." Schon am nächsten Morgen bestieg er mit seinen drei Gefährten ein Schifflein, und schnell wie ein Pfeil waren sie am andern Ufer. Lange Jahre zogen sie, die Heiden bekehrend, durch Frankreich und kamen eines Abends zu einer Anhöhe auf dem rechten Ufer der Nahe.
Als der Durst sie plagte, gingen die Gefährten Disibodus' hinab zu dem Flusse, um dort ihre Kürbisflaschen zu füllen. Bei ihrer

Rückkehr bot sich ihnen ein wunderbares Schauspiel dar: der ehrwürdige Greis kniete inmitten des Rasenplatzes. Sein hoher Pilgerstab stak in der Erde und trieb Äste und Blätter, ein schneeweißes Reh scharrte am Boden, dass ein Quell daraus hervorsprang, so rein wie Krystall. Disibodus erkannte diese Stätte als die Verheißung des Engels und rief: „Der Ort ist heilig. Lasset uns Hütten bauen." Bald erhob sich eine herrliche Kirche und ein Kloster. Disibodus aber wohnte in seiner einfachen Hütte, und sein Stab ward zum schattigen Baume.

162. Stiftung von Klingenmünster

Als König Dagobert nach dem Tode seines Vaters Chlotar Krone und Zepter empfangen hatte, hielt er auf Burg Landeck in der Pfalz seinen Hof. Er führte, von jugendlichem Leichtsinn betört, ein zuchtloses Leben, war grausam gegen die Armen und schädigte und beraubte selbst Kirchen und Klöster.

Einmal nun, als er im Tale von *Klingenmünster* jagte, verirrte er sich von seinem Gefolge, setzte sich auf einen moosigen Felsblock und schlummerte ein. Da wurde er vor den Richterstuhl Gottes geführt, wo ihn die Heiligen schwer verklagten. Schon zuckte der Erzengel Michael das Flammenschwert, um den Frevler zu töten. Das wehrte St. Dionys, der besondere Schutzheilige des Königs, und erwirkte Aufschub der Strafe. Auch deutete er das Mittel an, wie er Verzeihung erlangen könne: dass er zur Ehre der gekränkten Heiligen Kirchen erbauen solle. Der König versprach es und wurde in Gnaden entlassen.

Als er von seinem Traum erwachte, fasste er den Vorsatz, die Sünden seiner Jugend zu sühnen. Er errichtete mehrere Klöster, darunter die Abtei Blidenfeld, welche später Klinga oder *Klingenmünster* genannt wurde.

163. Limburgs Entstehung

An der Stelle des spätern Klosters *Limburg* stand ehedem eine Burg. Ihr Name rührt wohl von den Linden her, womit der Berg früher bewachsen war, wie sie denn auch vor alters Lindburg hieß. Die Überlieferung berichtet, der erstgeborene Sohn Kaiser

Konrads II., auch Konrad mit Namen, habe hier auf der Jagd durch einen unglücklichen Sturz von einem Felsen das Leben verloren. Der Kaiser sei durch seine Gemahlin, die fromme Gisela, bewogen worden, die Todesstätte des geliebten Sohnes zu heiligen und die Stammburg in ein Gotteshaus umzuwandeln. Gerne habe Konrad diesen Wunsch seiner Gattin erfüllt und am 12. Juli 1030 den Grundstein gelegt.
Weiter wird erzählt: Nüchtern ritt der Kaiser in Gegenwart eines zahlreichen Gefolges von der Limburg, wo die Feier vor Tagesanbruch stattgefunden hatte, nach *Speyer* und legte an der Stelle, wo die frühere Kirche stand, den Grundstein zum Dome, desgleichen auch zu einer zweiten Kirche daselbst.

164. Das Kloster Rosenthal

Auf der Landstraße von *Grünstadt* nach *Göllheim* gelangt man bei *Kerzenheim* auf schmalem Waldwege in ein enges Tälchen, in welchem etwa dreiviertel Stunden waldeinwärts das graue, gotische Türmlein des ehemaligen Klosters Rosenthal aus dem Schatten der Bäume trauernd hervorragt. Eberhard II., Graf von Eberstein, und seine Gattin Adelinde waren die Stifter desselben. Der Name soll aus dem Wappenschilde der Grafen von Eberstein, welche eine Rose in weißem Felde führten, entlehnt worden sein. Dagegen hielten die Nonnen von Rosenthal an der Sage, es seien, als man mit dem Bau des Klosters mitten im Winter beschäftigt war, blühende Rosen in den Gesträuchen gefunden und daher dem Kloster der Name beigelegt worden.

165. Die Rosentreppe

Die fromme Gräfin Emma, die Gemahlin eines herzoglichen Oberjägermeisters in *Zweibrücken*, besuchte oft die Hütten der Armut, um Hungrige zu speisen und Kranke zu laben. Aber ihr Gemahl, Graf Rupprecht, war ein rauer und hartherziger Herr. Er verwies ihr oft ihre wohltätige Gesinnung und sagte mit barschem Tone, es sei für eine vornehme Frau unschicklich, die Winkel des Elends aufzusuchen. Die fromme Frau wollte mit ihrem Gatten in Frieden leben, und so suchte sie manchmal ohne

sein Wissen ihre Liebe zu den Notleidenden zu betätigen. Wenn der Graf auf der Jagd dem Wilde nachspürte, forschte die Gräfin nach hilfsbedürftigen Kranken.
Einmal wollte sie an einem kalten Wintertage einem armen, kranken Manne in einem Nachbarorte ein Labsal bringen. Da begegnete ihr auf der Schlosstreppe der Graf. Er vermutete gleich, was vorgehen sollte, und fuhr die sanfte Frau hart an: „Wo willst du hin? Was trägst du in deinem Korbe?" „Ach, Herr!", stotterte die erschrockene Frau. „Nun", fragte er heftiger, „was ist das?" „Rosen!", erwiderte sie in ihrer Verwirrung, nicht bedenkend, dass es Winter sei. „Was? Jetzt Rosen?", rief der raue Weidmann. Sogleich entriss er ihr das Körbchen und öffnete es. Aber o Wunder! Als er den Deckel wegnahm, dufteten ihm in der Tat Rosen entgegen. Der Graf erstaunte und sah bald seine Gemahlin, bald die Rosen an. „Jetzt erkenne ich, welch edle Frau ich besitze", rief er aus. „Du bist ein Engel. Verzeihe mir! Du wirst mich in Zukunft anders finden."
So war es auch. In der Folge wusste man nicht, wer am wohltätigsten zu nennen sei, der Graf oder seine Gemahlin. Von der Treppe, auf welcher die wundersame Begebenheit stattgefunden hat, ist keine Spur mehr da. Aber das Volk nennt noch heute die Stelle, wo sie gestanden, die *Rosentreppe.*

166. Der Rosssprung bei Speyer

Einmal ritten zwei Ritter zum Tore der Stadt *Speyer* hinaus, die Köpfe warm von einem Gelage, dem sie beigewohnt hatten. Da sagte der eine, Fritz von Rinkenberg, in plötzlicher Aufwallung jugendlicher Ungeduld: „Ist es doch, als seien unsere Rosse schon tagelang auf den Beinen! Das mag ich nicht leiden! Wohlan, wir wollen, um die trägen Tiere fühlen zu lassen, dass sie Ritter tragen, und um nicht selbst einzuschlafen, ein Wettrennen beginnen. Was gilt's, mein Rappe ist schneller als dein Schimmel? Sieh, diese Kette, der Preis meines Sieges beim letzten Wormser Turnier, ist dein, wenn du mir vorkommst." Hans von Otterstadt, sein Begleiter, ließ sich den Vorschlag gefallen. Nachdem auch er seinen Teil in die Wette gegeben hatte, nahm das Rennen den Anfang.

Dumpf grollte die Erde unter den mächtigen Hufschlägen der flüchtigen Renner; Staub wirbelte empor, einer Wetterwolke vergleichbar, aus welcher der Schlag der Hufe Blitze entsendete. Immer schneller flogen die Reiter dahin; doch keinem gelang es, dem andern vorauszukommen. Endlich geriet der ehrgeizige Rinkenberg, der seines Sieges gewiss war, in Wut und suchte durch die Schärfe seines Sporns den Rappen zum schnellsten Laufe anzutreiben. Schaum und Blut mischten sich am Bauche des gehetzten Tieres. Vom Schmerze zur Verzweiflung gebracht, raffte es seine letzten Kräfte zu einem gewaltigen Satze zusammen. Aber dann stürzte es mit größter Wucht auf den Boden um nie mehr aufzustehen. Der Ritter hauchte neben dem toten Rosse mit zerschmettertem Gehirne ebenfalls den Geist aus.
Seitdem hört man zuweilen auf der Stelle, wo der Ritter und sein Rappe fielen, das Röcheln eines verscheidenden Menschen und das Schnauben eines sterbenden Rosses. Der Ort aber, wo dies geschah, heißt heute noch der *Rosssprung*.

167. Das Fuchsloch oder Gnadenwasser bei Zeiskam

Bei *Zeiskam*, das durch seinen ausgedehnten Gemüse- und Gewürzpflanzenbau bekannt ist, stand ehemals das Schloss der Herren von Zeiskam.
Eines Morgens, noch früh im Jahre, kam ein altes Mütterchen aus dem Dorfe zu dem Ritter auf die Burg und brachte ihm ein Körbchen mit gelben Rüben zum Geschenke. Der Ritter freute sich nicht wenig darüber, lobte die Schönheit der Möhren und sagte, die Leute im Dorfe sollten ja recht viel von diesem trefflichen Gemüse bauen. Für das Geschenk aber möge sie sich selbst eine Gnade ausbitten.
Das Mütterchen benützte die günstige Stimmung des Ritters, um für das ganze Dorf ein gutes Werk zu stiften. Die Zeiskamer hatten nämlich, obwohl damals ebenso wie heute die Queich durch ihren Bann floss, kein Wasser in unmittelbarer Nähe des Dorfes. Daher sagte die Alte:
„Herr Ritter, ich würde wohl um eine Kleinigkeit bitten, allein ich habe nicht den Mut dazu. Wenn wir das hätten, so wollten wir

aus unsern Feldern Gärten machen." „Sprecht, Alte!", ermunterte sie der gut gelaunte Herr, „ich will gerne Euern Wunsch erfüllen." „So gebt uns so viel Wasser, als durch ein Fuchsloch fließt!", bat die Alte. „Sollt's haben!", entgegnete der Ritter und gab sogleich Befehl, in einen Stein ein Loch von der Größe eines Fuchsloches zu hauen, denselben in das Ufer der Queich einzusetzen und so dem Felde und dem Dorf das nötige Wasser zufließen zu lassen. Es geschah, und davon schreibt sich ein Teil des Wohlstandes der Gemeinde her. Das Loch am Queichufer heißt *Fuchsloch* noch heutigen Tages.

168. Die Felsenkirche zu Oberstein

Über das Städtchen *Oberstein* an der Nahe ragt eine steile Felswand zum Teil senkrecht empor. In sie hinein ist eine Grotte eingesprengt, in der das weithin bekannte Felsenkirchlein steht. Die hintere Wand desselben bildet gewachsener Stein und daraus sprudelt ein lebendiger Quell. An der Spitze des Felsens liegen die Trümmer der alten Burg Oberstein.

Einst wohnten dort in Eintracht zwei Brüder, die Grafen Emich und Wyrich von Oberstein. Emich liebte das Burgfräulein Berta, die hübsche Tochter des Ritters von *Lichtenberg* (bei Kusel) und ihr Vater segnete die Liebe der beiden Glücklichen. Wyrich aber wusste nichts von der Herzensneigung seines Bruders. Während nun Emich sich einmal auf der Reise befand, kam Wyrich auf einem Jagdzuge vor die Mauern der Lichtenburg. Mit Freuden wurde er im Schlosse empfangen und sah hier zum ersten Male die anmutige Berta; er schwur, als er das Tor des Lichtenbergers hinter sich ließ, dass nur sie seine Gemahlin werden solle.

Als nun Emich von seiner Reise zurückgekehrt war, wollte er seine seither geheim im Herzen getragene Liebe nicht länger verbergen und erzählte seinem Bruder davon, auch dass Bertas Vater seine Zustimmung zu dem Bunde gegeben habe. Da entstellen sich die Züge Wyrichs und rasend vor Eifersucht fasst er den Bruder, schleppt ihn zum Fenster und stürzt ihn mit starker Hand in den furchtbaren Abgrund.

Nach der Tat erwachte bald die Reue; aber nirgends konnte der Mörder Ruhe finden. Auf dem Lichtenberg schlossen sich bald die altersmüden Augen des Burgherrn und seine Tochter suchte Trost in einer Klause am Disibodenberg; doch nicht lange dauerte es, so brach ihr der Gram das Herz. Wyrich aber irrte ruhelos in der weiten Welt umher, bis ihm ein Einsiedler den Rat gab, er solle tun, was er ihm Traume geheißen werde. Und er hatte wirklich in der Nacht eine Erscheinung. Da ward er ruhiger, zog heim und hämmerte und meißelte mit eigener Hand in der halben Höhe des Felsens eine Grotte aus. Und als sich der Quell zeigte, da wurde der stille Büßer heiter und lächelte, als sei er erhört. Nachdem endlich das Kirchlein fertig war und zum ersten Male darin das Hochamt gehalten werden sollte, da fand man ihn tot vor dem Altare und auf seinem Antlitz lag seliger Frieden.

169. Der Abt Jakob von Hornbach

Ein Adeliger war in seinem Herzen von Liebe entbrannt zu einer schönen Jungfrau. Er verabredete mit ihr, sie aus dem Hause ihrer Eltern zu entführen. Sie willigte gerne ein und eines Tages wurde der Plan verwirklicht. Doch der Arge hatte nicht Gutes im Sinn; er flüchtete mit der Jungfrau weit in den Wald und wollte ihr dort ein Böses antun. Sie weinte und bat um Schonung, doch alles war vergebens. Da erschien plötzlich der heilige Pirminius wie ein rettender Engel. Er befand sich gerade auf der Rückkehr von *Pirmasens* nach *Medelsheim*. Der Entführer floh und die Jungfrau war gerettet. Voll Dankbarkeit versprach sie dem frommen Gottesmann in ein Kloster zu gehen und sich ewig dem Herrn als Braut zu verloben.

Dem Flüchtigen aber ließ seine Freveltat keine Ruhe und nach langem Umherirren kam er endlich nach *Hornbach* und klopfte an die Pforte des Klosters. Er begehrte Einlass und Aufnahme als reuiger Büßer. Die wurden ihm auch gewährt und bald war der ehemalige Sünder ein frommer Mönch und ein großer Freund des heiligen Pirminius. Und als dieser starb und in die Gruft eingesenkt war, versammelten sich die Brüder zur Wahl eines Abtes. Alle Stimmen fielen auf Bruder Jakob, den Freund des Heiligen, der einst als Büßer Aufnahme gefunden hatte in der stillen Klosterzelle. Einmal trat Abt Jakob noch betend an die Pforte des Klosters; da stand vor ihm eine Jungfrau in weißem

Schleier. Sofort erkannte er Adula wieder, die er einst so schwer gekränkt hatte, und bat um Verzeihung seiner Schuld. Und sie antwortete: „Ich bin gekommen, um mich an Eurer Frömmigkeit zu erbauen und will endlich mein Versprechen erfüllen: dem heiligen Pirmin ein Denkmal setzen und meine Güter dem Kloster schenken." Später ließ sie an dem Platze, wo St. Pirmin ihr Schutz und Rettung brachte, ein Kirchlein erbauen; es ist die Kirche zu *Altheim.*

170. Das Dietrichskirchel

An der Straße von *Rülzheim* nach *Rheinzabern* in der Nähe der Rottenbachbrücke liegt eine kleine Bodenerhebung, zu der eine alte Steintreppe empor führt. Man gelangt auf einen mäßig großen, freien Platz, in dessen Mitte ein hohes, steinernes Kruzifix steht. Hinter demselben ist ein alter Sandstein aufgerichtet, der an den Seiten einige Wappen und Schriftzeichen trägt, die kaum mehr zu deuten sind. Von Westen her kommt aus dem Walde ein Weg, der *Ochsenweg.*

Weit, weit hinter dem Walde wohnte einst ein reicher Mann. Der gab vor seinem Tode folgendes Vermächtnis: „Wenn ich gestorben bin, soll man meinen Leichnam auf einen Leiterwagen bringen, den Sarg daran festbinden und zwei ungelernte Ochsen einspannen. Nach der Einsegnung lasse man die Tiere laufen. Da, wo sie halten, will ich begraben sein und an dem Orte soll ein Kirchlein erstehen, das meinen Namen trägt."Als nun der Mann gestorben war, verfuhr man so, wie er bestimmt hatte. Von weit her kamen da eines Tages die zwei Ochsen mit dem Leichnam den Wald herunter.

An der Stelle, wo heute zwischen Rülzheim und Rheinzabern das große, steinerne Kreuz steht, brachen die Tiere erschöpft zusammen. Gar schnell wurde die Ankunft des sonderbaren Gefährtes im Dorfe bekannt. Wagen und Sarg blieben einstweilen unberührt. Was mit den Ochsen geschah, weiß man jetzt nicht mehr. Nach einigen Tagen kam desselbigen Weges, den die Tiere genommen hatten, ein Mann und brachte Kunde von dem Vermächtnisse des Toten. Der wurde nun feierlich bestattet und über seinem Grabe erhob sich bald das Dietrichskirchlein. Allwöchentlich las man darin eine Messe und am Rochustage versammeln sich heute noch Frauen und Kinder an dem Kreuz um zu beten. In der ersten Hälfte des vorigen Jahrhunderts aber wurde das Dietrichskirchlein abgebrochen und mit seinen Steinen das jetzige Chor der Dorfkirche erbaut. Doch heute noch spricht man vom *Dietrichskirchel* und meint damit den Ort, wo es wirklich einmal stand.

171. Die verkehrte Kirche

In dem ehemaligen *Aschbach* bei Trippstadt lebte einst eine sündhafte Gräfin. Auf ihrem Todesbette bereute sie ihren Lebenswandel und versprach ihrem Beichtvater eine fromme Stiftung. Doch wisse sie nicht, was und wie und wohin sie es geben solle. Da riet ihr der Beichtvater, ein ungewöhntes Paar Ochsen laufen zu lassen und auf der Stelle, wo sich dieselben zwischen elf und zwölf Uhr des Mittags lagern, eine Kapelle zu erbauen. Dies sei die Offenbarung von Gottes Wille.
Des Priesters Rat ward befolgt und die Ochsen ließen sich auf der höchsten Stelle des Kreuzerberges bei *Schmalenberg* nieder und hier erstand nun die verkehrte Kirche, so genannt, weil sie nach menschlichter Einsicht nicht hier hätte erbaut werden sollen.

172. Die Wolfskirche bei Bosenbach

Zwischen den beiden Dörfern *Bosenbach* und *Friedelhausen* liegt hart an der Straße ein Friedhof mit einem alten Turm, die *Wolfskirche* genannt. Hinter dem Tore der Mauer gewahrt man ein Raubtier, in Stein gehauen, wie es ein anderes Tier, ein Lamm oder Reh, niederdrückt. Davon geht eine alte Sage. Vom Bergeshang sprang einst in raschen Sätzen ein Reh ins Tal hinab. Es bebte und zitterte und sein Auge irrte Hilfe suchend umher. Hinter ihm folgte ein gieriges Raubtier, ein Wolf, in Windeseile. Das Reh setzte über den Bach, der das Tal durchfließt, um so seinem Feinde zu entrinnen. Doch der jagte ihm nach und das gehetzte Wild strebte nun der andern Höhe zu. Am Fuße des Berges macht es plötzlich Halt und es scheint, als wollten ihm seine Kräfte vergehen. Zu weit noch ist's bis zum nächsten Wald.

Da rafft es sich noch einmal auf. Vor ihm liegt ein einsames Kirchlein und in seiner Angst springt das Tier durch die offene Pforte, hinein ins Gotteshaus und sinkt todmüde am Altar nieder. Doch auch der Wolf folgt. Wie er aber zur Tür hineinguckt, da wendet er sich um und flieht mit Geheul, als sei ihm der Jäger mit Pfeil und Bogen auf der Spur.
Das Kirchlein erhielt nun den Namen Wolfskirche und der einsame Turm heißt noch heute so. Das Volk weiß auch von silbernen Glocken zu berichten, die er einst trug und die jetzt irgendwo in tiefem Grund begraben liegen.

173. Das Kind von der Falkenburg

Nicht weit von Dahn liegt das Dorf *Hauenstein* und in dessen Nähe das so genannte Hauensteiner Kapellchen oder die "schmerzhafte Kapelle", die man dem Verfalle überlassen hat. Über ihre Entstehung erzählt sich das Volk:
Auf Schloss *Falkenburg,* das auf einem Felsberg hoch über dem Dorfe *Wilgartswiesen* thront, tummelten sich eines Tages die Kinder des Leininger Grafen, der dort wohnte. Da stürzte eines derselben aus dem Saalfenster über Schloss und Felsen in den tiefen Abgrund. Gleich eilte die erschrockene Mutter hinab in den Burghof, um ihren zerschmetterten Liebling zu suchen. Der aber saß wohlbehalten auf einem Baume, wo sich zwei Äste kreuzten. Dessen zu Dank ließ die Gräfin auf der Anhöhe bei Hauenstein die "schmerzhafte Kapelle" erbauen. Auch ein aus Holz geschnitztes Bild - Maria zu den Füßen des Gekreuzigten - soll aus jener Zeit stammen.

174. Die Peternell bei Bergzabern

Unmittelbar hinter *Bergzabern* ist das Tal des Erlenbaches durch einen Berg gespalten, der dem Wanderer als ein besonders schön geformter, von prächtigen Weißtannen bewaldeter Kegel entgegenschaut. Er heißt die *Petronell* oder *Peternell* und auf seinem Scheitel finden sich noch Reste einer uralten doppelten Steinumwallung aus vorrömischer Zeit. Wie das Volk erzählt, stand dort oben einst eine stolze Burg, die von der römischen Prinzessin

Petronella bewohnt war. Diese wird noch immer als Wohltäterin der Stadt gerühmt. Bergzabern soll von ihr den großen und schönen Wald als Geschenk erhalten und auch sonst noch viel Gutes erfahren haben. Der Sarg der vornehmen Jungfrau ist in einem elsässischen Städtchen zu sehen.
Heute noch umschwebt Petronella als weiße Frau den Berg, der seinen Namen nach ihr trägt.

175. Die Dagobertshecke und die Haingeraiden

König Dagobert, von seinem Volke als weiser und gerechter Richter verehrt, wohnte auf *Landeck,* zunächst *Klingenmünster.* Kam eines Tages ein alter Bauer auf die Burg und klagte vor dem versammelten Gerichte einen Edelmann an: der habe seine Tochter entführt. Der Edelmann ward von dem König als schuldig verurteilt und aufs strengste bestraft. Des nahmen die Großen des Reiches gar bittern Verdruss und in heimlichem Rat ward des Königs Verderben beschlossen.
Schon ist die Burg Landeck überfallen, das Dach steht in Flammen: da erscheint wie ein Bote des Himmels der alte, treue Bauer und geleitet den König heimlich und sichern Weges durch den Wald gen *Frankweiler* hin, wo er nahe seiner Burg *Godramstein,* vor des Feindes Nachstellungen gesichert, sich unter einem Dornstrauche versteckt. Derweilen haben die Bauern die Empörung niedergeschlagen, und der gerettete König kehrt unangefochten zu seinem treuen Volke zurück.
Zum Danke dafür und zu ewigem Gedächtnis errichtete Dagobert auf seiner Burg *Göcklingen* ein Testament, kraft dessen seine Untertanen längs der Haardt - mit Ausnahme derer von *Mörzheim,* weil diese einmal seine Jagdhunde getötet hatten - seine ausgedehnten Vogesenwaldungen von der Lauterburger Grenze an bis zum Donnersberg zu ewigem Eigen erhielten. Es sind diese Waldungen die so genannten "*Haingeraiden*".
Indessen die "*Dagobertshecke*", ein weißer Hagedorn, erwuchs zu einem kraftvollen, weitschattenden Baume, den 1817 ein Blitzstrahl traf und sechs Jahre später ein mächtiger Sturm vernichtete. Der heilige Baum hatte bei dem Volke nicht bloß schützende,

sondern auch heilende Kraft. Kranke genasen in seiner Nähe, Pferde, dreimal um den Baum geleitet, wurden geheilt. Wer aber einen Ast abschlage, der verliere den Arm; wer gar die Axt an den Stamm lege, der ginge zugrunde elendiglich.

176. Des Remigs Teil vom Wasichenwald

Es hatte der heilige Remig für seine Kirche ein großes Stück des Wasichenwaldes erkauft, woselbst er einige Weiler namens Cosla und Gleni (*Kusel* und *Altenglan*) gebaut haben soll. In diese setzte er Einwohner aus der nahe gelegenen Stadt Berna, (Hof Berna, das heutige Bischofsheim bei Saarbrücken), die der Kirche jährlich ein Gewisses an Pech liefern mussten.
Die Grenzen dieses Besitztums hatte er rings herum so genau abgesteckt, dass sie jedermann bekannt waren, unter andern mit seiner eigenen Hand einen Stein auf ein hohles Baumloch hingeworfen. Mit diesem Stein hat es die wunderbare Bewandtnis, dass man ihn zwar aufheben und mit einer Hand in die Höhle reichen, niemals aber den Stein ganz von der Stelle wegbringen kann. Als dies ein Abgünstiger einmal vergeblich versucht hatte, wollte er mit einem Beile das Loch größer hauen; kaum aber schwang er's gegen den Baum, so dorrte seine rechte Hand und seine Augen erblindeten.
Zu Kaiser Ludwigs Zeiten waren zwei Brüder zu Förstern des königlichen Waldes gesetzt. Diese behaupteten, dass jenes Stück dem König gehöre, und stritten darüber mit den Leuten in der Kirche. Es geschah, dass einer dieser Brüder seine Schweine, die er in den Wald geschickt hatte, sehen wollte und einen Wolf unter ihnen traf. Indem er das Raubtier verfolgte, scheute sein Ross und er zerschellte sich sein Haupt an einem Baume, dass er augenblicklich verschied.
Als hernach der andere Bruder einmal zu einem Felsen im Walde kam und ausrief: „Jedermann sei kund und zu wissen, alles, was bis zu diesem Felsstein gehet, ist Kaiserwald!" auch bei diesen Worten mit seiner Axt an den Stein schlug, so sprangen Stücke daraus in seine Augen, dass er blind wurde.

III. Von Kreuzen und Steinen, von Felsen, Höhlen und Brunnen

177. Das steinerne Kreuz

uf einer Anhöhe bei *Winnweiler* steht ein steinernes Kreuz. Dort jagte einmal ein Reitersmann im einsamen Walde; da brach der Abend herein, und Finsternis bedeckte Weg und Steg, also dass der Reiter sich der Führung seines guten Rosses überlassen musste. Das Tier aber kannte den Weg und trug ihn ungefährdet durch die Nacht von dannen. Auf einmal stand es still und konnte durch kein schmeichelndes Wort, auch durch keinen Sporn mehr angetrieben werden. So musste der Reitersmann absteigen und auf derselben Stelle im dunkeln Wald sein Nachtlager nehmen.

Als er nun des Morgens erwachte, wie sehr erstaunte er, da sich vor seinen Augen ein gähnender Abgrund auftat, an dessen Rande er geschlummert hatte. Wäre sein treues Ross gestern einen Schritt weiter gegangen, so hätte er in der Tiefe sein Grab gefunden. Freudig kniete er nieder und dankte Gott für seine wunderbare Errettung. Nachmals ließ er an jener Stelle ein steinernes Kreuz errichten zum Andenken für ewige Zeiten.

178. Das gläserne Kreuz

Zwischen *Schiersfeld* und *Mannweiler*, auf dem Hackenberg neben der alten Römerstraße, führt eine Gewanne den Namen "*Am gläsernen Kreuz*". Darüber weiß das Volk zu erzählen:

Einst warben zwei Ritter um die Hand eines Burgfräuleins von Randeck. Wenn auch diese dem einen ihr Herz schenkte, so wollte sich dennoch der andere nicht abweisen lassen. Beide erschienen nun eines Tages zugleich in der Burg; sie beschlossen, um den Besitz der Randeckerin zu kämpfen. Auf einer zwischen Wald gelegenen ebenen Stelle südlich der Burg fochten sie ihren Streit aus. Der eine Kämpfer fiel und gerade der, dem die Dame ihre Gunst geschenkt hatte. Zur Erinnerung ließ sie nun an derselben Stelle einen Denkstein errichten, der in einer Nische ein *gläsernes Kreuz* barg.
Noch jetzt lebende Leute wollen den Stein gesehen haben. Andere erzählen gar von zwei mächtigen Steinen, die an jenem Orte lagen, später aber von Schiersfelder Bauern weggeschleppt und zum Häuserbau verwendet wurden.
Früher sollen die Bewohner der ganzen Gegend viel Holz im Stahlberg gefrevelt haben. Wenn nun die Mannweilerer mit ihrer Last "am gläsernen Kreuz" ankamen, so hörten sie plötzlich in der Luft ein gewaltiges Brausen, und zwei Ritter sprengten im Sturme einher. In ihrer Angst warfen dann die Frevler ihr Holz weg und liefen davon.

179. Das Steinkreuz im Walde

Von *Miesenbach* nach *Schwedelbach* führt über den großen Hebenhübel ein Fußpfad. Daran steht ein steinernes Kreuz, in das eine Schere und Stricknadeln eingehauen sind. Die Leute nennen die Stelle den Hexenplatz.
Unter dem Kreuze liegen, wie sie erzählen, ein Stricker oder Strumpfwirker und ein Scherenschleifer begraben. Ein Mädchen aus Schwedelbach soll einst den beiden Liebe geheuchelt haben. Und als sie eines Sonntags mit dem Stricker nach dem Hexenplatz ging, da wurde es von einer falschen Freundin dem Scherenschleifer hinterbracht. Der begab sich sogleich dorthin, fand die zwei und tötete aus Eifersucht den Stricker. Obwohl auch er im Streite eine große Wunde erhalten hatte, so konnte er doch noch das fliehende Mädchen verfolgen. Das rannte in aller Eile den Hübel hinunter und fiel dabei in die Wasserrausch. Dort ereilte es sein Verfolger; doch die Jungfrau entwand ihm den Dolch und

versetzte ihm damit einen tödlichen Stoß. Darum hat sie noch heute keine Ruhe und muss auf dem Hexenplatz im Hebenhübel als weiße Frau gehen. Sonntagskinder wollen sie schon oft um die Mittagsstunde dort gesehen haben.

180. Das weiße Kreuz im Bienwald

Der Bienwald zieht vom Geisberg bei Weißenburg bis zum Rheine. Er ist etwa 25 Kilometer lang und 10 bis 12 Kilometer breit. In früheren Zeiten war er ein unsicherer Sumpfwald und wurde von Räubern und Wilddieben durchstreift.
An der Straße von *Schaidt* nach elsässisch Niederlauterbach steht in der Mitte des Bienwaldes ein weiß angestrichenes, hohes Holzkreuz. Wie es dahin kam, erzählt uns der Mund des Volkes. Ein strenger Förster, der häufig den Wilderern nachstellte, wurde von diesen eingefangen und mit den Füßen nach oben an einem Eichbaume aufgeknüpft. Als er gar beweglich um sein Leben bat, nahmen sie ihm das Versprechen ab, nie mehr mit Gewehr in den Wald zu gehen und die Wilddiebe zu stören. Darauf befreiten die vermummten Männer den Förster aus seiner gefährlichen Lage. Zum Gedächtnis ließ er den Eichbaum fällen und aus seinem Holze ein Kreuz errichten und es weiß anstreichen. An derselben Stelle soll schon zu alten Zeiten ein Kreuz gestanden sein.

181. Sickingens Würfel

Auf dem Marktplatze zu *Landstuhl* ruhen drei mächtige Steine, vom Volke die Sickinger Würfel genannt. Damit hat es folgende Bewandtnis:
Es war am Vorabend der großen Belagerung seiner *Burg Landstuhl* durch die verbündeten Feinde. Da saß Franz von Sickingen am Fenster und schaute hinab in das Tal. Was wird ihm der Tag bringen? Von jeher den Weissagungen und geheimen Künsten zugetan - er soll mit Dr. Faust und dem Teufel in Verbindung gestanden sein griff er zum Würfelbecher. Der Tisch war eine riesige Felsplatte, Quadersteine die Würfel, welche er wie Nüsse umherwarf. „Kein Glück!", rief er missmutig aus, „wieder nicht! - auch nicht zum dritten und letzten Male."

Und in grimmiger Wut ergriff er die Würfel und schleuderte sie hinunter ins Tal, wo man sie noch heute mit Staunen betrachtet. So erzählt das Volk auch, Franz habe eine sehr schwere Kugel nach einem viel kleinern Ringe geworfen und zwar mit solcher Kraft, dass sich der Ring ausdehnte, die Kugel hindurch ließ und sich sogleich wieder verengte.

182. Der Abtstein

Zwischen dem *Fröhnerhof* und dem Dorfe *Mehlingen* steht rechts von der Kaiserstraße auf einer Ödung ein einsamer, weithin sichtbarer Stein. Von ihm aus ziehen in der Richtung nach *Otterberg* das Abtstal und der Abtsweg. Er ist nahezu zwei Meter hoch und aus weißem Otterberger Sandstein gearbeitet. Auf der nach Süden gerichteten Fläche sieht man die ungefähr 1 ½ Meter hohe Gestalt eines Mannes im geistlichen Gewand mit über der Brust gefalteten Händen.
Über den Ursprung des Steines erzählt das Volk:
Als das Kloster Otterberg bereits Besitzungen in dieser Gegend hatte, war ein Sprosse aus einem benachbarten vornehmen Geschlechte Abt daselbst. Sein Bruder dagegen hatte die väterlichen Güter übernommen. Wie sie nun einmal zusammen auf dem ehemals elterlichen Besitze weilten, kamen sie in einen heftigen Streit. Der Abt entfloh in der Richtung nach Otterberg; aber die Dienstmannen des andern holten ihn ein und erschlugen ihn an jener Stelle. Als der Bruder von dem Gräuel erfuhr, ließ er den Gemordeten mit allen Ehren an der Stätte der Untat begraben.
Zum ewigen Gedenken errichtete er den Stein und schenkte, weil ihn das Gewissen quälte, seinen ganzen Besitz dem Kloster Otterberg. Hierdurch wurde der Grund zu dessen großem Reichtum gelegt.

183. Der Hohe Stein

Der *Hohe Stein* bei *Schaidt* liegt über der Anhöhe gegen Vollmersweiler auf der Grenze zwischen Schaidt und Steinfeld. Er ragt 1,60 Meter über den Ackerboden und hat einen Umfang von 2,20 Meter. Gegen Osten trägt er als Mal das Kreuz, gegen Westen

einen Schlüssel. Nicht weit weg von ihm standen früher drei Kreuze mit einem Nussbaumkranz. Eine alte Urkunde berichtet, dass daselbst im Jahre 1715 ein Todesurteil vollzogen wurde. Als das Beil des Henkers fiel, soll eine weiße Taube über dem Haupte des Verurteilten aufgeflogen sein, ein Zeichen seiner Unschuld.
Am Hohen Stein ging früher einer um, der die vorbeikommenden Nachtwanderer einfing.

184. Der Gollenstein

Auf dem *Alschbacher Berg*, einer Höhe zwischen dem Städtchen *Blieskastel* und dem Dorfe *Alschbach*, erhebt sich der *Gollenstein*, der eben so tief in die Erde hinreichen soll, als er über dieselbe emporragt. Es ist eine vierkantige Spitzsäule von 7 ½ Meter Höhe und mit einem größten Durchmesser von 1 ½ Meter.
Jedenfalls wurde dieser Fels schon in vorgeschichtlicher Zeit aufgerichtet, vielleicht als Grenzstein zwischen den Gebieten der Mediomatriker und Trevierer. Das Volk in den umliegenden Orten sagt von dem Gollenstein, er sei der Wetzstein des Riesen Goliath gewesen.

185. Ein Grabstein in der St. Johanniskirche zu Dürkheim

In der Johanniskirche zu *Dürkheim* befindet sich ein merkwürdiger Grabstein. Darauf sind zwei Ritter in erhabener Arbeit, gerüstet und einander gegenüberliegend, vorgestellt. Der eine derselben ist ein Greis, der andere ein jüngerer Ritter. Davon geht eine alte, beinahe verklungene Sage.
Die beiden Ritter auf dem Steine sind Vater und Sohn. Dieser liebte einst eine edle Jungfrau, mit deren Eltern der Vater in Fehde lebte. Wohl willigten des Mägdleins Eltern in die Vermählung und wären gern zur Aussöhnung bereit gewesen. Doch des liebenden Sohnes Vater blieb starr und unbeugsam bei seinem Willen und seinem Hasse. Die Jungfrau sank, das Herz von Gram gebrochen, bald darauf ins Grab; ihr Bräutigam zog, dem harten Vater fluchend, hinaus in das für ihn tote und einsame Leben.
Da trug es sich zu, dass ein Krieg ausbrach. Vater und Sohn be-

fanden sich bei den gegenüberstehenden Heeren. Beide stießen in der Schlacht aufeinander und der Sohn versetzte dem Vater eine tödliche Wunde. Nach beendigter Schlacht erfuhr der Unglückliche, dass er seinen eigenen Vater getötet hatte. Vor Entsetzen starr sieht er die Leiche, stößt sich das Schwert in die Brust und sinkt lautlos neben dem Vater zu Boden. Beide umschloss ein Sarg, wie ein Grabstein ihre Geschichte verkündet.

186. Der Reitersprung

Etwa zweieinhalb Stunden südlich von *Pirmasens* und eine halbe Stunde östlich vom *Forsthaus Hohenlist* liegt in der Waldabteilung Hoher Kopf ein mächtiger Felsen, vom Volke der *Reitersprung* genannt. Am Anfange eines Tälchens, das nach *Ludwigswinkel* zieht, abseits vom Verkehre, erhebt er sich bis zu einer Höhe von 25 bis 30 Meter und gleicht in seiner überspringenden Form einem gewaltigen Tische. Ein in der Mitte des Bergabhanges hinziehender Weg führt uns bequem auf die Felsplatte, von der aus man einen hübschen Ausblick auf die tief unten liegenden dunkeln Tannenwälder hat. In den Felsen eingegrabene Hufeisenformen weisen auf eine Sage, die zu den lebendigsten der Gegend gehört.

Ein Reiter, es soll ein Kosak gewesen sein, wurde einst in dem Walde von Feinden verfolgt. Sein flinkes Ross trug ihn, als kenne es selbst die Gefahr, in eiligen Sprüngen davon. Doch auch seine Verfolger säumten sich nicht und waren ihm scharf auf den Fersen. Auf einmal gähnte vor dem flüchtigen Reiter ein jäher Abgrund, und er hörte schon hinter sich das Frohlocken seiner Feinde, denen er ahnungslos in die Falle gegangen war. Es blieb ihm die Wahl, sich zu ergeben oder den Todessprung zu wagen. Ein kurzes Besinnen - er gibt seinem Pferde die Sporen, und hinab geht's in die Tiefe.

Ohne Schaden zu nehmen, kam er unten an und konnte seinen Ritt fortsetzen. So entrann er seinen Feinden, die keine Lust hatten, ein Gleiches zu tun. Doch nahe bei dem Dorfe *Fischbach* stürzten plötzlich Ross und Reiter tot nieder.

An der gleichen Stelle wurden sie auch begraben, und noch heute erinnert ein steinernes Kreuz neben der Straße an den verwegenen

Reiter. Die Leute von Fischbach wissen, dass es an dem Orte zur Mitternachtszeit nicht geheuer ist. Dann geht der Geist des Reiters um, und wer unbeschadet vorüberkommt, der kann von gutem Glück sagen.
Auch dem mutigen Pferde soll ein Kreuz errichtet worden sein; doch ist davon nichts mehr vorhanden.

187. Kühner Sprung

In der Nähe des Dorfes *Eppenbrunn* in der südlichen Pfalz liegt ein hoher, auf einer Seite jäh abfallender Fels. Von ihm soll einstmals ein Reiter, hart bedrängt von seinen Feinden, im kühnen Sprunge hinabgesetzt und unversehrt angekommen sein. Sein Pferd trug den Reiter noch eine Strecke, brach aber dann tot zusammen.

188. Der Jungfernsprung bei Battenberg

Auf der westlichen Höhe der *Battenberger Landstraße* sieht man in der Nähe des Königsbrunnens einen Felsvorsprung, der steil und zerklüftet nach dem Krumbachtale abstürzt.
Das Volk nennt ihn seit vielen Jahren *Jungfernsprung* und über die Entstehung dieses Namens geht noch heute eine Erzählung von Mund zu Mund. *Anna Herstein,* die hübsche Tochter eines Bauern im Dorfe, weidete einstmals die Herde ihres Vaters. Es war zur Zeit Napoleons I.. Russische Soldaten zogen durch die Gegend und einer von ihnen ward von zügellosem Verlangen nach der lieblichen Jungfrau ergriffen. Er verfolgte sie und die Bedrängte floh bis zum Rande des Felsens. Vergeblich war ihre Bitte um Schonung, der raue Krieger drang auf sie ein. Da empfahl die Jungfrau ihre Seele dem Himmel und stürzte sich hinab in die grausige Tiefe.
Aber wie von Engeln getragen erreichte sie das Tal. Freudigen Herzens sank sie auf die Knie und schickte ein Dankgebet zu dem, der sie so wunderbar errettet hatte.
Noch vor wenigen Jahrzehnten standen Kinder der Heldin und noch lebende Zeitgenossen für die Wahrheit der Erzählung ein.

189. Der Jungfernsprung bei Dahn

Unweit *Dahn* steigt eine ungeheure Felswand senkrecht in die Höhe. An ihrem Fuße liegt ein kleines Häuschen; von der Spitze aber schaut ein eisernes Kreuz hernieder ins Tal. Das ist der Jungfernsprung.

Einst traf oben im Walde ein Jäger eine wunderhübsche Jungfrau. Von ihrer Schönheit gelockt, wollte er sie in seine Arme schließen. Da wandte sich die Begehrte zur Flucht und strebte ihrem Verfolger auf geheimen und verschlungenen Pfaden zu entgehen. Plötzlich stand sie vor einer jähen Tiefe, und mit einem flehenden Blick gen Himmel stürzte sie hinab und kam unversehrt unten an, als hätten sie Engelshände getragen. An der Wunderstelle aber sprudelte eine Quelle hervor, die noch heute zu sehen ist. Andere erzählen: eine Jungfrau habe durch den glücklichen Absprung vor versammeltem Gerichte und vor allem Volke ihre Unschuld bewiesen. Sie blieb völlig unbeschädigt dabei bis auf den kleinen Finger, den sie ein wenig verstauchte.

190. Der Wolfsfels

Im *Steinalbtal*, etwa eine Stunde vom Dorfe *Ulmet* entfernt, ragt aus dem Wiesengrunde ein Fels auf, den das Volk *Wolfsfels* nennt. Von demselben weiß es zu erzählen:

Als es in unserer Gegend noch Wölfe gab, verfolgte einst ein solches Raubtier in dem Walde beim Steinalbtale ein Reh. Dieses suchte seinem Feinde in raschen Sprüngen zu entgehen. Da kam es an einen großen Felsen: vor sich die Tiefe und hinter sich den Wolf. Das gehetzte Tier sprang hinab, kam glücklich an und konnte seine Flucht fortsetzen. Der nachfolgende Wolf aber stürzte sich zu Tode. Er liegt unter dem Felsen begraben, der noch heute nach ihm seinen Namen trägt.

191. Die Hirschtrabe

Im Spendeltale zwischen *Steinbach* und *Marienthal* liegt am Wege unter einem Abhang ein Felsblock. In der Mitte zeigt derselbe eine kleine Höhlung, die von dem Hufe eines Hirsches herrührt, wie dort das Volk erzählt. Ein wilder, grausamer Jäger verfolgte einst eine arme Hirschkuh. Sie wusste sich schließlich nicht mehr zu helfen und setzte in jähem Sprunge den Abhang hinunter, ihren Verfolger weit hinter sich lassend. Sie sprang dabei so fest auf, dass sie in dem harten Gestein die Spur ihrer Klauen zurückließ. Ohne Schaden konnte sie weiterflüchten und für diesmal ihr Leben retten.

192. Der Nonnenfels

Einer der Grafen von Leiningen, der auf *Hartenburg* wohnte, ein rauer und wilder Mann, hatte eine Tochter mit Namen Adelinde, ein Bild zarter Weiblichkeit und edeln Sinnes. Sie besaß große Neigung zu einem gleichfalls anmutigen und edelgesinnten Jüngling, der als Knappe bei ihrem Vater diente. Stilles Glück beseligte die beiden, bis dem Grafen das Geheimnis hinterbracht wurde. Adelinde hatte nun die ganze Härte seines Zornes zu tragen; der mit dem Tode bedrohte Knappe musste fliehen und fiel später im Gelobten Lande als Streiter Christi.

Ein anderer Kreuzfahrer, der die Nachricht von seinem qualvollen Leben sowie von seinem ruhmvollen Tode im heiligen Kampfe brachte, hatte seinen Leib bei Jerusalem in den Sand gebettet. Adelinde, die sich gegen ihren Willen an einen Ebenbürtigen vermählen sollte, ließ sich in ein Kloster aufnehmen, da die Welt nun auch nichts mehr für sie hatte. Sie weinte ihren Schmerz aus und teilte ihre Zeit zwischen Gebet, Wohltun und Pflege der Kranken.

Doch ihre teure Heimat konnte sie nicht vergessen; begleitet von einer treuen Freundin verließ sie heimlich das Kloster und kehrte in das Tal zurück, wo sie ihre glückliche Jugend verlebt hatte. In der Höhle eines Felsens, der Hartenburg gegenüber liegt und noch heute der *Nonnenfels* heißt, lebten die beiden als Klausnerinnen, ohne von der Welt gekannt zu sein. Wohl aber verbreitete sich rasch der Ruf der hilfreichen und heilkundigen Nonne, die häufig mit Kräutersammeln beschäftigt war, in der ganzen Umgegend; nur der raue Graf beachtete sie nicht. Er lebte nur den Freuden der Tafel und der Jagd, bis er einmal auf einem Ritte vom Pferde stürzte und an den Folgen des Sturzes lange

schwer darnieder lag. Alle Mittel, seine Schmerzen zu lindern und seine Wunden zu heilen, waren vergeblich. Das hörte auch seine Tochter, die Klausnerin, und dem Drange des Herzens folgend, bestieg sie Hartenburg und rettete unerkannt das Leben ihres Vaters.
Nach seiner Genesung besuchte dieser die hilfsbereite Nonne in ihrer Klause, erkannte sie aber diesmal und bat sie nach den lebhaftesten Umarmungen, sogleich mit in das Schloss zu gehen und den wüsten und unsichern Felsen zu verlassen. Ihre Antwort aber war: „Zieht nur hin, lieber Vater, auf Eure Burg! Ich will Euch wohl wieder Tochter sein, doch als Klausnerin." So blieb sie in ihrer Felsenwohnung und widmete auch den Rest ihres Lebens dem Wohltun.
Noch zeigt man den Altar, an dem sie ihr Gebet zu verrichten pflegte, und die Vertiefungen, in denen die Türe ihrer dürftigen Hütte befestigt war.

193. Das Frifraloch bei Offenbach am Glan

Oberhalb von *Offenbach am Glan* an der Römerstraße liegt das *Frifraloch* oder die *Freifrauenhöhle.* Die Grotte oder Zelle wurde vor Zeiten, wie das Volk glaubt, von Adlern aus einem harten Felsen gehauen und diente der Freifrau Anna von Offenbach als Einsiedlerwohnung. Alljährlich um die Adventszeit hört man viel von dieser einstigen Wohltäterin der Gegend erzählen.
Wer in jenen weihevollen Tagen um die Mitternachtsstunde an der Freifraugrotte vorüberkommt und sieht darin kein blinkendes Licht, der hat keinen Glauben. Und wer still und furchtlos hinaufsteigt auf den Hinterberg, der erschaut die ganze ehemalige Herrlichkeit des Tales bei Offenbach. Er sieht das glanzumstrahlte Kloster St. Benedikti, die unzerstörte herrliche gotische Klosterkirche mit ihren drei Türmen, die alte, jetzt völlig verschwundene Offenbacher Stadtkirche, die ehemaligen Stadtmauern, die hochgiebeligen Häuser mit ihren Staffeln und die alte Hirschauer zweischiffige Kirche. Er hört die Glocken in herrlicher Fülle tönen und aus dem Wasser des Glanes hallt es wieder, dort, wo die Glocken des untergegangenen Hirschau versunken sind. Dazwischen hinein klingen die Chöre der Benediktinermönche und

die Psalmen der Freifrau. Und über all diesen Herrlichkeiten leuchten des Himmels Sterne. Wer aber all dies sieht und hört zur Mitternacht des ersten heiligen Advent, der kann es nimmermehr vergessen, der verlernt das fröhliche Lachen, der stirbt zuletzt an sehnsüchtigem Heimweh, gleich, als hätte er in den Himmel hinein geschaut.
Bei dem Frifraloch sind hohe Felsen. Es wird nun weiter erzählt, dass im Frühling die ankommenden Vögel hier ihre Schnäbel wetzen, damit sie besser singen können.

194. Die Heidenhöhle

Vor vielen, vielen Jahren bewohnten bei *St. Ingbert* heidnische Menschen eine Felsenhöhle, die jetzt noch davon die *Heidenhöhle* heißt. Ihre Insassen belästigten vielfach die Bewohner der Umgegend, weshalb diese öfters gegen die Räuber zu Felde zogen.
Die Heiden wussten sich aber dadurch zu schützen, dass sie einen mächtigen Felsblock vor den Eingang wälzten, wo er heute noch liegt. Zur Feuerung hatten sie einen Kamin, nämlich einen viereckigen Schacht, in die Decke gehauen, den sie im Notfalle durch einen genau passenden Stein gleichfalls verschließen konnten. Dieser Kamin lag gerade über dem geräumigen Vorplatz, der in Friedenszeiten zur Küche diente. Wurden die Heidenleute nun bis in die Höhle verfolgt, so zogen sie sich in die weit verzweigten Gänge derselben zurück, deren einer bis nach *Kirkel* führte. Da zudem ein Notausgang vorhanden war, so konnte man den Höhlenbewohnern nicht leicht etwas anhaben.
Auch jetzt noch weiß das Volk von den vielen Gängen in der Heidengrube zu erzählen und der Besucher derselben soll nur dann wieder den Ausgang finden, wenn er am Eingang der Höhle einen langen Faden befestigt, den er gut in der Hand behält.

195. Das Affolterloch

Südwestlich von dem Dorfe *Wörth* am Rhein liegt eine sumpfige Vertiefung, das *Affolterloch* genannt. Nahe dabei befindet sich ein Hügel, der von Menschenhand errichtet wurde und ehedem die Burg *Affolterloch* trug, von der aus man eine herrliche Aussicht

ins Rheintal hatte. Auch ein Dorf gleichen Namens soll einst hier gewesen sein. Heute sind Burg und Dorf spurlos verschwunden. Eine Sage aber knüpft sich noch an jene Stelle.
Vor etwa hundert Jahren wurde die Gegend umgerodet, einige Zeit bebaut und dann wieder zu Wald angelegt. Damals war dort eine tiefe Öffnung, vielleicht der Eingang in das ehemalige Burgverlies. Ein beherzter Knabe, der mit seinen Kameraden das Vieh hütete, wollte einmal in die Höhle eindringen, um zu sehen, was da unten sei. Man band mehrere Stricke zusammen und ließ den Mutigen daran hinunter. Auf ein bestimmtes Zeichen sollte er jedoch sogleich aufwärts gezogen werden.
Er war erst wenig tief, so mussten sie ihn schon wieder herausziehen, sei es aus Angst oder aus Furcht, und die Erforschung unterblieb. Die Leute erzählten damals, in diesem Loche halte sich eine Schlange auf, so groß wie ein Wiesbaum; mit einem goldenen Schlüssel am Halse sei sie schon manchem nachgehetzt. Nur furchtsam näherte man sich deshalb dem unheimlichen Orte.

196. Der Maidenbrunnen

In der Bergeinsattelung zwischen der elsässischen *Hohenburg* und der pfälzischen *Wegelnburg* befindet sich eine gefasste Quelle, die *Maidenbrunnen* genannt wird.
Zu ihr soll manchmal aus der Hohenburg eine weiße Jungfrau hinabsteigen, ihre langen Haare in der Quelle waschen, sich dann lächelnd zu einer am Abhange gelegene Meierei begeben, um bald darauf weinend zur Burg zurückzukehren.

197. Der Reiterbrunnen

Als der kaiserliche General Gallas im Jahre 1635 die Stadt Zweibrücken belagerte, verfolgten seine Reiter einen Zweibrückischen, der bei einem Ausfalle aus der Stadt abgeschnitten worden war. Er sprengte durch das sumpfige Wiesental, das sich zwischen dem Dorfe *Kirrberg* und der *Karlslust* ausbreitet, um sich durch die Flucht zu retten. Die Feinde aber kamen immer näher und er glaubte sich schon verloren. Da erblickte er auf einmal drei weiße Gestalten, die ihm zuwinkten. Ungesäumt spornte er sein Pferd auf sie zu, um vielleicht bei ihnen Rettung zu finden. Als er jedoch an den Ort kam, wo sie sich gezeigt hatten, versanken Ross und Reiter im Sumpfe und kamen nie mehr zum Vorscheine. An der Stelle zeigt man noch heute eine mit Schilf bewachsene, brunnenähnliche, bodenlose Vertiefung: den *Reiterbrunnen*.

198. Der tiefe Brunnen

Auf Burg Neuwolfsstein war ehedem ein sehr tiefer Brunnen. Seit Menschengedenken ist er zugeschüttet. Aber die ältesten Leute erinnern sich noch, dass man Steinchen hinunterwarf und auf den sonderbaren Klang horchte. Einmal, man weiß nicht mehr, wann es war, kam ein Trupp französischer Reiter auf das verfallene Schloss geritten. Es war wohl dunkel; denn der vorderste gewahrte den Brunnen nicht und ritt geradewegs hinein. Man hörte einen eigentümlichen, dumpfen Laut. Der zweite Reiter meinte, es hätte „Komm!" geheißen, ritt ihm nach und versank ebenfalls in der Tiefe. Und so folgte einer dem andern und alle dreißig Mann stürzten in den unheimlichen Brunnen.

199. Wasserberg und tiefer Brunnen

Zu *Rhodt* bei *Edenkoben* erzählt man, es sei ein Berg in der Nähe, der *Hoheberg* genannt, in dessen Innerem es zur Winterszeit bisweilen furchtbar brause, worauf sich jedes Mal das Wetter ändere. Da haben sie einmal einen Bergknappen aus dem Böhmerwald daran geschickt, der erforschen sollte, was eigentlich dahinter stecke. Der Knappe hatte herausgebracht, der ganze Berg sei bis oben voll Wasser und die Erde nur eine dicke Kruste darüber. Wenn die einmal aufbreche, werde die ganze Gegend überschwemmt. Auch ist in Rhodt ein tiefer Brunnen; wenn man hinabhorchen will, kann man die unterirdische Strömung des Wassers deutlich genug hören.

200. Von drei Brunnen

Ein altes Buch, die "Grundliche und wahrhafftige Beschreibung der beyder Aempter Zweybrucken und Kirckel" von Tilemann

Stella vom Jahre 1564 teilt uns in der Sprache jener Zeit mit: Der *Pirmansborn* liegt oben auff der höhe ober dem Rinckweiler grundt / (bei Hornbach) er hatt den namen von S. Pirminio wie glaublich ist / in dißem sagen die bauren sey S. Pirmans glock gefunden worden / diße glock hangt zu Hornbach / ist gar ein alt frenckisch ding / hat 6 ecken.
Der *Teufelsborn* (bei Einöd). Dißer Born stehet an den wißen in dem Teufelsgraben genantt / er ist mehr ein sumpff oder bruch dan ein born / doch hatt er klar wasser / ist etwa 10 schritt langck und 4 breitt. Er ist grundtlos / hatt nit vergebens den bößen namen / dann etwan der teufel do hinein gebannt oder darbey erschienen ist.
Der *Werckborn* (im Battweilertal). Von dißem born sagen die baurn / wann er laufft so sey kein geluck im lande. Dan es ist ein Hungerborn, zu der gutten Zeitt verseiget er. Wann aber theure Zeitt kommen soll, so lauffet er im sommer in den warmen tagen.

201. Der Hungerbrunnen bei Kaiserslautern

Unter allen pfälzischen *Hungerbrunnen* ist keiner so bekannt geworden als der im Stiftswald östlich von *Kaiserslautern*. Schon Forstmeister Belmann führt ihn 1600 in seiner Beschreibung des Stiftswaldes als "Hungerborn" am Ausläufer des Dammberges auf und sagt, dass sein Ablauf durch das Hunger- oder Hilsbergertal gegen die Lauterspring floss und den Fuchs- und Stockwoog speiste. „Wenn aber dürre Jahre einfallen, sind keine Weyer mehr, sintemahl der Born ausbleibt."
Das Volk achtet auf den Hungerbrunnen, und wenn er fließt, so glaubt es, dass eine teure Zeit anbricht.

IV. Vom heimischen Bergbau

202. Die Silbergrube

Im *Wolferstal* am *Donnersberg,* nicht weit von dem ehemaligen Schlosse *Hohenfels* mit seiner silbernen Treppe und seinen verborgenen Schätzen, ist eine alte, verlassene Grube, die *Kobolds-* (Kobalt-), auch *Silbergrube* genannt.

Vor mehr als hundert Jahren grub man dort nach Kobalt. Da saßen einst zur Zeit der Schicht die Bergknappen in einer sogenannten Strecke beisammen um ein helles Feuer. Auf einmal kam eine Kröte von ungeheurer Größe zum Feuer gekrochen. Die Bergknappen erschraken. Etliche wollten das Tier töten, andere mahnten davon ab und sprachen: „Wer weiß, was dahinter steckt?" Die Kröte kroch fort und hüpfte in ein nahes Gesenke. Kaum war sie drunten, so klang ein Tosen und Heulen herauf, dass die Bergleute entsetzt flohen und zutage fuhren, um es dem Steiger anzuzeigen. Des andern Morgen sollte die Knappschaft das Gesenke untersuchen, aber niemand wollte hinabfahren. Der Steiger fasste Mut, einige Knappen folgten ihm, und sie fanden dort nicht nur eine große Menge Kobalts, sondern auch eine reiche Silberader. Von jener Stunde hieß die Grube die weiße oder Silbergrube.

Ein andermal saßen die Bergleute wieder zur Ruhezeit beisammen in der Tiefe, da hörten sie plötzlich in der Ferne arbeiten. Sie waren gewiß, dass der Berggeist ihnen etwas anzeigte, merkten sich genau die Richtung, legten einen neuen Seitengang in der Grube an und fanden daselbst Kobalt und Silber die Menge.

203. Die Erzgrube im Langental

Vor mehreren Jahrhunderten war das waldige *Langental* still und öde und unter seinem Boden hatten die Berggeister gute Ruhe.
Da entstand einst ein wütender Sturm. Wahrscheinlich fuhr das wilde Heer, das man nicht selten um die Burg *Hohenfels* rasen hört, durch die Schluchten des *Donnersberges*. Der Wald war am andern Morgen übel zugerichtet. Der Sturm hatte sogar eine uralte, mächtige Eiche niedergeworfen. An den Wurzeln dieses Baumes aber fand man Erz. Alsbald wurde die Stelle, wo die Eiche gestanden, ein Schacht niedergeschlagen, der vieles und treffliches Eisen lieferte.

204. Die drei Züge

Es war einmal vor vielen Jahren ein Ritter auf der *Ebernburg*, der hatte all sein Hab und Gut durchgebracht, so dass er mit Weib und Kindern schier hungern musste. Das ging ihm schwer zu Herzen.
Da kam er einst auf den *Lemberg* in den Wald und traf auf einem Baumstrunk einen, der ihn hell verlachte, weil er so betrübt aussah. Der arme Ritter erzürnte darob und drohte mit dem Bogen, aber der Gesell lachte nur um so ärger. Da zielte der Ritter und schoss. Der andere aber stand auf, warf ihm den Pfeil zurück und sagte: „Ihr seid ein schlechter Schütze, gebt mir Euern Bogen her!" Dem Ebernburger ward etwas unheimlich zumute, doch reichte er seinen Bogen hin. Da nahm der Fremde eine rote Hahnenfeder vom Hute, legte sie auf und schoss aufs Geratewohl in den Wald hinein, und siehe, ein mächtiger Rehbock stürzte getroffen zusammen. „Füttert Eure hungernden Würmer damit!", sagte der seltsame Schütze. Der Ritter stand kreidebleich und war keines Wortes mächtig. „Wollt Ihr den Bock nicht", sprach jener, „sagt's nur, so mag er wieder davonlaufen. - Soll ich Euch vielleicht sonst noch helfen?"
„Ja, hilf, wenn du kannst!", rief der Ebernburger wie betört. „Ich weiß eine Quecksilberader", sprach der Unheimliche, „die kann Euch zum reichen Manne machen, aber ich muss etwas dafür haben." Er griff ins Gras, rupfte drei Halme ab und fuhr fort: „Da

sind drei Züge, tut einen davon. Ziehet Ihr den großen Halm, so seid Ihr selbst mein eigen; ziehet Ihr den mittlern, so ist's Euer Weib; ziehet Ihr den kleinsten, so sind's Eure Kinder." Dem Ritter schwindelte, denn er wusste nun, wen er vor sich hatte, und doch zog es ihm ordentlich die Hand zu den drei Halmen. Schon berührte er sie, da zuckte er zusammen und rief: „Heiliger Gott, erbarme Dich mein!" Da tat's einen Donnerschlag, dass der ganze Lemberg zitterte, der Ritter bekam eine so gewaltige Maulschelle, dass er trillte und wie ein Kreisel den Berg hinunterflog.
Als er wieder zur Besinnung kam, lag er unten bei seinem verpfändeten Dörflein *Feil*. Er fasste indes Mut, ging in den Wald zurück und fand richtig den alten Baumstrunk wieder, aber weder den mit der Hahnenfeder, noch den toten Rehbock dabei. Die Stelle jedoch merkte er sich genau, nahm des andern Tages Bergleute von Bingert mit, grub nach und fand die reiche Quecksilberader. Die Grube verkaufte er dem Rheingrafen von Stein um schweres Geld. Sie heißt heute noch "*Die drei Züge*".

205. Ernesti-Glück

In *Bingert* wohnte vor Zeiten ein Bergknappe namens Ernst, der sehr arm, aber dabei fromm und fröhlich, schlicht und recht war und gar artige Liedlein singen konnte.
Dabei war er der hübscheste Bursche weit und breit. Der arbeitete jahraus, jahrein fleißig in den "drei Zügen" *); doch der Verdienst war nur gering. Zu Hause hatte er keine Seele, die ihm etwas hätte kochen können; darum aß er sein Stück Brot in der Grube, wenn die andern Knappen zu Mittag heimgingen.
In dieser Ruhestunde schlief er einmal ein, und als er erwachte, sah er, dass eine Menge Erz neben ihm lag, das seine Haue nicht abgelöst hatte. Wie die andern kamen, schalten sie ihn einen Nimmersatt, der sich keine Ruhe gönne. Ernst aber schwieg stille dazu. Des andern Mittags tat er nur, als schlafe er, und sah ein winziges Männlein kommen, das mit Fäustel und Eisen für ihn arbeitete. „Glück auf!", rief er dem Männlein zu. Dieses wollte erst entfliehen, kam aber doch wieder zurück und sagte ihm, es habe für ihn gearbeitet, weil er so hübsche Liedlein singe. Und so schenkte es ihm auch weiter seine Hilfe.

Eines Tages tat einer der Knappen einen schweren Fall, so dass er nicht mehr recht arbeiten konnte. Er sollte darum fortgeschickt werden, trotzdem er Weib und Kinder hatte. Sogleich erbot sich Ernst, er wolle in der Ruhestunde für ihn arbeiten, und so durfte der Arme bleiben und zog nach wie vor seinen Lohn. Da half auch der gute Berggeist treulich mit; denn er hatte seine Freude an dem wackern Knappen. Bald darauf sang Ernst nicht mehr, sondern war immer betrübt. Er hatte das schönste Mädchen von Hallgarten lieb gewonnen. Der steinreiche Vater jedoch wollte sie ihm nicht geben, weil er nur ein Bettelbube sei. Das Bergmännlein kam wieder und fragte, was ihn denn so traurig stimme. Als ihm der Bursche seine Not klagte, forschte es weiter, ob er gar kein eigenes Feld besitze. „Nichts als eine Hecke am Lemberg hat mir meine Mutter hinterlassen", sagte Ernst, „es wächst aber kaum ein Strauch darauf." Der Berggeist bestellte ihn auf die Nacht, wenn der Mond scheine, damit er ihm das Fleckchen zeige.
Ernst kam und das Männlein auch. Als sie an die armselige Hecke kamen, hüpfte das Männlein, klatschte in die Hände und rief einmal über das andere: „Da ist Ernesti Glück!" Der Bursche meinte, dem Berggeist rapple es hinter der Stirne; der aber sagte: „Du bist reicher als der Bauer in Hallgarten. Schürfe du morgen für dich und bald wirst du freien können."
Und so war es auch. Ernst schürfte mit dem grauenden Tage auf seinem kleinen Eigentum. Das Erz, das er fand, war besser als das in den "drei Zügen". Der reiche Bauer von Hallgarten gab ihm nun die Tochter mit Freuden. Das Bergmännlein blieb Ernst auch ferner hold. Heute aber sieht man es bisweilen recht traurig, weil die Grube "Ernesti-Glück" nicht mehr gebaut wird.

*) siehe vorige Erzählung

206. Die Geißkammer

Als im Dreißigjährigen Kriege der General Gallas mit seinen Kroaten in Kreuznach lag, wohnte zu *Bingert* eine arme, alte Frau, die für eine Hexe galt. Sie hatte nichts als ein elendes Hüttchen und drei Geißen im Vermögen, aber eine bildschöne Tochter. Des Schulzen Sohn liebte das Mädchen, durfte sich's aber vor seinem Vater nicht merken lassen.

Da kamen einst die Kroaten über die Nahe herüber und fielen ins Dorf ein. Das Mädchen lief in den Wald am *Lemberg*, um seine Mutter zu suchen, die dort die drei Geißen hütete. Im Lemberg aber war eine kleine Felsenhöhle hinter dichtem Gestrüpp, da hinein flüchtete sich die Alte mit ihrer Tochter und den Ziegen. Die Kroaten hausten derweilen übel in Bingert, steckten das ganze Dorf in Brand und stachen den Schulzen bis auf den Tod. Er wurde von Dorfbewohnern nach der Höhle getragen, und Mutter und Tochter pflegten ihn dort aufs eifrigste, bis er genas. Die Leute verließen großenteils Bingert und zogen nach *Feil* hinüber. Auch der Schulze tat so und vergaß gar bald die Wohltat der armen Frauen, die nun kein Häuschen mehr hatten und in der Höhle wohnen mussten. Mit Schrecken gedachten sie des kommenden Winters. Zu diesem Kummer kam noch die Botschaft, dass der Sohn des Schulzen auf des Vaters Geheiß eine andere freien müsse.

Als die zwei wieder einmal so betrübt in der Höhle saßen und weinten, trat plötzlich das Bergmännlein zu ihnen und tröstete sie. Mit einem silbernen Fäustlein klopfte es an die Felswand der Höhle und sagte: „Hier ist euer Reichtum. Gehet hin, zeiget dem Pfalzgrafen an, ihr hättet eine reiche Mine entdeckt, und so er Halbpart gäbe, wollet ihr's ihm kundtun.“ Die Mutter dachte an "Ernesti-Glück" *) und ging nach Kreuznach zu des Pfalzgrafen Amtmann. Der sagte den Halbpart zu.

In der Höhle wurde darauf geschurft, und siehe da, es war wirklich eine reiche Mine. Der Kurfürst baute der Alten und ihrem schönen Töchterlein ein stattliches Haus, und der Schulze sah's nun gar gern, dass sein Sohn das Mägdlein zum Weibe nahm. Die Halbschied der Grube aber kaufte der Kurfürst um schweres Geld den Leuten ab und betrieb noch am letzten unter den drei Gruben des Lembergs die "Geißkammer", wie sie nach jener Höhle heute noch genannt wird.

*) siehe vorige Erzählung

V. Von Helden, Geschlechtern und Wappen

207. Der Kampf am Wasgenstein

alther von Aquitanien, Hagen von Tronje und die burgundische Fürstentochter *Hildegunde* weilten als Geisel am Hofe des Hunnenkönigs *Etzel.* Walther und Hagen bewährten sich als sieggewohnte Helden und treue Waffengefährten und Hildegund war die Schatzmeisterin der Königin. Doch in allen dreien brannte die Sehnsucht nach der Heimat. Hagen floh zuerst und kehrte nach Worms zu seinem Herrn und König Gunther. Bald darauf gelang es auch Walther mit seiner geliebten Hildegunde und mit reichen Schätzen zu entkommen. Das Paar setzte bei Worms über den Rhein und Gunther, der davon erfuhr, gelüstete nach der Braut und nach dem Schatze und er jagte mit zwölf seiner Mannen den Fliehenden nach.

Unterdessen hatte Walther den *Wasgenwald* erreicht. Dort lag zwischen zwei Bergen eine enge Schlucht, von Felsen überwölbt, mit einem grünen Boden. Das war der *Wasgenstein.* Da wollte der Held ruhen und den müden Leib erquicken; nicht anders als auf dem Ross hatte er seit seiner Flucht aus dem Hunnenlande geschlafen. Er legte Streitgewand und Waffen ab und streckte sich zur Ruhe nieder.

Die Jungfrau aber durchspähte mit ihren hellen Augen rings die Gegend. Da sah sie von fern den Staub von Rossen und sie weckte sanft den Schlafenden. Der rieb sich die Augen, waffnete die Glieder und schwang den Speer durch die Luft. Als Hildegund die Spieße

von weitem glänzen sah, rief sie erschreckt: „Da sind die Hunnen! Lass dein Schwert meinen Hals durchschneiden, dass ich nicht in ihre Hände falle!" Der Jüngling aber sprach: „Nicht beflecke mich dein schuldloses Blut. Lege alle Furcht ab! Der mich aus so manchen Gefahren führte, kann auch diese Feinde niederwerfen. Nicht Hunnen sind es, sondern Franken, und am Helme erkenne ich auch Hagen, meinen Jugendgenossen."
König Gunther hatte die Spur der Fliehenden im Sande verfolgt, und als er ihnen näher kam, stellte sich Walther am Eingang des Felsentores auf; Hildegund blieb weiter hinten in der Höhle. Da sprach der Held: „Kein Franke soll von hier wiederkehren und seiner Frau sagen können, dass er ungestraft von meinen Schätzen weggetragen habe. Unter diesen fürchte ich keinen denn Hagen, der meine Kampfessitte kennt und Listen genug weiß." Dann beugte er seine Knie zum Gebet, dass ihm der Herr seine stolzen Worte verzeihe.
Als er sich wieder aufgerichtet hatte, erblickte ihn Hagen. Wie der ihn so im Felsentor sah, riet er dem König ab vom Kampfe; vielleicht könne er in Frieden den Schatz erlangen. Der erste Recke forderte im Namen Gunthers das Ross mit den Schreinen und die Jungfrau. Walther bot dem Königsnamen zur Ehre hundert goldrote Spangen. Als diese Nachricht gebracht wurde, da bat Hagen die Gabe anzunehmen und erzählte seinen Traum: „Der König kämpfte mit einem Bären, der ihm ein Bein bis zur Hüfte abriss, und als ich ihm zu Hilfe eilte, stach mir das Tier mit den Zähnen ein Auge aus." Aber seine Warnung blieb vergeblich. Da ritt er hinweg und setzte sich auf einen nahen Hügel. Gunther ließ den ganzen Schatz von Walther fordern, der nun gar zweihundert Armspangen geben wollte. Es kam zum Kampfe und des Königs Gesandte fiel durch des Helden Waffen. So stritten noch weiter zehn von Gunthers Mannen, ein jeder auf andere Weise; aber alle mussten den Tod durch Speer oder Schwert erleiden. Unter den Gefallenen war auch Hagens Neffe.
Als König Gunther allein noch übrig war, eilte er zu Hagen und bat ihn, sich zum Kampfe zu erheben. Der Held zögerte lange; er gedachte der Treue, die er einst Walther gelobt hatte. Doch als sein Herr mit Flehen nicht nachließ, sagte er endlich seine Hilfe zu. „Lass uns aber weiter ziehen", sprach er, „dann wird Walther

seine enge Burg verlassen und wir folgen ihm im Rücken nach." Der König lobte diesen Plan und umarmte Hagen und küsste ihn. Dann ritten sie zurück und legten sich in einen Hinterhalt.

Mittlerweile war die Sonne untergegangen. Walther wollte nicht wie ein Dieb in der Nacht entweichen. Er verschloss den Weg zur Höhle mit Dornen und band die erbeuteten Rosse mit Weiden fest. Dann streckte er sich auf seinen Schild zur Ruhe nieder. In der ersten Hälfte der Nacht saß die Jungfrau wachend zu seinem Haupte und vertrieb sich den Schlaf mit Gesang. Darauf legte Hildegund sich zum Schlummer und Walther lehnte am Eingange der Schlucht auf seinen Speer und hielt Wache. Und als der Morgen kam, lud er auf vier der Rosse die Waffen der Erschlagenen; auf das fünfte hob er die Braut und das sechste bestieg er selbst.

Sie waren noch nicht weit im Tale gezogen, als Hagen und Gunther hinter ihnen daherjagten. Walther hieß die Braut mit dem Schatz tragenden Rosse in den nahen Wald reiten. Er selbst stellte sich den Verfolgern zur Wehr. Umsonst bat er Hagen vom Kampfe zu lassen und erinnerte ihn an ihre alte Freundschaft im Hunnenlande; vergeblich bot er ihm einen Schild voll roten Goldes. Der grimme Degen wollte Rache nehmen für seinen erschlagenen Neffen.

Es war ein furchtbarer Kampf; zwei standen gegen einen. Sieben Stunden schon währte der Streit. Da warf Walther gewaltig den Speer auf Hagen, lief gleichzeitig Gunther mit dem Schwerte an und hieb ihm mit einem furchtbaren Schlage das rechte Bein vom Rumpfe. Der König stürzte auf seinen Schild und schon wollte ihm Walther den Todesstreich geben. Aber Hagen hielt sein Haupt dazwischen und an seinem Helme zersplitterte des Gegners Schwert. Ärgerlich warf der Held das Heft hinweg, da schlug ihm Hagen die rechte Hand ab. Mit dem wunden Arme fasste sogleich der Getroffene den Schild, langte mit der gesunden Hand nach seinem hunnischen Halbschwert und schnitt Hagens rechtes Auge samt einem Stück des Kiefers hinweg. Nun hatte jeder sein Teil; der Kampf schwieg und friedlich ruhten sie beisammen im Grase. Hildegund wurde herbeigerufen; sie verband den Helden ihre Wunden und schenkte ihnen Wein. Der König erhielt zuletzt, weil er am lässigsten gekämpft hatte. Bei

fröhlichen Reden erneuerten Walther und Hagen ihren Freundschaftsbund. Dann hoben sie den ächzenden König zu Pferde.
Die Franken kehrten gen Worms; Walther ritt mit Hildegund in sein Heimatland. Dort wurden sie mit hohen Ehren empfangen und bald darauf nach festlichem Brauche vermählt. Walther aber regierte nach dem Tode seines Vaters dreißig Jahre in Aquitanien zum Segen seines Volkes und in manch gewaltigen Kämpfen errang er sich noch Sieg und Ruhm.

208. Keiser Friderich zu Keiserslautern

Nu wöllen aber etliche, das diser Keiser Friderich, als er vom gefencknüs des Türcken erlediget, gen *Keiserslautern* kommen sei, do er sein wonung lange zeit gehabt, als man noch zu Lautern wol spürt an seim schloß, das er da gebawen, dabei einen schönen see oder weiger, der noch des Keisers werd genant.
In dem selbigen see soll der Keiser auf ein zeit einen großen karpfen gefangen haben und im einen güldin ring von seinem finger an ein or gehangen, zu einr gedechtnüs. Derselbig fisch soll, als man sagt, ungefangen in dem weiger bleiben biß uff Keiser Friderichs zukunft. Und wie man den weiger uff ein zeit gefischt, hat man zwen karpfen gefangen, die mit güldinen ketten unb die Hels zusamen verschlossen gewest, welche noch bei menschen gedechtnüs zu Keiserslautern an der *metzlerpforten* in einen stein gehawen. Nit weit vom schloß was ein schöner thiergart bawen, das der Keiser alle wunderberliche thier uß dem schloß sehen mocht, welcher thiergart seit diser zeit zu eim weiger du schießgraben gemacht.
Item in bmeltem des Keisers schloß hangt des Keisers bet an vier eisirn ketten, und als man sagt, so man das bet zu abends wol gebett hat, sei es des morgens widerumb zerbrochen.
Item bei Keiserslautern ist ein staininer fels, darin ist ein große höle oder loch, so wunderbarlich fundiert, darob sich viel menschen verwundern, und hat niemants gewust, wohin sich das loch fundiert. Ist doch allenthalben das gemein gerücht gewest, das Keiser Friderich der verlorn sein wonung darin haben solte. Also hat man einen an einem seil hinab gelassen und oben an das loch ein schell gehangen, wenn er nimer weiters künne,

das er die schellen leute, so wölt man in wider uffer ziehen. Und als er gar hinab kommen, hat er Keiser Friderichen in eim güldin sessel sehen sitzen mit eim grawen bart. Der Keiser hat ihm zugeret und zu ihm gesagt, er söl mit niemand reden, so wird im nichts geschen, und soll seinen herrn sagen, das er in da gesehen hab. Er hat sich weiter umbgesehen und einen schönen weiten plan gesehen und vil leut umb den Keiser ston, hat sein schell geleut, ist on schaden wider hinauf kommen und seinen herren die botschaft gesagt.

209. Des Kaisers Bett

Von der Kaiserpfalz zu *Lautern*, von der Burg *Trifels* und der zu *Hagenau* wird erzählt, man müsse dem Rotbart daselbst allnächtlich ein Bett bereiten, damit er dort schlafen könne; denn er sei nicht gestorben, sondern zu Hagenau lebendig verschwunden. Einst soll Kaiser Napoleon I. bei seiner Durchfahrt in Lautern in der Kaiserburg übernachtet und im eisernen Bette Barbarossas, das an vier Ketten hängt, geschlafen haben; aber des Morgens sei er bleich und verstört aufgestanden, dass seine Generale gar besorgt waren.

Ein altes Buch aus dem Jahre 1392 berichtet von des Kaisers Bett also:

„Der gemein Mann ist beredt worden, man müsse alle nacht disem Keyser Friderico zu *Triefels*, auch zu *Keyserslautern* ein Bett machen, darinnen er ruhe, dann er sey zu Hagenaw in der Burg lebendig verzuckt worden, das ist aber Fabelwerck, dann wie es mit disem frommen Keyser (welcher nit allerdings des Bapsts und der geystlichen Liedlein singen wollen) ein ende genommen, bezeugen die Chronicken und Historien, so von ihme geschriben seindt."

210. Der Hecht im Kaiserwoog

Die ehemalige kaiserliche Burg zu *Lautern* war auf der einen Seite von einem großen Fischteich umspült, später der *Kaiserwoog* geheißen, der von wohlgenährten Fischen wimmelte, ergötzlich sowohl fürs Auge als köstlich für den Geschmack.

Am 6. November des Jahres 1497 war es nun, dass man im Kaiserwoog einen seltenen Fang machte. Da erbeutete man einen Hecht, der von neunzehn Schuh Länge und von dreihundertundfünfzig Pfund Gewicht war, wie dies eine Tafel meldete, die sich ehemals in der Burg zu Kaiserslautern befand. An seinem Halse trug er einen kupfernen und vergoldeten Ring aus kleinen Kettchen und mit eingesetzten Buchstaben. Der Hecht wurde nach Heidelberg gebracht und an der Tafel des Kurfürsten Philipp verspeist. Den Ring mit seiner Inschrift aber hat man lange in der kurfürstlichen Schatzkammer aufbewahrt, wobei zu lesen war: „Dieses ist die Form des Ringes oder des Kettleins, so der Hecht an seinem Halse 267 Jahre getragen hatte." Die griechische Inschrift des Ringes aber, welche der Bischof Johannes von Worms, ein geborener Freiherr von Dalberg und zugleich Kanzler des Pfalzgrafen, verdeutschte, lautete also: „Ich bin der Fisch, so am ersten unter allen in den See getan worden durch des Kaisers Friedrich des Andern Händ' den 5. Weinmonat im Jahre eintausendzweihundertunddreißig."

211. Der Ritter von Beilstein

Ein Ritter von der Burg *Beilstein*, die zwischen Kaiserslautern und Hochspeyer liegt, ließ sich's einst gelüsten in Lautern in des Kaisers Höhle hinabzusteigen. Friedrich saß im Purpurmantel an einem steinernen Tische, um welchen sein Bart schon zweimal herum gewachsen war; neben ihm lagen Schwert, Reichsapfel und Krone. An der Wand lehnte sein Schild, darauf war ein blutrotes Herz abgebildet, von einem weißen Pfeile durchstochen. Als der Ritter eintrat, schaute der Kaiser auf wie aus schwerem Traume und fragte: „Sind die Raben fort?" Der Beilsteiner verneinte es und der Kaiser sank wieder in Schlummer.

212. Das Hufeisen zu Kaiserslautern

Das Wahrzeichen der Stadt soll ein Hufeisen sein. Ein solches hängt an einem eisernen Stäbchen auf dem Dache des Gerbers Stephany daselbst. Davon wird erzählt:
Der Kaiser Friedrich, der Rotbart genannt, war grad in *Lautern*,

als ihm eine Schlacht verloren ging. Ein Husar kam wie rasend gesprengt um die üble Botschaft zu melden. Weil aber in der engen Gasse querüber ein hoher Heuwagen stand, so sprengte er mir nichts dir nichts in einem Satze darüber. Dabei flog das Hufeisen auf das Dach und wurde dann zum ewigen Gedenken dort befestigt.
Nach andern soll es ein schwedischer Reiter gewesen sein, der während des Dreißigjährigen Krieges den gewaltigen Sprung getan hat.

213. Warum die Kaiser im Dom zu Speyer bestattet wurden

Konrad II. gab unter anderem ein Gesetz, wornach jeder Friedensstörer mit dem Tode bestraft werden sollte. Da nun Graf Leopold von Calw beim Kaiser wegen Friedensbruch angeklagt wurde, so fürchtete er für sein Leben, floh vor dem Kaiser und kam mit seiner Gemahlin in einen finstern Wald, der den Namen Schwarzwald führt. Er fand dort eine Zufluchtsstätte in der Hütte eines Armen und verbarg sich darin mit seiner Gemahlin.
Gerade damals traf es sich aber, dass der Kaiser auf der Jagd zu dieser Hütte kam, während der Graf abwesend war. Die Gräfin hatte nachts einen Sohn geboren, aus dessen Weinen die Stimme vernommen wurde: „O Kaiser, dieses Kind wird dir einst Schwiegersohn und Erbe sein!" Der Kaiser erschrak und befahl zweien seiner Diener das Kind zu töten, das von Vater und Mutter (da diese starb) verlassen war. Die Diener aber hatten Mitleid mit dem Knaben, verbargen ihn unter einem Baum und überbrachten statt seines Herzens ein Hasenherz. Herzog Hermann von Schwaben, da er vorbeiging, sah den Knaben im Walde liegen, hob ihn auf und nahm ihn später an Kindesstatt an.
Lange Zeit darnach traf der Kaiser diesen Jüngling und bat den Herzog, er solle ihm denselben überlassen, damit er ihn erziehe. Als das geschah, verfiel Konrad eines Tages auf den Gedanken, dies müsse der Knabe sein, welchen er umzubringen befohlen hatte. Damit nun die gehörte Stimme nicht möchte erfüllt werden, gab er dem Jüngling einen Brief an die Königin, darin stand: „So lieb Dir Dein Leben ist, so lasse, sobald Du den Brief empfangen

hast, den Überbringer heimlich töten." Der Jüngling, der nichts Böses ahnte, kam bald nach *Speyer* und kehrte beim Domdechanten ein, der zugleich auch des Kaisers Kanzler war. Dieser aber, von Neugierde getrieben, öffnete den Brief und entsetzte sich vor einer solchen Untat. Statt der Worte: „Lasse ihn töten!", schrieb er daher in dem Briefe: „Gib ihm unsere Tochter zur Ehe!" Das geschah denn auch, als der Jüngling zur Kaiserin kam, und die Hochzeit wurde zu Aachen gefeiert.
Als Konrad von dieser Vermählung Nachricht erhielt, erstaunte er, forschte nach und erfuhr endlich von Herzog Hermann, der Jüngling sei ein Sohn des Grafen von Calw. Weil er nun sah, dass er dem göttlichen Willen nicht widerstehen könne, so nahm er den Tochtermann Heinrich zu seinem einzigen Sohn und Mitregenten an. Zum ewigen Gedenken aber, weil ihm ein Speyerer - sein Kanzler - von der Vergießung unschuldigen Blutes abgehalten hatte, verordnete er, dass hinfort alle Könige und Kaiser, welche zwischen dem Ozean und den Alpen sterben, in dem von ihm gestifteten Dom zu Speyer begraben werden sollten. Und er selbst war der erste, der darin seine letzte Ruhestätte fand.

214. Kaiser Rudolfs Ritt zum Grabe

Kaiser Rudolf von Habsburg, reich an Jahren, war in seinem Schlosse zu *Germersheim* erkrankt und fühlte den nahen Tod. Noch am selben Tage, meinten die Ärzte auf des Kaisers Frage, werde die letzte Stunde kommen.
„Auf nach Speyer!", befahl da der greise Held, „dort will ich den Tod erwarten. Blast die Hörner und bringt mein Ross!" Und das Tier, das ihn sonst zur Schlacht getragen, bestieg er nun zum letzten Ritt. Von zwei Priestern begleitet, zog Rudolf, halb Leiche, langsamen Schrittes gen Speyer, um sich mit denen zu versammeln, die dort im Dome schon schliefen. Da huben auf einmal die Glocken an dumpf und klagend zu läuten, und wohin der Zug sich bewegte, standen die Leute und weinten und trauerten. Aus den Toren von *Speyer* kamen Ritter, Bürger und Frauen wehmütig dem Kaiser entgegen, um noch einmal das milde Antlitz zu sehen. Der Greis trat in den hohen Kaisersaal und setzte sich auf den goldenen Stuhl. Dann begann er für sein Volk

zu beten bis zum Augenblick des Scheidens. Um die Stunde der Mitternacht erfüllte mit einem Male ein himmlischer Glanz den Raum: der gute Kaiser war entschlafen.
Der Dom ward sein Ruheplatz, und viel Volk drängte sich bei seiner Bestattung .

215. Kaiser Heinrich IV. zu Böckelheim

Ein abgehärmter Greis lag streng verstrickt im Verlies des Schlosses Böckelheim. Niemand spendete ihm Trost in seiner einsamen Haft. Des Burgmanns Töchterlein Hildegard aber ward von innigem Mitleid mit dem Armen erfüllt. Auf ihr brünstiges Flehen gestattete ihr der Vater, am Heiligenabend dem Gefangenen ein Weihnachtsbäumchen in den Kerker zu bringen. Tränen der Rührung traten dem Alten in die Augen. Er legte seine Hände auf des Kindleins Haupt und weissagte ihm, dass es noch vielen ein Segen sein werde.
Der Gefangene war Kaiser Heinrich IV., der von seinem unkindlichen Sohne Heinrich V. auf Schloss Böckelheim in Haft gehalten wurde. Hildegard hat später den Schleier genommen und ist eine der berühmtesten Frauen ihres Zeitalters geworden. Sie starb als Äbtissin des Klosters Ruppertsberg bei Bingen. Die katholische Kirche hat sie unter ihre Heiligen aufgenommen.

216. Der Lindenplatz auf Hartenburg

Auf der südöstlichen Seite der *Hartenburg* schließt sich an dieselbe der so genannte Lindenplatz an. Das ist ein großer Raum, der von einer Mauer umzogen und ehemals ein Vorwerk zur Deckung des Burgweges oder auch ein Platz zu den Übungen im Reiten oder im Gebrauche der Waffen war. Nach der Sage wurden hierher die Linden gepflanzt, welche man in der leiningischen Familie bei der Geburt eines Knäbleins setzte, um aus deren Wachstum auf die Lebensdauer des Kindes zu schließen.
Tatsächlich ist die Linde der erwählte Baum des Leininger Geschlechts und bildet mit silbernen Blüten die Helmzier seines Wappens.

217. Die Göllheimer Ulme

Am nordwestlichen Ausgang von *Göllheim* befindet sich ein Steindenkmal aus dem Ende des dreizehnten Jahrhunderts: das *Königskreuz.* Neben diesem steht eine altersgraue Ulme, die keine Krone mehr und nur noch verkrüppelte Äste hat, aber immer noch Leben in sich birgt. Der Baum ist so alt wie das Königskreuz selber; Imagina, die Gemahlin König Adolfs, soll ihn mit eigener Hand gepflanzt haben, dabei die Worte sprechend: „Stand in diesem unglückseligen Kampf das Recht auf meines Mannes Seite, dann mögest du fröhlich gedeihen, verdorren jedoch, wenn er im Unrecht handelte." Das Bäumchen aber grünte und wuchs zu einer mächtigen Ulme heran, deren Äste Jahrhunderte lang das Königskreuz beschatteten.

Jetzt gewährt ein eigens errichtetes Bauwerk dem ehrwürdigen Steinbild Schutz vor Wind und Wetter.

Auch so wird von der Göllheimer Ulme erzählt:

Zu der Zeit, als Adolf von Nassau in der für ihn unglücklichen Schlacht bei Göllheim gefallen war, kamen Leute dahin, um den Ort aufzusuchen, wo der tapfere König sein Leben ließ. Niemand jedoch konnte ihnen genau die Stätte zeigen. Da erbot sich eine alte Frau dazu, ging mit ihnen aufs Feld und sprach, indem sie mit dem Finger hindeutete: „Hier fiel der mächtige Fürst." Als sie das sagte, wuchs ein stattlicher Baum in die Höhe; das war die Göllheimer Ulme.

218. Die Tschiffliker Kirschen

Als der Polenkönig Stanislaus Leszinsky den Thron verloren hatte, gewährte ihm sein Freund König Karl XII. von Schweden in *Zweibrücken* eine Zufluchtsstätte. Der Vertriebene schuf aus einem Walde in der Nähe der Stadt einen Park und erbaute sich daselbst das Schloss *Tschifflik,* wo er mit seiner Familie glücklicher lebte als zu der Zeit, da er noch die polnische Krone trug. Seine Tochter Maria pflanzte in dem anmutigen Garten mit eigener Hand Rosen und andere schöne Blumen. Auch hatte sie den Kern zu einem Kirschbäumchen gelegt, das unter ihrer Pflege prächtig heranwuchs. Da wurde Maria, noch sehr jung an Jahren, mit dem noch jüngeren König Ludwig XV. von Frankreich vermählt. Nur ungern vertauschte sie die ländliche Ruhe und Zufriedenheit mit dem glänzenden und geräuschvollen Hofe. Mit Tränen schied sie von ihren Blumen und ihrem geliebten Kirschbäumchen, und mit der Hoffnung, dass vielleicht durch Frankreichs Macht ihrem Vater wieder die Krone Polens werde, zog sie nach Paris.

Eines Tages, als der junge König mit seiner schönen Gemahlin im Schlosse an der Tafel saß, trat ein fremder Kammerherr mit einem Teller voll herrlicher Kirschen herein und überreichte ihn der Königin mit den Worten: „Dies sendet Ihr Herr Vater. Er hat den Teller selbst gefertigt aus Binsen, die an Tschiffliks Bache stehen, und ihn mit Kirschen von Ihrem Lieblingsbaume gefüllt." Da sank die Königin vor Freud und Leid weinend an das Herz ihres Gemahls.

Als beide nun einige der süßen Früchte gekostet hatten, sprach Ludwig zu Marien: „Nimm die Feder, meine Liebe, und tauche sie in den schwarzen Saft dieser Kirsche! Damit schreibe an deinen Vater, dass ich ihm zwar die Krone Polens nicht wiedergewinnen konnte, wohl aber solle ihm die königliche Würde für immer bleiben. Dazu sind ihm als eigenes Land die Herzogtümer Lothringen und Bar übergeben, die jedoch nach seinem Tode wieder mit Frankreichs Krone vereint werden."

Herzlich dankte Marie ihrem Gemahle. Dann flocht sie aus den Stielen der Kirschen ein Tellerchen, legte das Schreiben mit den Worten des Königs darauf und gab es dem abgesandten Kammerherrn an ihren Vater mit. So brachte der Kirschbaum, von Mariens Hand gepflanzt, dem lothringischen Lande Heil und Segen; denn Stanislaus regierte mit väterlicher Güte und Fürsorge, und allenthalben erblühte Wohlstand unter seiner Herrschaft.

219. Der Pfeil

Nicht weit von Burg *Neudahn* lag der Stammsitz der Edlen von Sick. Einer des Geschlechts wurde von dem jungen Ritter Walter von Than (Neudahn) auf der Jagd getötet, nicht aus Absicht, sondern durch Zufall; aber er erbot sich doch zur Geldbuße, wie sie das Gesetz festsetzte, oder zum ehrlichen Gotteskampfe.

Kunz von Sick, der Bruder des Getöteten, war ein jähzorniger Mann und wollte Blutrache üben. Darum wies er trotzig das Erbieten ab.

Als einst Walter, nichts Böses ahnend, durch den Forst ritt, kam aus dem Dickicht ein Pfeil auf ihn zugeflogen, der ihn aber verfehlte und in einer Buche haften blieb. Der junge Ritter nahm den Pfeil und ging damit auf die Burg seines Feindes, als dieser eben ein Gastgebot gab und viel Gäste um sich versammelt hatte. Er reichte ihm den Pfeil dar und sagte freundlich: „Ich dachte nicht, dass Ihr Gäste hättet, sonst wär' ich ein andermal gekommen." Dem Hausherrn stieg die Glut des Zornes ins Gesicht; weil er sich aber seiner Tat schämte, suchte er sich zu meistern und sagte: „Ihr seid mir ein werter Nachbar, nehmt Platz an meinem Tische." Der Zufall wollte, dass Walter neben die Tochter des Ritters zu sitzen kam.

Schoneta war ein schönes, verständiges und ehrbares Mägdelein, die wohl das Mitleid kannte, aber nicht den Hass. Der Ritter von Than und Schoneta fanden Wohlgefallen aneinander. Nachdem die Tafel aufgehoben war, sagte jener zu dem Burgherrn: „Ich will Euch eine Sühne vorschlagen, die allen Groll tilgen wird zwischen uns: Gebt mir die Hand Eurer Tochter."

Der Alte gehörte zu den Menschen, denen der Wein gutes Blut macht; auch hatte ihn Walters Edelmut überrascht. Er gab darum nicht nur sein Jawort, sondern nahm auch zum Andenken des Begebnisses einen Pfeil in sein Wappen auf.

220. Der Löwe im pfälzischen und bayerischen Wappen

Der Priester und Wahrsager Hildegast, zugleich Rat des Frankenkönigs Childerich, hatte im Jahre 224, als er den Geburtstag seines Fürsten vor dem Altare einer heidnischen Gottheit feierte, eine seltsame Vision. Es ergriff ihn hohe Begeisterung und in krampfhafter Bewegung schrie er: „Ich sehe die Zukunft; eine Gottheit aus Westen gibt den Sigambrern den Sieg; sie dringen nach Gallien hinüber und herrschen in Germanien. Der Adler weicht; als mutiger Löwe, aber schlangenklug, geht der Franke ins Römergebiet." Childerich wählte nun statt der drei Frösche in

seinem Wappenschilde den Löwen in erhobener Stellung und der Stärke. Der Kopf stand in blauem Feld: er sah über den Rhein. Die eine Hälfte des geteilten Schwanzes endete in einer Schlange, die einen Adler umschlang: ein Zeichen der Klugheit.
Weil mit der spätern Niederlage der Römer der Adler entflohen war, nahm der Frankenkönig Chlodwig auf den Rat eines christlichen Priesters die drei Lilien als vom Himmel gefallen in sein Wappen, während die übrigen Glieder des Hauses den Löwen behielten. Herzog Johann I. von Zweibrücken setzte diese alte Überlieferung in Reime, die in eine Steintafel gehauen und über dem Portale der Burg Kirkel im Jahre 1597 angebracht wurden. Sie lauten:

Hylderich der Franken Kunig war,
Vor mehr dan dreyzehen hundert Jar,
Der aus Rath ein's, der Hildegast hieß
Die drey Frösch in seinem Schild verlies.
Dafür ins Panier den Lewen gut
Nam, das Hintertheil sich krümmen tut,
Gleich wie ein Schlang, um des Adlers Hals,
Damit anzuzeigen gleichenfalls,
Daß der Franken Löwenhertzen frey,
Manheyt und rechte Klugheit darbey,
Nach Gottes Willen mit Kriegesmacht
Sollten bezwingen der Römer Pracht,
Wie dann hernach geschehen ist.
Nachdem der Adler entflogen ist,
Frankreich Lilien zum Wappen nam,
Der gekrönt Lew blieb der Pfalz Stamm.
Gott erhalt die Pfalz beim Lewen gut
Und dieß Haus allzeit in seiner Hut.
Anno Christi MDXCVII.

221. Raugraf Heinrich und Maria von Brabant

Einer des Stammes der Raugrafen auf *Altenbaumberg* war am Hofe des Pfalzgrafen Ludwig und von diesem wie von der Pfalzgräfin sehr geachtet. Als einmal Ludwig längere Zeit abwesend

sein musste, verkehrte sie mit dem Raugrafen am meisten. Aber auch ihn riefen Amtsgeschäfte weg und zwar in die Nähe des Pfalzgrafen. Die Pfalzgräfin fühlte sich einsam und verlangte nach ihrem Gemahl. Weil sie wusste, dass der Raugraf etwas über ihn vermochte, so ließ sie mit einem Schreiben an den Pfalzgrafen auch eines an ihn abgehen. Darin sagte sie ihm die Erfüllung einer frühern Bitte zu, wenn er ihren Gemahl zur Heimkehr bewege. Damit jedoch der des Lesens unkundige Bote die Briefe nicht verwechsele, siegelte sie den für Ludwig bestimmten mit rotem, den andern aber mit schwarzem Wachse.
Dennoch geriet letzterer in des Fürsten Hand; neugierig erbrach er ihn, bestürzt las er die zweideutigen Worte, mit Argwohn deutete er sie. Der Bote ward das erste Opfer seiner auflodernden Eifersucht. Vom Dolche getroffen sank er zur Erde. In jähem Zorne jagte er auf schnellem Ross nach Hause. Der Schlossvogt trat im ehrfurchtsvoll entgegen, ward aber niedergestochen; ebenso ein Edelfräulein, das ihn auf den Stufen begrüßen wollte. Vier andere Jungfrauen ließ der Rasende hierauf von den Zinnen des Schlosses stürzen, seine Gemahlin selbst aber enthaupten. Erst nach gekühlter Wut ward er der Vernunft zugänglich.
Schmerz und Reue drückten ihn nieder, als er die Ermordete unschuldig fand, und sein Haupt ergraute über Nacht. Der Raugraf aber beklagte sich wegen befleckter Ehre bei den Reichsfürsten und eilte am Ende selbst fort, sich Genugtuung zu verschaffen. Umsonst. Da irrte er in der Welt umher und verschwand spurlos. Lange nachher kam ein Mönch an das Schloss zu Donauwörth und bat um die Erlaubnis, in der Schlosskapelle beten zu dürfen, wo die Asche der unschuldig Getöteten ruhte. Die ganze Nacht blieb er darin, und als man am Morgen nach ihm sah, war er tot. An seinem Halse trug er einen Siegelring mit dem Wappen des Raugrafen.

222. Franz von Sickingen und der Geist vom Rotenfelsen

Im Innern des *Rotenfelsen,* nicht weit von *Ebernburg,* hauset seit alter Zeit ein Berggeist. In mondhellen Herbstnächten treibt er sein Wesen und verschwindet wieder mit Anbruch des Tages.

Der Geist ist nicht böse; nur darf man ihn nicht reizen und necken. Manchmal schwebt er auch hinüber auf die Ebernburg; aber dann heult der Sturm in Tönen der Klage um die zerfallene Burg; denn der Geist vom Rotenfels trauert um seinen Liebling. Und das war kein anderer als Franz von Sickingen.

Als Knabe hat Franz einmal die jähe Felswand erklettert und schlief hart am Rande der grausigen Schlucht ein. Es war schon spät in der Nacht. Da trug der Berggeist den Knaben, den die Reisigen seines Vaters und die hörigen Leute des Dörfleins suchten, in seine krystallene Wohnung. Als Franz erwachte, sah er ringsum eine seltene Pracht. Der Geist schwebte mit freundlichem Wesen auf ihn zu. Der Knabe aber stand trotzig auf und fragte, wo er sich befinde und wie er hierher gekommen sei. Der Geist erzählte ihm, wo er ihn gefunden und wie er ihn gerettet habe. Das ließ sich Franz gefallen, dankte furchtlos dem Geiste, verlangte aber alsobald, dass er ihn zur Ebernburg bringe. Solch Wesen gefiel dem Geiste, und er zeigte Franz seine Schätze und lud ihn ein, sich zu nehmen, was er wolle. Der Knabe aber nahm nichts, sondern bat nur, dass er wiederkehren dürfe. Da gab ihm der Geist ein güldenes Kettlein, daran ein Edelstein hing, und sagte: „Sooft du zur Dämmerstunde zu mir herein willst, so nimm den Stein in die Hand. Alsbald werde ich dich hereingeleiten."

Franz legte das Kettlein um den Hals und verbarg es sorgfältig. Darauf führte ihn der Berggeist sichern Schrittes hinab und hinüber nach der Ebernburg und verschwand. Wurde der Knabe auch unwillig empfangen, so sagte er doch nichts von dem, was ihm begegnet war.

So lebte Franz forthin in steter Gemeinschaft mit dem Geiste im Rotenfelsen. Als er zum Ritter geworden war, da standen ihm dessen Schätze offen zu seinen Taten und Zügen. Nur einmal warnte ihn der Geist - als er gen Trier zog - und wandte sich grollend von ihm, als er dennoch den Zug unternahm. Von dort an verfolgte den Ritter das Unglück, bis er von seinen Feinden besiegt auf seiner Feste Landstuhl den Tod fand.

Der Geist aber trauerte tief um ihn und verschloss sich ein Jahr lang in seiner krystallenen Wohnung. Dann ließ er sich wieder sehen und schwebt noch heute um Fels und Burg. Trübe und wolkig ist seitdem sein Gewand, und im Grase am Ufer der Nahe glänzen seine Tränen, die er um seinen Liebling, den letzten Ritter, weint.

223. Der alte Ruppert vom Ruppertsfelsen

In den *Ruppertsfelsen* bei *Ruppertsweiler* war ehemals ein Felsenschloss eingebaut, wovon noch heute Mauertrümmer, eingehauene Treppen, Kammern und Zisternen zu sehen sind.
Dort hauste einst lange Zeit der alte Ritter Ruppert, der für seine Feinde, ja selbst für den Tod unbezwinglich schien. Einmal entging er seinen Verfolgern, indem er mit seinem Pferde einen gewaltigen Sprung vom Felsen machte. Als weit und breit schon alle Schlösser zerstört waren, ritt er immer noch gepanzert aus seinem Räuberneste zum großen Schrecken der Wanderer.
Da nahten eines Morgens die Bürger einer Reichsstadt. Der Alte blickte von seinem Felsen höhnisch auf sie nieder, nahm dabei den Festpokal zur Hand und trank seinen Ahnen ein „Glückauf!" Mit Spott rief er denen im Tal zu: „Ei, so kommt doch nur herauf!" Da traten die Bürger zur Seite und richteten einen Schlund von Eisen gegen die Burg. Solches hatte der alte Ruppert nie gesehen und lästernd hob er den Becher zum Mund. Da zuckte aus dem schwarzen Rohre ein Blitzstrahl ein Krach und der Eisenmann lag zerschmettert im Tale.

C.
Von allerlei Gutem und Bösem
(Ethische Sagen)

Auf solche Weise verstehen wir das Wesen und die Tugend der deutschen Volkssage, welche Angst und Warnung vor dem Bösen und Freude an dem Guten mit gleichen Händen austeilt.

(Brüder Grimm)

I. Von mancherlei Treue und Verrat

224. Das Kloster Seebach

m Kloster zu *Seebach* wohnte einmal eine Nonne, die war des Klosterlebens überdrüssig. Sie vergoss manche Träne der Sehnsucht und wäre gern wieder zurück in die Welt. Einem Ritter, den sie innig liebte, bewahrte sie ein teueres Gedenken und wollte seinetwegen ihrem heiligen Gelübde untreu werden.

Da erschien ihr des Nachts die heilige Jungfrau und mit Tränen in den Augen sagte sie: „Halte dein Gelübde!" Die Nonne versprach es, gerührt durch die Erscheinung, und lebte fortan getreu ihrem Versprechen.

Noch jetzt vernimmt man an warmen Abenden bei sanftem Winde Seufzer aus den moosigen Grüften.

225. Das Kloster Marienstein

In der Nähe von *Zweibrücken* stand ehedem das Kloster *Marienstein.* Einmal nun vergaßen die Nonnen alle Zucht, unterließen Gebet und Gesang, und jede Andacht war geschwunden.

Nur eine einzige blieb ihrem Gelübde treu; sie wollte nicht teilhaben an dem schlimmen Weltgeiste, der in die frommen Mauern eingezogen war. Deshalb schloss sie sich in ihrer Zelle ein, um ganz ihrem Gotte zu dienen. Selbst spät in der Nacht sah man noch ein Lichtlein darin brennen; vor dem Kruzifixe kniete sie

nieder und betete für ihre verweltlichten Schwestern. Und als sie bald darauf entschlief, da trug ein Engel ihre Seele hinauf in des Himmels Höhen. Längst schon lag sie im Grabe gebettet, und noch immer gewahrte man zur Nachtzeit in ihrer Zelle ein Licht und ihr Bild vor dem Kreuze, und wie sanfter Harfenton erklangen ihre Psalmen um das Kloster. Später aber zogen wieder andere Nonnen ein; die erneuerten den alten, frommen Klostergeist und lebten in heiliger Zucht und Andacht. Da erlosch das Licht in der Zelle, und die Klosterfrau wurde seitdem nicht mehr gesehen.
Vom Marienstein wurde früher auch erzählt:
Einst gingen am Morgen zwei Mädchen an dem Marienstein vorüber. Da sahen sie eine schwarze Nonne mit einem Bund Schlüssel. Die winkte ihnen zu kommen; erschrocken wollten die Mädchen fliehen, verirrten sich aber und kamen wieder an den Marienstein. Nun sahen sie den Eingang zu einer Höhle und die Tür war geöffnet. Gleich hinter derselben stand eine eiserne Kiste, und darauf saß ein Hund mit feurigen Augen. Neben der Kiste lag ein ungeheurer Frosch. Voll Schrecken ergriffen die Mädchen die Flucht.

226. Die Brautfahrt

Die Herren von *Montfort* lebten mit dem Erzbischof von Mainz in Fehde, darum aber auch mit ihrem Nachbarn, dem Rheingrafen vom *Stein,* der ein Bundesgenosse des Bischofs war. Ein Montforter aber hielt gute Freundschaft mit dem Ritter von *Böckelheim,* einem Freunde derer auf dem Stein, und besuchte ihn häufig auf seinem Schlosse. Dorthin kam auch nicht selten die hübsche Tochter des Rheingrafen. Der Montforter sah sie und gewann sie lieb. Des Fräuleins Vater, der davon nichts ahnte, sagte bald darauf seine Tochter dem Rheingrafen von Grehweiler zu, und der Hochzeitstag ward anberaumt. Den beiden Liebenden war schlimm zumute; doch der Böckelheimer tröstete sie und versprach zu helfen.
Der Hochzeitstag kam, und die Vermählung sollte auf dem Schlosse zu *Grehweiler* gefeiert werden. Der Böckelheimer war auch geladen. Der gab dem frommen Pferde, das die Braut ge-

wöhnlich ritt und das sie heute zu ihrem Bräutigam tragen sollte, heimlich ein Pülverlein, dass es erkrankte und unbrauchbar wurde. „Schicket nach meiner Burg", sprach er, „und lasset den Zelter meiner Schwester holen; der geht sanft und ist lammfromm." Gesagt, getan. Das Pferd kam, war aber das des Ritters von Montfort, das den Weg von Alsenz nach Hause gar wohl kannte. Es trug die Braut immer eine kleine Strecke voraus, und an der Mühle, wo der Weg gen Montfort abbiegt, flog es plötzlich mit seiner schönen Last windschnell davon; der ganze Zug natürlich eiligst hinterdrein. Als man der Burg Montfort ansichtig wurde, war der Zelter mit der Braut schon am Tore. Das tat sich flugs auf und schloss sich hinter der Reiterin wieder. Der Rheingraf tobte und forderte sein geraubtes Kind zurück. „Hab' Euer Kind nicht geraubt", gab der Montforter zur Antwort, „es wird freiwillig mein Weib." Der Rheingraf zieht mit Heerhaufen vor die Burg, aber der Montforter spricht: „Gegen den Vater meines Weibes streite ich nicht." Da redet der Böckelheimer ein gutes Wort seinem Freunde zu Gunst, und der Rheingraf gibt nach; der zu Grehweiler aber hat das Nachsehen.

227. Weibestreue

Stolz ragten ehedem die Mauern der Ritterburg *Ruppertsecken* ins Donnersberger Land. Heute ist sie fast spurlos verschwunden, da man die Mauerreste des alten Schlosses zum Häuserbau in dem Dorfe Ruppertsecken verwendete. Doch kann man unter dem ältern Geschlechte noch folgende Sage hören:
Einst belagerte der Kaiser Ruppertus (Rupprecht von der Pfalz) die Burg. Aber der Graf und seine Leute wehrten sich tapfer, so dass die Belagerer trotz vieler Anstrengung und trotz großen Verlustes das Felsennest nicht einnehmen konnten.
Da schwur der Kaiser, an den Insassen der Burg blutige Rache zu nehmen; nur die Gräfin dürfe als schwaches Weib frei abziehen und mit sich nehmen, was ihr am liebsten wäre. Nach einer Weile, als der Kampf eingestellt war, öffnete sich das Burgtor, und heraus schritt keuchend die Gräfin und trug auf ihrem Rücken den Grafen. Der Kaiser ward von solcher Treue dermaßen gerührt, dass er seinen Groll vergaß und allen das Leben schenkte.

228. Das Fräulein mit dem steinernen Herzen

Der Raugraf von *Altenbaumberg* hatte eine schöne Tochter, die war wild wie ein Knabe; aber von Liebe wollte sie nichts wissen und man nannte sie nur das Fräulein mit dem steinernen Herzen. Einst saß sie am Burgtor unter der Linde, da kam eine Zigeunerin mit sieben hungrigen Knaben heran und bat um Brot. Ohne Erbarmen wies sie das Ritterfräulein ab, und als sie noch fürder flehten, rief die Hartherzige den Knechten, dass sie die Hunde auf das Heidenvolk hetzten. Das Weib floh mit ihren Kindern, rief aber zurück: „Warte nur! Auch du wirst Mutter werden, Mutter von sieben Knaben, und sie werden der Fluch deines Lebens sein."

Nach einiger Zeit kehrte der Sohn des Ritters von *Montfort*, einst ihr Jugendgespiele, aus Welschland zurück und es gab sich, dass das Fräulein mit dem steinernen Herzen sein Weib und nach Jahresfrist wirklich Mutter von sieben Knäblein ward.

Mit Schrecken sah die Gräfin das Fluchwort der Bettlerin in Erfüllung gehen, und da ihr Gemahl gerade in einer Fehde war, beschloss sie, sechs der Kinder zu ertränken. Eine alte, vertraute Dienerin trug sie in der Schürze fort zu den "drei Weihern".

Der Ritter von Montfort aber, der unerwartet zurückkehrte, begegnete der Alten und fragte, was sie da trage. „Junge Hunde", antwortete sie stotternd. Der Graf wollte sie sehen, sah sechs Knäblein in der Schürze und erfuhr das ganze Geheimnis. Er nahm die Kinder und gab sie in Hallgarten in Pflege, die Dienerin aber stürzte er in die "drei Weiher".

Zu Hause sprach er kein Wort davon, aber seine Liebe zur Gattin war dahin; er wurde hart und kalt gegen sie und schied bald darauf, um einen Zug zum heiligen Grabe zu tun. Zuvor aber ließ er auch das siebente Kind, das die unnatürliche Mutter zurückbehalten hatte, ihr heimlich wegnehmen.

Die Schwergeprüfte verzehrte sich fortan in Gram und Reue. Doch nach fünf Jahren trieb den Grafen die Sehnsucht zu seinen Kindern zurück. Noch ehe er seine Burg Montfort erreichte, vernahm er schon, dass die Burgfrau ihr Leben unter steten Bußübungen hinbringe. Da wich von ihm der alte Groll. Als Pilger

verkleidet ließ er sich melden und fand seine Gattin bleich und abgehärmt im Büßergewande. Nun gab er sich zu erkennen, sie aber bekannte unter vielen Tränen ihre schwere Schuld und ihre Absicht in ein Kloster zu gehen. Der Ritter eilte fort und kam erst gegen Abend wieder. „Gott ist barmherzig", sprach er, „und hat deine Sünde abgewendet." Dann führte er sie in eine Halle und siehe, sieben fünfjährige Knäblein, frisch und gesund, spielten da miteinander.
Der Fluch des Heidenweibes war gelöst und von der Stunde an wurde die Gräfin eine glückliche Gattin und Mutter; denn das steinerne Herz war weich und milde geworden.

229. Die Lilie zu Altenbaumberg

Zu *Altenbaumberg* an der Alsenz wuchs alljährlich mitten im Schlosshofe an einer Stelle, wo es gar schauerlich hohl klang, ein Lilienstängel auf, der immer nur zwei Blüten trieb. Selbst das Steinpflaster konnte ihm nicht hinderlich sein, und sooft man ihn abbrach, er kam immer wieder. Suchte man nach der Zwiebel, so fand man den Boden leer; aber Modergeruch stieg daraus empor. Zu gleicher Zeit wohnte dort in einem kleinen Turmgemache ein uralter Raugraf, über 200 Jahre zählend, als ob ihn der Tod vergessen hätte. Stumm und taub, konnte er niemand sein Leid klagen, das jeder in seinen Zügen las. Allabendlich wankte er, auf seinen Stab gestützt, nach der wundersamen Lilie, mit deren Blumen sein langer Bart an Weiße wetteiferte, kniete nieder und weinte bitterlich.
Da kehrte einmal, als der Greis wieder bei den Lilien weilte und sie mit seinen Tränen begoss, ein Pilger in der Burg ein und wurde von dem Herrn derselben, einem jungen Raugrafen, gastlich aufgenommen.
Beim Anblick des leidenden Alten sprach der heilige Wanderer: „Dir soll bald Trost werden, du hast genug gebüßt." Neugierig fragte der Burgherr nach dem Sinn der dunkeln Worte, worauf ihm der Fremdling erzählte:
„Vor langer Zeit ging ein Raugraf auf Abenteuer aus. Auf seinen Zügen lernte er ein ebenso schönes als edles Fräulein kennen und führte es als sein Weib heim. Bald darauf zog er ins gelobte Land

zum Kampfe gegen die Ungläubigen. Während seiner Abwesenheit erschien auf Altenbaumberg ein ehemaliger Bewerber der schönen Frau und flehte heiß um ihre Gunst. Doch alle Versuche, ihre Treue zu erschüttern, blieben vergebens. Da schwur er ihr Rache und machte sich auf nach Palästina. Er fand den Raugrafen und ließ gelegentlich einige Worte über die Untreue seiner Gemahlin fallen. Scheinbar widerstrebend erzählte er nun, wie die schöne Frau einem Burgknappen ihre Liebe schenke. Sogleich verließ der erzürnte Raugraf das Heer der Kreuzfahrer und eilte der Heimat zu.

Im Pilgergewande kam er unerkannt auf seine Burg und bis ins Gemach seiner Gemahlin, in dem gerade der bezeichnete Knappe Dienste tat. Der Dolch des Wütenden streckte ihn sogleich nieder, und nach einem Schrei des Entsetzens, der ihm nur ihre Untreue bestätigte, stürzte auch die Burgfrau erdolcht zusammen. Als bewaffnete Diener herbeieilten, riss er die Kutte von sich und zeigte sich ihnen als ihren Herrn.

Sogleich ließ er eine Grube machen, die zwei Leichen ohne Sarg und ohne Priestersegen hineinwerfen und die Öffnung vermauern. Aber schon am nächsten Morgen bezeugten ihm die zwei Lilien über dem Grabe die Unschuld der Gemordeten. wofür auch alle Burgbewohner eintreten konnten.

Die tiefe Reue des Alten und sein täglicher Gang zum Grabe vermochten bis heute die Gräueltat nicht zu sühnen, und so wandelt er Jahrhunderte als lebendige Leiche umher. Nur wenn ein glückliches Ehepaar aus seiner Nachkommenschaft die Gebeine der Schuldlosen auf christliche Weise bestattet, löst sich der Fluch."

Da sahen sich der Burgherr und seine Gemahlin mit einem seligen Blicke an. Sie ließen noch zur selben Stunde die Asche der Unglücklichen ausgraben und auf feierliche Weise beisetzen. Da welkten die Lilien zusammen.

Und als der alte Raugraf wieder zum Schlosshofe kam, brach das Band seiner Zunge. Freudig erschüttert rief er zum Himmel: „Ewiger Richter, nun bist du mir gnädig!" und sank tot nieder. Es wurde ihm ein ehrenvolles Begräbnis neben den Opfern seines Jähzornes.

230. Die gelben Schlüsselblumen

Am Südabhange des *Großen Stiefel* bei *St. Ingbert,* unterhalb der spärlichen Schlossruine, wächst sehr zahlreich die Waldschlüsselblume. Früher als an anderen Orten öffnen sich dort ihre gelben Blüten.

Vor langen, langen Jahren an einem Vorfrühlingstage, als noch der Schnee ringsum in den Rinnen und Schluchten der Berge lag, erging sich hier eine Jungfrau. Kummer und Leid bedrückten ihre Seele; denn ihr Bräutigam, ein flotter Jägersmann, hatte sie verlassen, weil es ihr an irdischem Gute fehlte, und dafür eine reiche Bauerntochter gefreit. Die Arme besaß nicht Vater und Mutter, nicht Bruder und Schwester, denen sie ihre Not klagen und bei denen sie Trost finden konnte. In der stillen Einsamkeit des Waldes weinte sie sich aus.

Da fiel ihr Blick auf die gelben Schlüsselblumen. Sie pflückte eine Blüte und wollte gehen. Doch der Blumenflor ließ sie nicht los; sie nahm immer weiter und weiter davon und immer mehr vergaß sie Kummer und Leid. Es war schon Abend, als sie mit einem mächtigen Strauße in ihrem Hüttlein ankam. Müde begab sie sich zur Ruhe, indem sie ihre Seele Gott und seinen heiligen Engeln befahl. Am andern Morgen war ihr erstes, nach den Blumen zu sehen. Doch was sollte sie erblicken? Alle die gelben Blütensterne hatten sich in der Nacht in pures, blinkendes Gold verwandelt. Das Wunder sprach sich bald herum, so geheim sie es auch hielt; doch jedermann gönnte der Braven ihr Glück.

Sie zog später nach einer nahen Stadt, wo sie die Frau eines angesehenen Bürgers wurde und mit ihrem Reichtum viel Gutes stiftete. Der ungetreue Jäger aber hatte bald das erlangte Vermögen verprasst und fand einen bösen Tod im Walde.

Jedes Jahr pflücken seitdem junge und alte Menschenkinder von den schönen Schlüsselblumen am "Stiefel"; allein das Wunder, das dazumal geschah, hat sich nicht wiederholt.

231. Hildegard von Hoheneck

Die schöne Hildegard von *Hoheneck* hatte ihre Lust an der Jagd; darum streifte sie oft tagelang in dem Walde umher, der auf viele

Stunden weit die *Burg Hoheneck* umgab. Eines Abends ruhte sie ermüdet an einem Felsbrunnen; da kam ein altes Weiblein des Weges daher und schöpfte mit der hohlen Hand einen Trunk aus der Quelle.

Hildegard fragte das Mütterchen, wer es sei und wohin es gedenke. „Die Leute nennen mich die Waldfrau", antwortete die Alte, „denn meine Heimat ist in diesem Forst." Hildegard hatte schon mehr als einmal von der Waldfrau gehört und wusste, dass sie wahrsagen könne. Drum sprach sie zu ihr: „Man sagt, ihr könnt die rätselhaften Linien in der menschlichen Hand deuten. So tut mir doch einmal so!" Dabei hielt sie ihre Rechte dem Mütterchen hin.

„O Jungfrau", versetzte die Alte, „wer wird so vorwitzig sein und einen Blick in die Zukunft tun! Doch du willst es, so lass sehen!" Und nachdem sie eine kleine Weile die zarten Falten der Hand betrachtet hatte, sprach sie mit dumpfer Stimme: „Der Pfeile einer, die du in deinem Köcher trägst, er wird den Nibling von Flörsheim durchbohren."

Die Jungfrau erschrak nicht wenig; denn Nibling von Flörsheim war ihr Verlobter. Doch fasste sie sich bald, weil sie leichten Sinnes war, und hielt die Worte der Waldfrau für eitles Geschwätz. Auf dem Wege zur Burg pürschte sie noch weiter und schoss auch nach einem Raubvogel. Das Tier fiel getroffen nieder, jedoch so ins Gebüsch, dass sie die Beute nicht finden konnte.

Wenige Tage nachher kam ein Holzhacker atemlos auf das Schloss gelaufen und berichtete, der Ritter von Flörsheim liege tot im Walde; er sei auf dem Wege nach Hoheneck rücklings von einem Pfeile getroffen worden.

Hildegard eilte hinaus zur Stelle und erkannte augenblicklich, dass ihr Verlobter mit ihrem eigenen Pfeile getötet worden war. Ein Nebenbuhler des Ritters von Flörsheim hatte das Geschoss gefunden und, da der Jüngling eben durch den Wald daherritt, auf ihn abgedrückt.

Die Jungfrau machte nun eine fromme Stiftung an das Kloster Enkenbach und ließ auf der Stelle, wo ihr Geliebter gefallen war, eine Kapelle errichten.

232. Das Fräulein von Wilenstein

Nicht weit von dem freundlichen Dorfe *Trippstadt* liegen am rechten Ufer der Moosalb die Ruinen der Doppelburg *Wilenstein-Flörsheim,* vom Volke das Wilster Schloss genannt.

Als dasselbe noch bewohnt war, verdingte sich einst ein ungemein schöner Jüngling - man wusste nicht, woher er gekommen war - in der Nähe als Schäfer. Seine Schönheit und sein edles Wesen machten ihn bald bemerklich, so dass alles von ihm redete. Der Ruf von dem rätselhaften Hirten drang auch zur Tochter des Ritters von Flörsheim auf Wilenstein, und sie ward begierig, ihn zu sehen.

Zufällig fand sie einmal beim Blumensuchen einen anmutigen Schäferjüngling, der zunächst seiner Herde im Grase schlief. Wuchs und Antlitz ließen die Gewissheit aufkommen, dass der Schlafende der viel besprochene Fremdling sei. Wie der nun erwachte, entfloh die schüchterne Jungfrau mit raschen Schritten; doch trug sie sein Bild mit sich fort in ihrem Herzen. Als sie ihn nach kurzer Frist wiederum traf, wechselten die beiden einige Worte. Täglich war sie nun auf dem Erker des Schlosses, wenn er seine Herde vorbeitrieb, und erwiderte seinen Gruß.

Alle Bewerber, die auf Wilenstein erschienen, wurden abgewiesen, obgleich das Fräulein den Grund geheim hielt. Als aber ein Ritter Siegebert um ihre Hand warb, drang der Vater auf Zusage, und die folgsame Tochter schwankte schon. Nur noch einmal wollte sie vorher von ihrem Erker den Schäfer sehen. Doch der kam nicht mehr. Bangen Herzens eilte sie an den Ort, wo er gewöhnlich weidete, und traf einen andern. Und sie hörte von ihm, wie dem schönen Hirten das Herz vor Gram gebrochen und dass er im kühlen Grabe schlummere. Leichenblass und wankend suchte sie bei einem nahen Klausner Trost. Aber auf dem Rückwege zur Burg fiel die vor Schreck noch halb Betäubte von einem Stege, den sie überschreiten wollte, ins Wasser und ertrank. Der Klausner berichtete alles dem verzweifelten Vater, und der ließ zum Gedenken ein Kirchlein erbauen und Hirtenstab und Flöte in Stein gehauen am Turme einfügen. Der Turm mit den beiden Zeichen ist heute noch zu sehen und liegt beim *Aschbacherhofe,* nicht weit von Kaiserslautern.

233. Schön Elsbeth von der Kästenburg

Die ehemalige *Kästenburg*, heute *Maxburg* oder gewöhnlich das *Hambacher Schloss* genannt, wurde im Jahre 1100 von dem Bischof Johann von Speyer dem Domstift daselbst auf ewige Zeiten übergeben. Im Bauernkrieg hat sie nur wenig Schaden genommen; doch brannte sie bald darauf (1552) Markgraf Albrecht von Brandenburg (Alcibiades) fast vollständig nieder. Darüber weiß die Sage wie folgt zu erzählen:

Des Burgvogts Sohn, Junker Robert, liebte gegen seines Vaters Willen das schönste Mädchen der Haardt, Elisabeth, die im Schlosse als treue Magd diente. Da zogen die Scharen Albrechts, der soeben Speyer genommen hatte, in der Nacht vor die Kästenburg und forderten unter heftigen Drohungen zur Übergabe auf. Die Einwohner setzten sich indes tapfer zur Wehr. Doch als Robert schwer verwundet ward und in einem Teile der Burg schon das Feuer wütete, da entschloss man sich, durch einen unterirdischen Gang zu entfliehen. Mit Kienfackeln zogen darauf der Burgvogt und sein Gesinde in aller Stille ab, wobei Robert, den man notdürftig verbunden hatte, getragen werden musste. Schon waren die Flüchtigen ins Freie und in den Wald gelangt, da fiel dem Vogte ein, dass er des Bischofs Edelstein im Schreine des Erkers zurückgelassen hatte.

Er forderte auf, ihn zu holen, und als sich kein Knecht meldete, schwur er, dem Bringer des kostbaren Steines jede Bitte zu erfüllen und noch eine goldene Kette obendrein zu geben. Da tritt schön Elsbeth vor und will das Wagnis unternehmen, wenn ihr des Vogtes Sohn als Preis wird. Der rät mit Bitten davon ab; doch als sein Vater in der Verzweiflung der Jungfrau zusagt, eilt diese durch den Schacht zurück ins Schloss und findet in dem schon brennenden Erker ein Kästchen mit dem Stein. Wie sie aber in den Burghof herabkommt, sind auch die Feinde schon eingedrungen, und nun soll sie das geheime Tor des Abzuges und den verborgenen Schatz des Bischofs verraten. Lieber jedoch erleidet sie den Tod, und die durch das Feuer herabfallenden Balken treffen ihren Leichnam. Lange wartet man im Walde auf die Rückkehr des Mädchens; doch vergebens. Da reißt Robert die Binde von seiner Wunde und verblutete sich in seines Vaters Schoß.

234. Richard Löwenherz auf Trifels

König Richard Löwenherz von England hatte auf einem Kreuzzuge auf den Wällen von Ptolemais die Fahne Leopolds von Österreich beschimpft und wurde von diesem bei seiner Rückkehr gefangengenommen und nach Dürrenstein an der Donau gebracht. Doch Heinrich VI. meinte, nur ein Kaiser dürfe einen König gefangen halten, und brachte den Löwenherz auf den *Trifels*, wo er zehn Monate lang der Freiheit beraubt war.

Niemand wusste den Aufenthalt des löwenmutigen Helden. Sein treuer Sänger Blondel zog singend von Schloss zu Schloss, den guten König zu suchen.

Einst kam er vor die Burg Trifels und ließ sein Lied erklingen, das nur ihm und dem König bekannt war. Als die erste Strophe geendet hatte, scholl die zweite als Antwort aus dem Turme. „O Richard, o mein König!", rief Blondel dem Einsamen zu.

Er eilte rasch zu Tale und rückte bald mit fünfzig Mannen zum Trifels und stürmte ihn trotz heftiger Gegenwehr. Und wieder klang das Lied der Freunde durch die weiten Hallen und soll auch heute noch in einsamen Stunden dort gehört werden.

235. Das Pfälzer Weberlein

Es war einmal ein frischer Webergesell, gebürtig aus *Sembach* in der Pfalz. Dem ward es zu eng in der Heimat und er wollte draußen in der Welt sein Glück probieren. Nun konnte ihm zwar sein Vater kein großes Stück Geld mit auf die Wanderschaft geben; aber ein fleißiger und ehrlicher Handwerksbursche kommt auch so durch die Welt. Dazu gab ihm die Mutter einen guten Rat mit auf den Weg: alle Tage mit Gott anzufangen und an keinem Kirchlein vorüberzugehen.

Damit machte sich unser Webergesell auf die Wanderschaft und nahm seinen Marsch gen Wien. Aber vergebens hatte er unterwegs nach Arbeit umgefragt. Und jetzt, da er in der berühmten Kaiserstadt anlangte, war sein letzter Zehrpfennig ausgegangen und der gute Webergesell so arm und hungrig wie eine Kirchenmaus. Als er nun so durch die engen Straßen mit den hohen Häusern hinschlenderte, stand er auf einmal vor einem großen

und herrlichen Gotteshaus, wo eben viel Volkes ein- und auswogte. Da dachte sich unser Webergesell: „Gott, der die Kirchenmäuse nicht verhungern lässt, wird auch noch für ein Pfälzer Weberlein sorgen können." Und damit trat er eingedenk der Mahnung seiner lieben Mutter alsbald in das herrliche Münster ein, welches von dem heiligen Stephanus seinen Namen hat.
Drinnen wogte feierlicher Gesang; denn soeben hatte das Hochamt begonnen, welchem auch der Kaiser Rupprecht beiwohnte. Wie das Weberlein die ergreifenden Töne vernahm, kam es ihm ganz wunderbar vor, und er hatte Lust miteinzustimmen. Also brach der gute Pfälzer in ein helles Singen aus, das bald die Aufmerksamkeit aller Umstehenden auf ihn lenkte. In demselben Augenblick aber hörte man den Kaiser rufen: „Ein Pfälzer ist's! Ein Pfälzer ist's!" Der Kaiser, welcher vormals Kurfürst der Pfalz gewesen war, hatte den singenden Weber gleich an der Stimme erkannt. Er sandte auch sofort einen Diener ab, ihn aufzusuchen, und der arme Weber wusste gar nicht, wie ihm geschah, als er vor den Kaiser geladen wurde.
Wie ihn Rupprecht sah, rief er laut aus: „Seht da, ein Pfälzer! Hoch lebe die Pfalz!" und ringsum im Tempel widerhallte es: „Hoch lebe die Pfalz!" Da kam es unserm guten Gesellen vor, als ob er im Himmel wäre, und sein erster Gedanke war, wenn doch jetzt seine lieben Eltern und Geschwister auch dabei wären.
Aus diesem schönen Traume weckte ihn nur das Drängen des Volkes aus dem Gotteshause; denn das Hochamt hatte schon geendet. Der Kaiser aber winkte dem Weberlein freundlich zu. Dann drückte er ihm einige blanke Goldstücklein in die Hand und lud ihn ein, nur wieder zu kommen, wenn er in Not gerate. Da küsste der Pfälzer dem guten Fürsten vielmal die Hand und verließ lobend und preisend Sankt Stephans Münster. Er trug den festen Vorsatz mit, immer an das Wort seiner lieben Mutter zu denken und an keinem Kirchlein vorüberzugehen.

236. Das ehrliche Weberlein zu Zeiskam

Dem *Zeiskamer* Klosterweberlein kam der Weg nach *Heimbach* von Jahr zu Jahr beschwerlicher und länger vor; denn seine Schritte wurden immer kürzer und sein Brustübel quälte ihn mit jedem

Winter mehr. Es war an einem rauen und stürmischen Novembertage. Das Weberlein hatte in Heimbach sein Tagewerk vollbracht und nahm gerade sein Abendbrot mit dem üblichen weißen Käse und dem Käsewein ein. Da fasste er sich Mut und machte der Frau Amtmann den Vorschlag, man möge ihm das Garn mit nach Hause geben, wo er das Tuch bequemer und am Ende auch besser herstellen könne.

Doch die Frau Amtmann von Heimbach wollte davon nichts wissen und meinte gar, das Meisterlein wolle sich auf unrechtmäßige Weise Vorteile verschaffen. Das tat dem Alten sehr wehe und er vergaß darüber auf dem Heimwege alle andern Schmerzen, seine Beschwerden auf der Brust und in den Beinen. Und als er erst seiner Frau von dem Misstrauen der Amtmännin erzählte, da wurde in dem Webershäuschen zu Zeiskam nicht übel gezankt und schimpfiert. In der Nacht aber, die unsern Weber nicht schlafen ließ, fasste er einen Plan, wie er sich für die angetane Schmach rächen wolle.

Und was er sich vorgenommen hatte, das führte er auch aus. Wenn er von nun an in der Abenddämmerung von Heimbach nach Hause ging, trug er jedes Mal einige Spulen Garn in seiner Zipfelkappe mit. Plagte ihn dann gegen Morgen der Husten, so verließ er sein Bett und ging an den Webstuhl, wo er so lange arbeitete, bis es Zeit war zum Gange nach Heimbach. Dabei war ihm seine treue Lisbärb nach Kräften behilflich.

Eines Morgens nun lud er das Werk seiner Hände, das seine Frau fürsorglich gerollt und eingewickelt hatte, einem Frondfuhrmann auf den Karch. Wie schaute die Frau Amtmann, als er ihr einen Ballen Tuch überreichte und erzählte, wie er dazu gekommen sei! Da fühlte die Frau Amtmann, dass sie etwas gut zu machen hätte, und das ehrliche Weberlein bekam für heute Feiertag und durfte mit an der Tafel speisen. Der Gänsebraten schmeckte ihm gar nicht übel und auch den Mußbacher ließ er sich trefflich munden. Das übrig gebliebene Gänseviertel durfte er mit nach Hause nehmen, um seiner treuen Gehilfin eine Freude zu machen. Aber noch etwas anderes bekam er als Lohn für seine Ehrlichkeit mit: den ganzen Ballen Tuch. Mit dem Wagen des Zinsmeisters, der gerade an dem Tage die Bodenzinse in Heimbach abgeliefert hatte, konnte er nach Zeiskam zurückfahren.

Da war denn eine große Freude in der ärmlichen Hütte über das Gänseviertel und noch mehr über das schöne Tuch.

237. Der Junker von Randeck

Ein Graf von *Leiningen* hatte ein allerliebstes Töchterlein, Jolantha mit Namen. Gar zu gerne hätte ein Junker von Randeck Herz und Hand der schönen Leiningerin erworben. Doch die gehörte schon seit einiger Zeit dem edlen Grafen Egmont, der durchaus der Liebe eines solchen Mädchens würdig war. Da wandelte sich des Junkers heißes Sehnen nach manchen fruchtlosen Mühen in furchtbaren Hass um, der selbst einen Mordanschlag nicht scheute.

Nicht weit vom Schlosse Leiningen, am Fuße des Zimmerberges, lag die Sägemühle, deren Inhaber dem Junker verpflichtet war. Mit einem gefüllten Beutel gewann der Rachsüchtige den Müller für seinen teuflischen Plan.

Am nächsten Tage in aller Frühe legte der Müller eine halbdurchsägte Diele über den Mühlenbach. Egmont, Jolantha, ihre Freundin Ida und der Junker gingen am selben Morgen vom Schlosse aus der aufgehenden Sonne entgegen, um von Bergeshöhe ihre Pracht zu bewundern. Da sahen und hörten sie unten im Tale die lustig klappernde Mühle, und auf des Junkers Vorschlag stieg die Gesellschaft zu ihr hinab. Schon von ferne gewahrte man, wie in den vom Rade abspritzenden Tropfen sich das Licht der Sonne brach. Nachdem man in der Nähe dieses Schauspiel betrachtet und eine Weile in den Schaum des hinabstürzenden Baches geblickt hatte, bot sich der Junker an, bei einer Besichtigung des Innern der Mühle Führer zu sein. Der Weg ging über den Bach, und die schöne Braut sollte die Ehre des Vortritts haben. Aber jungfräuliche Schüchternheit, oder was es sonst war, hielt sie davon ab, zuerst die Diele zu betreten.

Während ihr nun Randeck Mut zuredete, sagte die muntere Ida: „Ich will's enden. Kommt nach!“ Mit diesen Worten trat sie auf die höllische Diele. Nach wenigen Schritten knackte dieselbe entzwei, und die unglückliche Jungfrau sank mit einem Schrei in die Wirbel des Baches, der sie dem Rade zuführte. Leblos, mit gebrochenen Rippen, kam sie wieder hervor. Starr vor Schrecken

stand das Brautpaar da, unfähig zu helfen. Da warf sich der völlig zum Teufel gewordene Junker auf Jolantha, um sie der unglücklichen Ida nachzuschleudern. Das aber gab dem Grafen Egmont Besonnenheit und Kraft, und mit Blitzesschnelle fasste er den Buben fest im Genicke und riss ihn weit vom Ufer weg, um so seine Braut zu sichern. Dann schleuderte er den Bösewicht zu Boden und hielt ihn fest, bis Knechte vom Schlosse aus dem nahen Walde herbeikamen und den Mörder gebunden auf die Burg führten. In deren Hof wurde er noch am Abend des nämlichen Tages bei Fackelschein enthauptet. Der ebenfalls eingezogene Müller schmachtete im Kerker, bis ihn der Graf von Leiningen am Tage der Hochzeit auf die Bitte der Brautleute als Verführten zum Leben begnadigte; jedoch musste er das Land auf ewig räumen. Die Überreste des unglücklichen Fräuleins wurden ehrenvoll im Kloster *Höningen* begraben.
Der Junker von Randeck aber schleicht nun manchmal in schauriger Nacht vom Berge hernieder zur Sägemühle und ängstigt die Bewohner der Umgegend.

238. Der böse Scharfenecker

Unfern Scharfeneck ist das *Ramberger Schloss* gelegen. Da soll ein Scharfenecker gern hinüber gekommen sein, jedoch nicht dem Ramberger Ritter, vielmehr seinem schönen Weibe zu Ehren.
Dieses war denn auch dem Werben des Scharfeneckers nicht abhold geblieben. So hatte sich allgemach zwischen beiden ein Verhältnis entsponnen, das zu keinem guten Ende führen konnte. Zuletzt beschäftigte man sich gar mit dem ruchlosen Gedanken, wie der überlästige Ramberger aus dem Wege zu schaffen sei. Da gab dem von Scharfeneck, welcher ein trefflicher Armbrustschütze war, der Teufel den Rat, seinem Freund und Nachbarn mit einem Pfeile das Lebenslicht auszublasen. Gedacht, getan. Beide, der Scharfenecker und des Rambergers Weib, verabredeten sich zur gemeinschaftlichen Schandtat. Eines Tages führte die Gottlose ihren Gemahl vor die Burg, ließ ihn auf einen Stuhl sitzen und hing ihm wie zum Scherze ein weißes Tüchlein über. Das war das vereinbarte Zeichen, der Bogen des Mörders schwirrte und der Ramberger lag, vom Pfeil getroffen, in seinem Blute.

239. Die lederne Brücke

Die beiden Burgen *Spangenberg* und *Erfenstein* im Elmsteiner Tale lagen so wenig entfernt voneinander, dass man gegenseitig aus den Fenstern Zwiegespräch führen konnte.

Zwei dort wohnende Ritter waren gute Freunde und treue Waffengefährten. Fast täglich saßen sie beisammen und plauderten zechend von ihren Taten. Um nun schneller und bequemer einander zu erreichen, spannten sie hoch über das Tal hinweg eine lederne Brücke von einer Burg zur andern.

Allein die Herrlichkeit dauerte nicht lange. Als einst der Wein ihre Köpfe etwas zu stark erhitzt hatte, gerieten sie in Händel. Dabei griff der von Spangenberg, in dessen Burg dies vorfiel, sogar zum Schwerte gegen seinen alten Freund. Der wehrlose Erfensteiner eilte hinaus, um sich auf seinem Schlosse gleichfalls zu bewaffnen. Kaum aber hatte er die Mitte der ledernen Brücke erreicht, als Spangenberg sie mit einem Schwerthieb abschnitt, also dass der Erfensteiner in die Tiefe stürzte und elendiglich zugrunde ging.

240. Des Spangenbergers Sohn

Die Ritter von *Spangenberg* und *Erfenstein* lebten in bitterem Hasse. Des Spangenbergers Sohn aber liebte um so mehr die Tochter des benachbarten Feindes. Und als der Vater solche Neigung verfluchte, da entfloh der junge Ritter und trat bei dem Müller der nahen *Sattelmühle* in Dienste.

Auf geheimem Wege tat er dies dem Fräulein von Erfenstein kund und allabendlich trafen sich die beiden Liebenden bei einem Gang durch das Tal. Wie heimlich auch die Sache betrieben wurde, sie blieb doch nicht verborgen. Der Spangenberger hob seinen Sohn auf und war ihn in das tiefste Burgverlies.

II. Von übler Taten Lohn

241. Der Raub der Monstranz

Die *Montforter* galten zum Teil als arge Gesellen. Waren sie auf Raub und Fang ausgezogen, so hatten sie die Hufeisen ihrer Pferde verkehrt aufgenagelt, um so ihre Feinde irrezuleiten. Einst hörten sie, der Abt von Sponheim lasse zu Köln eine kostbare Monstranz von Gold und Edelsteinen fertigen. Nach dieser gelüstete es sie, und wirklich raubten sie dieselbe auf dem Wege nach Sponheim. Dann ließen sie das Geräte in Mainz um schweres Geld verkaufen.

Der Graf von Sponheim, der Schirmvogt des Klosters, erfuhr die Freveltat und beschloss, sie zu strafen. Er überfiel einst die Räuber, die gerade im Dörflein Boos an der Nahe beim Plündern waren. Einer der Montforter wurde gefangen und nach Sponheim gebracht, wo er aber hartnäckig behauptete, er habe keinen Teil am Raub. Abt und Graf forderten einen Schwur auf die Monstranz, und der gotteslästerliche Räuber leistete ihn. So gab man ihn gegen ein geringes Lösegeld frei. Er kehrte nach Montfort zurück und schrieb einen Brief voll Hohn, er allein habe das Kirchenkleinod geraubt. Aber alsbald verdorrten ihm die beiden Finger, die er schwörend auf die Monstranz gelegt hatte. Sein Gewissen erwachte; er hatte fürder weder Ruhe noch Rast und ging endlich in ein Kloster bei Trier.

Die Bewohner des *Montforter Hofes* haben ihn schon oft gesehen und sein Wehklagen gehört in stiller Nacht.

242. Der Raubritter Wynant

Vor langer Zeit lebte in seiner Burg auf dem "Großen Stiefel" bei *St. Ingbert* ein gefürchteter Raubritter mit Namen Wynant.
Er plünderte mit seinen Knechten ganze Warenzüge aus. Die geraubten Schätze verbarg er in den tiefen Höhlen des Berges, wo sie zum großen Teil noch heute ruhen. Die gefangenen Kaufleute aber hielt er so lange im Burgverlies fest, bis Angehörige und Freunde derselben ein schweres Lösegeld erstatteten. Und wurde dies nicht bezahlt, dann ließ der grausame Wynant seine Opfer aufhängen oder gab ihnen sonst auf schreckliche Weise den Tod. „Rennt rasch!", hieß es drum bei den Kaufleuten, wenn sie an der Stelle vorbeizogen, wo ihnen der gefährliche Schnapphahn auflauerte. Davon trägt der Ort, der sich später in der Nähe erhob, den Namen *Rentrisch.*
Viele Jahre trieb der arge Räuber sein Wesen zum Schrecken der ganzen Gegend. Immer wieder gelang es ihm, seinen Verfolgern zu entgehen, ließ er doch seinen Pferden die Eisen verkehrt aufnageln, ehe er zu Raube auszog. Endlich traf auch ihn die Strafe. Er hatte einst ein vornehmes Fräulein aus der Stadt *Saarbrücken* geraubt und auf seine Burg geschleppt, so sie für immer bleiben sollte. Da geschah es, dass der Ritter auf den Tod krank wurde und gar nichts wollte mehr helfen. Nur ungern erlaubte er der Entführten, dass sie nach dem Walde gehe, um Kräuter zu sammeln und daraus eine Arznei zu bereiten. Das Fräulein aber eilte raschen Schrittes nach ihrer Vaterstadt und erzählte alles: von der Krankheit des Wynantsteiners, von der Stärke der Besatzung, von den schwächsten Punkten der Burg. Schnell versammelten sich die erbitterten Bürger der Stadt, verständigten sich mit denen von St. Ingbert und zogen mit diesen und den Bauern aus den umliegenden Ortschaften nach dem Raubneste. Gar bald kamen sie oben an, nicht bemerkt von dem Räuber und seinen Spießgesellen.
Die furchtlose Saarbrückerin ging zum Burgtore und wurde eingelassen. Dann stieg sie in den Turm zur Wohnung des Ritters und gab dem Kranken einen starken Schlaftrank, den sie aus gesammelten Kräutern bereitet hatte. Da schlief der böse Wynant ein. Nun ging's aber unten mit Sturm gegen die Burg. Die Rächer

drangen ein, machten die Besatzung nieder und fesselten den wehrlosen Ritter. Sie erbeuteten reiche Schätze an Geld, Gepäck und Waren. Darauf setzten sie die Burg in Brand, dass sie in einen Trümmerhaufen versank. Der Ritter aber wurde nach Saarbrücken gebracht und daselbst enthauptet.

243. Die Falkensteiner Blutnelken

Der Wanderer, der im Sommer die Trümmer der alten Burgruine *Falkenstein* besucht, findet am Abhang derselben ein Blümchen mit roter Blüte. Im Volksmunde heißt es die Falkensteiner Blutnelke.

Vor Zeiten hausten nämlich auf jenem Schlosse gar blutgierige Raubritter. Sie lauerten den Kaufleuten auf, die vorüberzogen, und schleppten sie nach ihrer Burg, wo sie den Gefangenen ihre Habe wegnahmen. Damit die Beraubten nichts verraten konnten, wurden sie getötet und ihre Leichen über die Burgmauer geworfen.

Das Blut der Ärmsten aber färbte den Rasen des Abhanges, und Gott ließ zur Strafe für diese Freveltaten aus dem Blute das rote Blümchen erblühen. Es sollte die Verbrecher stets an ihre Missetat erinnern.

244. Kaspar von Spangenberg

Einem wilden Ritter mit Namen Kaspar von Spangenberg gelang es in Worms, die Tochter des Kaisers in Liebe zu gewinnen. Er wusste zu gut, dass der Kaiser wohl nie in eine Verbindung seiner Tochter mit ihm einwilligen würde. Drum floh der Ritter mit ihr auf schnellem Rosse zur Nacht nach dem Gebirge und ließ sich durch Handwerker, die er aus der Ferne heimlich mitgenommen hatte, in einem abgelegenen Tale auf steilem Felsen die Feste *Spangenberg* erbauen.

Nach beendigter Arbeit gab er den Werkleuten in ihrer Bauhütte einen großen Schmaus und setzte ihnen mit Wein so wacker zu, dass sie bald trunken waren und einschliefen. Dann zündete er die Hütte an und verbrannte sie mit Mann und Maus, damit ja keine Seele seinen Wohnsitz verraten mochte.

Der Kaiser tat indessen alles, um seine Tochter wieder zu finden. Doch vergeblich. Endlich zog er als gemeiner Rittersmann verkleidet aufs Suchen aus, gefolgt von einigen seiner Leute. Lange irrte er kreuz und quer umher, bis er eines Tages in die Nähe von Spangenberg kam. Aber die Nacht brach herein, und der Kaiser verlor sich in der Dunkelheit von seinem Gefolge. Endlich erblickte er in der Ferne ein Licht, ritt darauf zu und kam vor ein Schloss. Er pochte an und fand als verirrter Ritter Obdach und Pflege. Beim Eintritt in den Saal sah er des Ritters Frau und erkannte in ihr seine Tochter. Spangenberg selbst war abwesend, kehrte aber nach einiger Zeit zurück, und seine Gemahlin schritt ihm entgegen und erzählte, was vorgefallen sei.
Kaspar war es zufrieden, ging in den Saal und aß und trank mit dem Fremden. Man sprach bei Tisch über allerlei, und der Wirt fragte auch seinen Gast, wo er her sei und ob er auch den Kaiser kenne. Dabei fing er an über den Kaiser zu schelten auf jede Art. Der aber schwieg still und schluckte seinen Zorn hinunter. Am andern Morgen nahm der Kaiser Abschied, und nach damaligem Brauche musste ihm Kaspar eine Strecke weit das Geleite geben lassen. Doch bevor der Fremde auf sein Pferd stieg, wurden ihm die Augen verbunden. Einige Knechte führten ihn nun auf Umwegen kreuz und quer, bis sie ihn draußen auf der Ebene hatten. Dort ritten sie mit ihm im Kreise herum, nahmen ihm die Binde von den Augen und sagten ihm, sie seien jetzt zehn Stunden von ihrem Schlosse und müssten nun wieder dorthin zurück.
Aber der Kaiser war auch nicht so da und hatte wohl gemerkt, dass sie ihm nur etwas weismachen wollten. Er sammelte ein Kriegsvolk, suchte das Schloss auf und fand es auch glücklich wieder. Bei Nacht und Nebel ließ er es ganz in der Stille umringen und ritt wieder ans Tor wie beim ersten Male. Der Wächter hatte aber schon gemerkt, wie es stund, sagte es seinem Herrn, und dieser ließ das Tor noch fester versperren. Es half jedoch nichts, der Kaiser ließ nicht nach, bis es eingesprengt war. Wie nun der Kaspar nicht mehr wusste, wohin und wo hinaus, wollte er mit seiner Frau um jeden Preis entfliehen oder sie wollten miteinander sterben. Sie griffen sich bei der Hand und sprangen zum Fenster hinaus, gerade da, wo es an dem Felsen hinuntergeht. Die Frau trug aber ein großes weites Kleid, das schöpfte Luft, und so

kamen beide glücklich zu Boden, ohne sich wehe zu tun. Doch sie hatten sich verrechnet, wenn sie glaubten, entronnen zu sein. Sie wurden sogleich ergriffen und gefangen vor den Kaiser geführt. Kaspar wurde in Worms gehängt, des Kaisers Tochter aber begnadigt. Sie wird wohl, meinte der Erzähler, doch wieder einen vornehmen Herrn zum Gemahl bekommen haben.

245. Das Mordloch

Zu der Zeit, als in unserer Heimat die Raubritter noch ihr Wesen trieben, hatte auch Pirmasens zwei Raubschlösser in seiner Nähe: den *Lemberg* und den *Ruppertsfelsen*. Ihre Besitzer aber lebten beständig in Fehde miteinander.
Einst war der Graf von Lemberg von seinem Vetter zu Hornbach zu einem Turniere eingeladen. Als er daselbst eintraf, fand er auch seinen Todfeind, den Grafen von Ruppertsweiler. Der war aber am andern Tage schon verschwunden und der Lemberger ahnte nichts Gutes. Doch blieb er bis zum Abend. Unterdessen war der Graf von Ruppertsweiler nach dem Lemberg geritten und hatte mit seinen Gesellen das stolze Schloss in Brand gesteckt.
Als nun der Lemberger nach Hause ritt und auf die Huster Höhe kam, sah er seine Burg in Flammen aufgehen. Rasch gab er dem Pferde die Sporen und in vollem Trabe ging's nach dem Schlosse. Von diesem aber führte bis zur Straße ein unterirdischer Gang, den er benützen wollte.
Wie er in die Nähe kam, hörte er Pferdegetrabe und bald sah er einen Reiter, der noch etwas vor sich auf dem Sattel trug. „Das kann nur mein Todfeind sein", dachte er und stieß ihm den Dolch in die Brust. Doch als er sich über sein Opfer niederbeugte, da erkannte er sein Weib und sein einziges Söhnlein, die sich durch den unterirdischen Gang gerettet hatten. Voller Verzweiflung stürzte er sich in sein eigenes Schwert.
Die Unglücksstätte aber, die zwischen Pirmasens und dem *Beckenhof* liegt, nennt man noch heute das *Mordloch* und das Volk will schon oft zur Nachtzeit zwei Gestalten klagend und händeringend dort gesehen haben.

246. Der Mutter Fluch

Ein Graf Heinrich hatte im Taumel jugendlicher Leidenschaft Fehde wider den eigenen Vater erhoben. Allein das Glück verließ seine Waffen, er wurde besiegt und zur Strafe unnatürlichen Frevels in den tiefsten Kerker des väterlichen Schlosses geworfen. Jahrelang büßte der Jüngling in unterirdischer Finsternis und netzte mit Tränen der Reue sein Lager. Doch keine Reue, keine Bitte konnte das Herz des Vaters erweichen; der Schlossvogt hatte sich zwischen Vater und Sohn gestellt und erstickte mit giftigen Einreden jeden aufglimmenden Funken der Versöhnung. Vergeblich war auch alle Fürsprache der Mutter, dem Jammer des Hauses ein Ende zu machen.

Endlich wusste der Vogt einen Befehl zur Ermordung des jungen Grafen zu erschleichen und so mit einem Schlage alle Hoffnungen der Gräfin zu vernichten. Ohne Aufschub ward die ruchlose Tat vollzogen; zu spät erhielt die Gräfin Kunde davon. Ihr Entsetzen war grenzenlos; verzweifelt fluchte sie dem Mörder, sein Haupt solle keine Ruhe auf Erden finden, und das Blut des Frevels solle nie von der Wand des Kerkers verschwinden.

So geschah es auch, und noch heute sind die Spuren des Blutes in einer Turmkammer des Schlosses zu *Lauterecken* sichtbar.

Von der Untat und dem Fluch der Gräfin wird noch immer viel erzählt. So soll ein Mann aus Lauterecken Zeuge gewesen sein, als man den Erschossenen eine Treppe herunterschleifte, wobei er auf jeder Stufe mit dem Kopf aufschlug. Da sagte unser Zuschauer: „Wie der H ... Schnäppert!“ Doch auch ihn traf die Strafe: Seine Kinder und Kindeskinder mussten fortwährend mit dem Kopfe nicken und hießen im Städtchen nur die "Schnäpper".

Die Gräfin soll auch Lauterecken selbst verflucht haben und nur auf Teppichen gewandelt sein, um den Boden nicht zu berühren. Alte Leute glauben, dass der Fluch noch heute wirksam sei.

247. Der ewige Fuhrmannsweg

Am südlichen Hange der niedern Höhe, die von Landau nach Speyer hinzieht, gewahrt man im Sommer an manchen Stellen ganz deutlich den *ewigen Fuhrmannsweg*. Das ist ein durch die

Felder gehender Streifen, nicht ganz so breit wie unsere heutige Wagenspur, auf dem die Früchte hinter den nebenan wachsenden weit zurückbleiben. In den Gemarkungen zu *Westheim, Niederlustadt* und *Lingenfeld* hat das der Erzähler selbst gesehen. Die Leute wissen, dass allnächtlich der *ewige Fuhrmann* zur Strafe für eine Freveltat diesen Weg nimmt, wobei er auf einem Wagen sitzt, der von drei Geißböcken gezogen wird. Für immer lastet der Fluch auf ihm und seinem Wege, auf dem fortan nichts wachsen soll. Da, wo der ewige Fuhrmannsweg die jetzigen Straßen und Feldwege schneidet, ist es, wie erzählt wird, zur Nachtzeit nicht recht geheuer.

248. Junker Elz von Wecklingen

Nicht gar weit von *Blieskastel,* im Tälchen von Ballweiler, liegt der Wecklinger Hof, die alte Burg der Junker Elz von Wecklingen. Das Geschlecht derselben erlosch im achtzehnten Jahrhundert und zwar, wie das Volk erzählt, auf folgende Weise:
Der letzte Junker besuchte des Öfteren mit seiner Familie, die protestantisch war, die Kirche zu *Mimbach* auf der andern Seite der Blies. Einmal fuhr nun der Kutscher die Herrschaft über *Blickweiler* zur Kirche. Der Fluss war stark angeschwollen, so dass man die Furt nicht benutzen konnte.
Der Kutscher weigerte sich deshalb überzufahren, der Junker Elz aber befahl es. „Nun denn in Gottes Namen!", sagte der Kutscher. „In des Teufels Namen, fahr zu!", schrie ihn der Junker an. Da sprangen die Pferde in die Flut, die Kutsche schlug um und die ganze herrschaftliche Familie ertrank. Der Kutscher aber konnte sich retten.

249. Die Hand des Toten

Einer von *Randeck* hatte mit seinem Spießgesellen, einem Ritter von *Leiningen,* in Erfahrung gebracht, dass das Kloster *Eußerthal* kostbare Kirchengeräte in Mainz holen lasse. Sie legten sich zur rechten Zeit in den Hinterhalt, überfielen die Klosterknechte und brachten den Raub nach Randeck. Die Täter wurden indes bald bekannt, und es gelang sogar dem Bischofe von Speyer, den von

Randeck in seine Gewalt zu bekommen. Dieser schwur jedoch, er habe keinen Teil am Raube und wurde daher freigelassen.
Als der Ritter nicht lange nachher starb, setzte man ihn vor dem Altare der Randecker Burgkapelle bei. Ein Stein mit seinem Bild und Wappen, flach in den Boden eingefügt, deckte seine Gebeine. Wie nun der Burgkaplan andern Morgens früh die Kapelle betrat, war die Steinplatte geborsten, und die Hand des Toten ragte mit drei erhobenen Fingern - den Anzeichen des Meineids - aus der Spalte hervor. Bestürzt eilte jener von dannen, den Burgherrn zu diesem Schauspiele herbeizuholen. Man legte die Hand in den Sarg und fügte den Stein zusammen. Am nächsten Morgen fand man die nämliche Erscheinung, am dritten Morgen desgleichen. Da endlich gab der Erbe des Toten dem Kloster Eußerthal die geraubten Kirchenschätze zurück und ließ fleißig für den Verstorbenen beten. Von demselben Augenblicke fing die Hand über dem Steine sichtbar zu welken und zu sinken an, bis sie am andern Tage völlig verschwunden und die Spalte des Grabes spurlos geschlossen war.

250. Die unverwesliche Hand

In grauen Zeiten gerieten zwei Waldbesitzer über die Grenzen ihrer aneinander stoßenden Wälder in heftigen Streit. Da deutliche Kennzeichen fehlten, wurde an Ort und Stelle ein Förster als Zeuge aufgerufen, der behauptete, die nötige Auskunft geben zu können. Aber der Gewissenlose war von dem einen der Streitenden, seinem gräflichen Herrn, bestochen. Er schwur einen Meineid mit den Worten: „So wahr ich auf meines Herrn Boden stehe und so wahr der Schöpfer über mir ist, gehört dieser Wald dem Grafen!" Dabei trug er in seinen Stiefeln Grund von des Grafen Gut und in seinem Haare stak verborgen unterm Hute ein Schöpflöffel.
Zwar entging der Förster hernach dem weltlichen Richter. Als er aber gestorben, ins Grab gesenkt und mit Erde bedeckt war, zerbarsten mit großem Gekrache die Bretter seines Sarges und die Leichenbegleitung fuhr erschrocken zusammen. Der Schrecken wurde noch größer, als plötzlich der Boden klaffte und die Hand des Toten schnell in die Höhe fuhr. Alle Bemühungen, sie in das

Grab hinunterzubringen, waren vergeblich. Da erkannte man das Gericht Gottes an dem Meineidigen und löste die Hand zum ewigen Andenken ab.
Unverweslich, wie sie ist, wird sie noch heute in der Kirche zu *Eisenberg* in einem Kästchen aufbewahrt.

251. Die Edelfräulein zu Altdorf

An der Kirche zu *Altdorf* gewahrt man ein steinernes Bild, von dem die Leute des Ortes also erzählen:
In dem ehemaligen Schlosse zu Altdorf wohnten einst zwei Edelfräulein. Die waren über die Maßen geizig; nicht nur blieben ihre Diener ohne Lohn, sie nahmen auch den Altdorfern durch Wucher ihr Geld.
So brachten sie einmal eine arme Witwe um Hab und Gut. Die Unglückliche aber rächte sich an ihnen, verfluchte sie und sprach: „Ihr sollt so lange keine Ruhe finden, bis den Leuten wieder ihr Geld geworden ist." Die Edelfräulein jedoch gaben ihren Reichtum nicht heraus, sondern vergruben das Geld in den Schlossgarten, die jetzigen Schlosswiesen. Bald darauf starben sie und der Fluch der Witwe ging in Erfüllung. In Stein verwandelt stehen sie noch heute am Kirchturm zu Altdorf und schauen auf die Schlosswiesen, wo der Schatz vergraben liegt.

252. Der böse Bischof und der getreue Hutzmann

Bischof Heinrich von Scharfenberg, welchen Kaiser Heinrich IV. auf den Stuhl von *Speyer* gesetzt hatte, schändete oft den Sonntag, vergeudete des Domes Güter und versündigte sich auch sonst noch auf mannigfache Weise. Da erzählte ihm eines Tages ein Priester, es sei ihm einst im Dome, als er im Stiftschor gewesen und mitgesungen habe, eine merkwürdige Erscheinung vor Augen getreten:
Ein alter Mann mit grauen Haaren und zwei Jünglinge kamen ins Chor vor den Bischof, und als sie ihn eine Zeit stumm angeschaut hatten, sprach der Alte: „Bischof, du musst sterben, weil du diesen Ort und dessen Patronin, die Gottesmutter, so oft be-

schimpft hast.“ Hierauf enthaupteten die Jünglinge den Bischof, hieben ihm in den Hals und hängten den Rumpf an das große Kreuz im Chore. Mit Lachen hörte der Bischof diese Erzählung an und nannte sie Wahnsinn.

Als er jedoch zum ersten Male in das Chor zur Vesper ging und hier mit den Priestern stand, da spürte er plötzlich am Halse ein kleines Geschwür, das aber so rasch wuchs und sich über den ganzen Hals ausdehnte, dass der sündhafte Bischof noch in selbiger Stunde ohne Beichte und Abendmahl starb.

Jener fromme Priester, welchem diese Erscheinung geworden, ward nun selber Bischof. Es war Rüdiger, der getreue Hutzmann, in Drangsal und Not des Kaisers bewährtester Freund. Er starb auch im Banne; aber den Stuhlbrüdern, welche in der Nacht an den Kaisergräbern beteten, erschien oft des verklärten Bischofs Gestalt auf ihrem Wege zur Afrakapelle.

253. Das Balkemännel

Vor alter Zeit stahl ein Mann aus *Forst* am Dreifaltigkeitssonntag die Balken eines Wingerts. Während die übrigen Ortsbewohner in der Kirche der Messe beiwohnten, verübte der Gottvergessene seinen Frevel.

Dafür muss er nun alljährlich an diesem Tage das Grab verlassen und zur Stunde der Messe mit einem Bund Wingertsbalken die Gemarkung von Westen nach Osten durchschreiten.

Im Volksmunde heißt der Unselige das Balkemännel.

254. Der Mann im Monde

Ein Mann aus Grethen bei Dürkheim schnitt an einem Sonntag Schlehdörner. Als er einige Zeit darauf starb und an die Himmelspforte kam, wurde er gefragt, ob er frieren oder brennen wolle. Er sagte, er wolle lieber frieren und ward deshalb in den Mond versetzt. Bei Vollmond sieht man ihn am besten, wie er eine Dornwelle auf dem Rücken trägt.

Ähnliches erzählt man in der Gegend von Landau. Den Bündel Rebenzweige, welche man von den Rebstöcken abschneidet, um sie zu säubern, heißt man dort "Rebenhäsel". Damit die Kinder nicht in die Weinberge gehen und Trauben naschen, zeigt man ihnen den Mann im Monde mit dem Rebenhäsel unter dem Arm, welches er gestohlen hat, weshalb er zur Strafe in den Mond verbannt ist.

255. Der böse Müller

Auf einer Mühle bei Ramstein lebte einst ein gar schlimmer Müller. Der soll manch böse Tat auf dem Gewissen haben, sogar mehr als einen Mord, den er um Geldes willen an denen verübte, die bei ihm über Nacht blieben. Als die Sache an den Tag kam, ging er nach Amerika. Wie er aber auf dem Schiff war, fing es plötzlich an zu sinken. Da sagte der Kapitän: „Es ist einer auf dem Schiff, den das Wasser nicht trägt. Es muss gelost werden." „Ihr braucht nicht zu losen", rief der Müller, „ich bin der Mann!" und stürzte sich ins Meer.

Nach seinem Tode aber ging er in seinem frühern Besitztum jede Nacht um und stellte viel Unheil an. Seine Nachfolger mussten ihm alle sieben Jahre ein Paar blecherne Schuhe liefern. Die holte er jeden Abend von ihrem Platz im Schafstall und am Morgen standen sie wieder daselbst. Fand er die Schuhe nicht, so band er drei Stück Vieh zusammen an eine Kette oder die Kühe mit den Schwänzen aneinander. Um solches Unheil zu verhüten, sorgte man gerne für die Schuhe. Das dauerte viele Jahre, bis ein neuer Müller einzog. Der beauftragte einen alten Juden, den bösen Geist des Müllers zu vertreiben. Und es gelang auch mit einer Peitsche, den ruhelosen Frevler ins Fleischackerloch nach Landstuhl zu verjagen.

Der Fluch aber ruhte trotzdem auf der Mühle; sie verfiel allmählich und wurde später ganz abgetragen. Heute erinnert an den bösen Müller, der auch Hans hieß, nur noch die in der Nähe liegende Waldabteilung Hansenweiher.

256. Der Eremit auf dem Rosenberg

Ein Ritter mit Namen Robert geizte nach dem Erbe, das ihm später zufallen sollte, und lehnte sich deshalb gegen seinen Vater Bruno auf. Er machte sogar mit dessen Feinden gemeinsame

Sache und spielte den Verräter: wenn die Abendglocke vom Turm der Burgkapelle ertöne, dann sei alles vorbereitet. Die Verbündeten kamen um diese Zeit, und mit Leichtigkeit ward die Burg genommen. Die meisten Insassen mussten ihr Leben lassen und nur Roberts Vater gelang es zu entkommen. Der unnatürliche Sohn erhielt jetzt das Schloss. Aber seine üble Tat ließ ihm keine Ruhe; Angst und Sorgen quälten ihn und machten ihm trostlose Tage. Dazu kam eine schwere Krankheit, von der ihm niemand helfen konnte.

Viele Jahre waren so vergangen, und den alten Ritter Bruno hatte man seit jenem Überfall nicht mehr gesehen. Noch immer aber wurde Robert von seinen Leiden geplagt. Das klagte er eines Tages seinem Freunde, und der gab ihm den Rat, zu einem fernen Einsiedler zu wallen. Er beschrieb ihm den Weg dahin und die Stätte des Klausners. Die lange Reise aber müsse er zu Fuß zurücklegen, angetan mit dem Bußgewande eines Pilgers.

Robert folgte seinem Freunde und machte sich auf die Fahrt, um bei dem Einsiedler Trost und Hilfe zu suchen. Da kam er nach langer Wanderschaft eines Tages zu einer Stelle im Walde, wo zwischen zwei Tannen ein Kreuz stand. Jetzt hatte er sein Ziel erreicht; so wusste er es aus den Worten des Freundes. Nur noch die Felsenspitze eines Berges, der *Rosenberg* geheißen, sollte er gewinnen; doch seine Kräfte verließen ihn und er sank ermattet nieder. Es kam eine große Angst über ihn, und die Sonne war schon untergegangen.

Da plötzlich vernimmt er den Silberklang eines Glöckleins. Noch einmal rafft er sich auf und schleppt sich mühsam empor zur Hütte des Einsiedlers. Dort kniet er am Altare, und unter Weinen betet und fleht er, der Klausner möge ihn segnen und seine Schuld von ihm nehmen. Und der fromme Eremit legt ihm als Buße für seine Übeltat auf, drei Tage und Nächte in Gebet und Fasten zuzubringen.

Der Ritter tat es gerne, und nach dieser Zeit trat der Einsiedler auf ihn zu und sprach: „Der Herr hat deine Schuld von dir genommen. Deine Seele ist wieder gesund, und deinem Leibe soll Rettung werden. Auch ich will deinen Frevel vergessen und dir meinen Segen geben; denn wisse: ich bin Bruno, dein Vater.“ - Auf dem Rosenberg steht heute eine Kapelle.

257. Das versunkene Kloster

Bei dem Dorf *Niederkirchen* im Ostertale stand einst das Kloster Wyrsweiler. Dasselbe war gemeinsam von drei Schwestern gegründet, die auch die Gotteshäuser zu *Niederkirchen, Oberkirchen* und *Konken* hatten erbauen lassen, weil drei Burschen der Gegend, die ihre Männer werden sollten, bei einem Kreuzzuge umgekommen waren. Das Kloster ward reichlich ausgestattet; aber die Nonnen, die es bewohnten, verfielen in ein sündhaftes Leben und alle Ermahnungen blieben fruchtlos.

Einmal, es war am Vorabend des hl. Advent, da hörte man in der Luft ein heftiges, dumpfes, anhaltendes Sausen. Zugleich erschien ein weiter Nebel, der einem den Atem benahm. Am folgenden Morgen war das Kloster spurlos verschwunden. Noch heute zeigt man den Kessel auf dem Bergesvorsprung, wo es einstmals gestanden.

Über dasselbe Kloster erzählt ein altes Buch, die *Lichtenberger Amtsbeschreibung*, in der Sprache seiner Zeit wie folgt:

Im *Osterthall* über dem Dorf Saall liegt ein rond Weltgen, das Ortte gefell genannt, davon sagt man für wahrhaftig, dass beim selben Weltgen soll ein herrlich schön Kloster gestanden haben, welches untergegangen und in Abgrund versunken ist von wegen des gottlosen und heillosen Lebens, so sie im selben Kloster geführet haben und ist noch heutiges Tages daselbst wohl zu sehen, dass es nicht ohn ist; es muss ein groß Gebäu do gewesen sein, weil der Begriff der Gruben, darein es gesunken, so weitläufig und groß ist. Es ist noch des Orts fast unheimlich und nicht gut doselbst bei Nacht zu wandern, denn die bösen Geister sich bisweilen sehen und mit Geschrei verlauten lassen.

D.
Von Schalkheit und Torheit
(Humoristische Sagen)

Ein Volk ohne Scherz ist unheimlich
wie ein Wald ohne Gesang.
(Johann Rift)

Wer sich nicht selbst zum besten
halten kann,
der ist gewiss nicht von den Besten.
(Johann Wolfgang von Goethe)

I. Von Orts- und Spitznamen

258. Woher die Pfalz ihren Namen hat

en hat der Teufel noch nicht gezoppt und gezerrt, dass er abweiche vom Pfade des Rechten und trete auf den breiten Weg des Übels? Gerade die Besten wählt er sich oft aus und sucht sie durch gleißendes Geld und Gut seinem Dienste gefügig zu machen.

Das musste vor bald zwei Jahrtausenden selbst Jesus an sich erfahren, als ihm der Böse die verlockenden Wunderschätze des Morgenlandes zeigte und zu eigen versprach, wenn er davon ablasse, den Menschen das göttliche Wort zu verkünden. Doch der Herr blieb sich und dem Drange seines Herzens treu, andere zu beglücken, auch wenn er selbst entsagen und großes Leid ertragen müsse.

Da spielte der Teufel seinen letzten Trumpf aus und führte den Heiland im Fluge aus dem fernen Osten herüber ins Abendland, der schönen Donau entlang, über des Schwarzwalds dunkle Häupter und das Silberband des Rheins zur rebenbekränzten Haardt. Wie lag sie da im Glanze des Sommersonnengoldes! Auf anmutiger Höhe, wo jetzt die Ruine des *Hambacher Schlosses* thront und wo dazumal ein bemoostes Felshaupt in die Lüfte ragte, ließen sich der Herr der Hölle und der Sohn des Himmels nieder. Weithin erstreckten sich die goldenen Fruchtgefilde und die kostbaren Rebenhügel des Landes. Das ganze Paradies lag vor ihnen ausgebreitet. „Dies alles will ich dir geben, wenn du niederfällst und mich anbetest.“ So sprach siegesgewiss der Teufel zu seinem auserkorenen

Opfer. Doch Jesus, obwohl tief ergriffen von der Schönheit und dem Reichtum des Landes, gedachte seines göttlichen Berufes und rief mit Entrüstung: „B'halt's!"
Die kurze Antwort gab dem Verführer die Einsicht, dass er sein Spiel verloren hatte, und beschämt und ergrimmt wich er von dannen. Dem Lande aber ward daraus der Name "Palz", der ihm geblieben ist bis auf den heutigen Tag.

259. Wie vier ehemals Guttenbergische Dörfer ihre Namen erhielten

Als die Ortschaften der südlichen Pfalz ihre Namen bekommen sollten, da war oft guter Rat teuer. Einmal handelte es sich um ein Dorf ganz nahe bei Weißenburg. Wie soll es heißen? Die unter der Dorflinde versammelten Bauern und ihre Weiber, die merkwürdiger Weise auch mitreden durften, schrieen alle durcheinander, so dass nichts zu verstehen war. Da rief der Schulz des Grafen Guttenberg, dem die ganze Gegend gehörte, mehrmals laut in die schwatzende Menge hinein: „Ich sag's Euch: Schweigen!"
Er wollte offenbar Ruhe gebieten. Und siehe, die eben noch Erregten riefen zustimmend: „Ja, ja, *Schweigen*!" So bekam das hübsche Dorf diesen Namen.
Den Bewohnern zweier benachbarter Dörfer hatte der Herr von Guttenberg das Land zu Lehen gegeben. Die Bauern des einen Ortes, die heute noch als sehr tätig gelten, sollen so fleißig gewesen sein, dass sie im Sommer kaum mehr vom Felde heimkamen. Vom frühen Morgen bis in die späte Nacht hinein fand man sie draußen bei der Arbeit und bald ging über sie in dem Nachbardorfe das unschöne Wort: „Die v'rrecken noch im Feld." Und die Wohnstätte der fleißigen Landleute erhielt so den Namen *Freckenfeld*.
Zu den Bauern des andern Dorfes aber, denen das Arbeiten weniger Freude gemacht haben soll, sprach der Herr von Guttenberg eines Tages: „So, das ist von nun ab wieder Min Feld." Davon trägt das Dorf den Namen *Minfeld* bis heute. Als einst die Verwalter der Herrschaft ihren Besitz umgingen, kamen sie an die Grenze der Gemarkung Freckenfelds gen Westen.

Da sagte einer: „Hier ist die Schääd." (Als Ausruf für die Ackergrenze dort gebräuchlich.) Seit der Zeit heißt das Dorf an der Freckenfelder Grenze im Volksmunde Schääd, sonst *Schaidt.*

260. Noch zwei andere Ortsnamen

Als unser Herr und Heiland noch auf Erden wandelte, kam er auf seiner Reise durch die Pfalz auch auf den Moschel-Landsberg. Seine zwölf Jünger waren um ihn und es eröffnete sich ihnen auf der Höhe ein herrlicher Ausblick. Sie überschauten das Glan- und Nahegebiet und die Gegenden bis zum Hunsrück und Niederwald und ließen ihr Auge hinschweifen zum gewaltigen Donnersberg. Aber auch die in der Nähe liegenden Dörfer ließ sich der Meister von Petrus, der stets am besten Bescheid wusste, zeigen und nennen. Nur ein kleines, etwas versteckt liegendes Örtchen, wollte den Blicken des Heilands entgehen. Petrus gab sich die größte Mühe, zeigte mit seinem langen Wanderstabe genau nach der Richtung und fragte wiederholt seinen Herrn: „Sieht ersch? Sieht ersch?"
Davon erhielt der Ort den Namen Sitters; die Leute selbst aber sagen noch heute Siehtersch.
Auf ähnliche Weise soll das Dörfchen *Lug* bei *Schwanheim* benannt worden sein. „Das ist alles Lug und Trug", hatte dort Petrus dem fragenden Meister geantwortet.

261. Warum die Pfälzer Krischer heißen

Wie unser Herrgott hott die Welt verstäge losse, sinn halt aach viel Länner nit so gut abgange. Uff e(n)mol kloppt der Petrus mit(m) Schlüssel un ruft: „Uffgebaßt! Jetzt kummt e Pläckel dra(n), ich glaab, deß ziegt: Do wachst so gurer Wei(n), Grumbeere wie dick, Obs die Hüll' un Füll', üwerhaupt: do gedeiht alles!"
O jeh! Jetzt hott's d'r Biererei gebb, deß war arg. Der Petrus kloppt un seggt: „'mol langsam! Do hört mer jo gar nit, wert biet't. Tu doch jeder eenzel sei(n) Gebot mache!" 's hott awwer nix genützt, der Spektakel is weirer gange, so dass der Petrus zugeschlage un gesagt hot: *„Die Pfalz gehört de Krischer!"*

262. Die Sausenheimer "Essel"

In der leiningischen Gegend liegt das Dorf *Sausenheim,* ehemals berühmt durch seine strenge unparteiische Rechtspflege. Hier galt, wie die Blätter der Geschichte berichten, kein Ansehen der Person; ein jeder Frevler wurde durch den Schultheiß nach Recht und Gerechtigkeit und auf die geeignete Art bestraft.
Einstmals traf der Sausenheimer Feldhüter einen Esel, der auf einem fremden Acker graste. Sofort ergriff der pflichteifrige Diener den vierbeinigen Graurock beim Halsbande und führte ihn schnurstracks zum Dorfschulzen. Der erkannte voller Entrüstung des Esels Schuld. Sein Herr, meinte der Schulze, sei zweifellos unschuldig und er könne ihn deshalb auch nicht bestrafen. Der allein Schuldige aber müsse verdienter Weise für sein Vergehen büßen. Schweigend und ohne sich zu verteidigen wanderte der Esel auf 24 Stunden ins Gefängnis, wo er ernstlich über seine Schuld nachdachte.
Die Sausenheimer aber heißen davon die "Essel", welchen Namen sie übrigens mit den Bewohnern vieler anderer Dörfer teilen und ebenso wenig verdienen als diese.

263. Die Oppauer "Dampfnudelstürmer"

Eine Bäurin in Oppau setzte gerade Dampfnudeln in den Hafen, als die Glocken zum Gottesdienste riefen. In der Hoffnung, dass das Gebäck nach beendigter Andacht gar sei, verließ sie das Haus und ging in die Kirche.
Bei der Rückkehr schlugen ihr aus der geöffneten Tür gewaltige Rauchwolken entgegen. Hilfe rufend stürzte sie auf die Straße. Die schnell herbeigeeilte Feuerwehr bewarf die Brandstätte mit wahren Gießbächen. Endlich drang man herzhaft ein und fand - die verkohlten Dampfnudeln.

264. Die Friesenheimer "Eulen"

Ein Bürger Friesenheims entdeckte eines Abends im Schalloche des alten Kirchturmes glühende Funken. Schreckerfüllt alarmierte er die Feuerwehr. Die kam und tat ihre Schuldigkeit. Nach ver-

zweifelter Anstrengung gelang es ihr, den Turm mit kräftigen Wasserstrahlen zu bombardieren.
Da flog lautlos eine Eule davon und der Brand war gelöscht.

265. Annweilers Name und Spottname

Ihren Namen soll die Stadt von Anna, der Gemahlin Barbarossas, haben. Damals war es eine freie Reichsstadt und stand unter dem Schutze der Hohenstaufen. Sie war mit Ringmauern umgeben, die in dem engen Tale kaum Platz hatten. Nur eine einzige schmale Pforte soll an dem Städtchen gewesen sein wie an einem Bockstall, und daher haben die *Annweiler* den Namen "Bocksstaller" bis heute.
Viele wissen die Sache auch so zu erzählen: Einmal wurde die Stadt lange belagert und der Feind hatte beschlossen, sie auszuhungern. Da kleideten sich die Schneider Annweilers in Bockshäute und sprangen auf den Mauern umher. Darüber war der feindliche Hauptmann so überrascht, dass er mit den Worten abzog: „Dieses Nest ist ja ein wahrer Bocksstall.“

266. Der Sammetärmel von Annweiler

Die Stadt *Annweiler* soll in alten Zeiten so reich geworden sein, dass alle Ratsherren Sammetmäntel trugen. Als aber der *Trifels* sank, kam auch die Herrlichkeit des Städtchens bald in Rückgang. An die frühern goldenen Tage erinnerten nur noch die langen Sammettalare des Magistrates, die aber auch immer mehr abgetragen und fadenscheinig wurden und endlich ganz zerrissen waren. Um sie durch neue zu ersetzen reichten die Einkünfte nicht.
Da fasste der Rat den geheimen Beschluss, einen einzigen Mantel aus Sammet herstellen zu lassen. Den mussten alle Ratsglieder der Reihe nach in den Sitzungen anziehen, und wen es gerade traf, der hatte sich damit an das offene Fenster zu setzen. Die Fremden und Einheimischen, die vorübergingen, sollten glauben, sämtliche Ratsherren seien also angetan.
Als aber auch dieser Rock zerrissen war, da ließ man insgeheim einen Sammetärmel machen, den abwechselnd jeder Ratsherr

anlegen und ins Fenster halten musste. Das tröstete die Bewohner der Stadt in den schlechten Zeiten, dass ihr ehrwürdiger Rat noch immer im Sammetstaate saß.
Es soll heutigen Tages nicht ganz ungefährlich sein, durch das Städtchen zu gehen und dabei mit der Hand einige Male über den Ärmel zu streichen.

267. Was der Teufel verlor

Dass der Teufel schon gar manchen geholt hat, ist eine alte Sache. Aber wenige werden es wissen, wie er einmal eine böse, böse Stadt auf einen Schlag in seinen großen Sack steckte, um sie samt allem, was darinnen war, in die Hölle zu schleppen. Ob es sich dabei um einen pfälzischen Ort handelt, ist heute nicht mehr bekannt. Soviel aber weiß man, dass der Böse mit seiner Beute den Weg über die Pfalz nahm. Als er nun den *Hohen Bühl* bei *Alsenborn* überflog, streifte der Sack den Gipfel des hochragenden Berges und erhielt dabei einen tiefen Riss. Ein Haus nach dem andern fiel heraus und blieb auf freiem Felde und zwischen grünen Wäldern liegen. Wer heute dort hinkommt, so wird erzählt, findet das weit bekannte *Karlsberg* mit seinen schmucken, zerstreuten Wohnungen.
Auch den *Garten-* und *Nackterhof* in der Nähe dieses Ortes verlor der Teufel bei seinem weitern Fluge auf gleiche Weise. Doch endlich musste er es merken, dass sein Sack leichter geworden war, sah nach und gewahrte zu seinem Ärger den Riss und seinen Verlust. Sollte er den Schaden ausbessern und das Verlorene wieder auflesen? Er hatte große Eile, aber noch größeren Zorn und leerte drum mit einem Male den Rest, der nicht gerade der beste gewesen sein soll, auf den Boden. So erzählen böse Mäuler und sie fügen hinzu, wenn man heute an die Stelle komme, so finde man das eng aneinander gebaute, dicht zusammen liegende Dorf *Neuleiningen*.
Wir aber glauben nicht an diese Teufelsgeschichte und die Karlsberger und Neuleininger erst recht nicht.

II. Von Streichen und Schwänken

268. Der Hofnarr von Münster

Kloster *Münster-Dreisen,* auf dem rechten Ufer der Pfrimm zwischen *Standenbühl* und *Dreisen* gelegen, kam mit der Zeit in den Besitz der Fürsten von Nassau-Weilburg. Diese schlugen hier ihre Sommerresidenz auf.

Nun begab es sich, dass die Fürstin zu Münster weilte, während ihr Gemahl auf dem Schlosse zu *Kirchheimbolanden* auf den Tod krank darniederlag. Immer schlimmer lauteten die Nachrichten, die über das Befinden des Fürsten nach Münster drangen. Da verschloss sich die Fürstin in ihre Gemächer und verbot der Dienerschaft unter Todesstrafe ihr zu sagen, dass ihr Mann gestorben sei. Der Kranke starb. Kein Diener hatte das Herz, die gefürchtete Mitteilung zu machen. Da kam der Hofnarr auf den guten Gedanken, ihr es mit andern Worten beizubringen. Er trat vor sie hin und sprach: „Dein Alter is' gemarixelt *) worr'." Das zu sagen war nicht verboten, der Hofnarr erhielt keine Strafe und die gestrenge Herrin wusste die Wahrheit.

*) das ist ein in der Gegend gebräuchliches scherzhaftes Wort für töten, abmurksen

269. Der Pfarrer von Grumbach

Ein sonderbarer Herr scheint der Pfarrer von Grumbach gewesen zu sein, von dem die Leute in der Gegend gar viel zu erzählen wissen,

und ebenso merkwürdig waren wohl auch seine Predigten. Sehr häufig wurde er Samstags von dem Wild- und Rheingrafen auf das Schloss befohlen, damit er mit ihm die Nacht durchschwelge. Der fromme Gottesmann ging dann vom Gelage aus zur Kirche.
Einmal wettete er mit dem Grafen, dass er über jeden Text, den er auf der Kanzel vorfände, predigen könne. Da ließ ihm der Rheingraf ein weißes Blatt hinlegen. „Hier ist nichts", sagte der Pfarrer, die eine Seite des Blattes, „und da ist nichts", die andere betrachtend, „und aus nichts hat Gott die Welt geschaffen." Hierauf predigte er über die Schöpfung.
Ein ander Mal saßen der Pfarrer von Grumbach und der Rhein- und Wildgraf in dessen Schloss beim Kartenspiel. Da geschah es, dass der Pfarrer eine besonders gute Karte bekam. Er spielte aus, indem er dreimal heftig auf den Tisch schlug: „Trumpf, Trumpf und abermals Trumpf." Der Rheingraf bot ihm eine große Belohnung, wenn er dieses am Sonntag auf der Kanzel wiederhole.
Und richtig! In seiner nächsten Predigt zog der Pfarrer gehörig über die Völlerei und Schwelgerei los, die auf dem Schlosse herrsche, und sagte: „Da sitzen sie die ganze Nacht beim Kartenspiel und da heißt's nichts als: Trumpf, Trumpf und abermals Trumpf!" Bei diesen Worten schlug der Pfarrer dreimal gehörig auf die Kanzel.
Wieder an einem Samstag hielten die Grafen den Pfarrer nach einem wüsten Gelage die ganze Nacht im Schlosse zurück, damit er sich nicht auf seine Predigt vorbereiten könne. Am andern Morgen gingen sie alle in die Kirche, um sich an seiner Verlegenheit zu weiden.
Der Pfarrer aber bestieg die Kanzel und fing an zu predigen: „Ich bin voll! Ich bin voll; aber nicht voll süßen Weines wie die Grafen von Grumbach, sondern voll des heiligen Geistes!"

270. Die dicke Landgräfin

Landgraf Friedrich Joseph von Hessen-Homburg war verheiratet mit einer englischen Prinzessin, einer Dame von ungewöhnlicher Körperfülle. Als großer Freund militärischer Spielereien errichtete er im Oberamte *Meisenheim* eine Miliz zu Fuß und zu Pferd.
Einmal hatte er längere Zeit in seinem Schlosse zu Meisenheim

verweilt und es sollte die Rückreise nach Homburg angetreten werden. Die gesamte Miliz stand unter den Waffen. „Präsentiermarsch!", lautete der Befehl, als die Herrschaften den Wagen bestiegen. Da geschah es, dass ein Trommler dem Befehl nicht Folge leistete. Starr hing sein Blick an der einsteigenden Landesmutter. „Kerl, warum trommelt Er nicht!", schnauzte ihn sein Leutnant an. „Herr Leutnant", lautete die Antwort, „do kann der Deiwel die Trumm schlahn, wann so e Maschin insteiht."

271. Der Trunk aus dem Stiefel

Auf *Rheingrafenstein* im großen Festsaale zechte einst zur Nachtzeit eine Schar von Rittern, unter denen mancher seinen Mann zu stellen wusste. Als des Weines gar zu viel floss, ließ sich auf einmal der Burgherr im Scherz vernehmen: „Wer diesen Stiefel, den mir jüngst ein Kurier zurückließ, mit einem Zuge leert, dem sei Dorf Hüffelsheim zu eigen." Und mit eigener Hand füllte er den Stiefel bis obenan. Niemand wagte den Schluck.

Da rief Boos von Waldeck, der all sein Hab und Gut vertrunken hatte: „Herr Rheingraf, so Ihr mir Brief und Siegel gebt, leere ich den Stiefel." Und als die Urkunde fertig gestellt, lehnte sich Boos in seinen Sessel zurück und leerte den Stiefel in langen, tiefen Zügen. Darauf sah er sich vergnügt im Kreise um und fragte den Burgherrn: „Herr Rheingraf, ließ der Kurier nicht auch seinen zweiten Stiefel zurück? Gar gern ich mir auch Dorf *Roxheim* verdient hätte." Und alles lachte und pries den glücklichen Boos.

Andere wissen zu erzählen, der Ritter sei tot vom Stuhle gefallen mit dem Rufe: „Ich tat es für Weib und Kind!" Den Rheingrafen aber hat ein ewiger Vorwurf gequält, den er auch dann nicht los ward, als er dem Erben des Ritters das Dorf Hüffelsheim abtrat.

272. Der durstige Abt

Einen trunkfesten Abt hat das Kloster *Disibodenberg* einmal besessen. Derselbe war dem Wohlleben ergeben und drückte die hörigen Bauern mit Fronden und Steuern. Als sie den Druck nicht mehr zu ertragen vermochten, rotteten sie sich zusammen und nahmen das Kloster mit gewappneter Hand.

Entsetzt flohen die Mönche; nur der Abt blieb zurück. Schwer bezecht lehnte er im Abtsstuhle des Refektoriums. „Ha, wir wollen dir einen Weinzehnten zahlen, dass du genug hast!", schrie die Menge. Man schleppte ihn in den Keller und steckte ihn in das allergrößte Fass.
Des andern Tages erschienen die benachbarten Ritter und vertrieben die Empörer. Auch die Mönche fanden sich wieder ein. Mit Schaudern vernahmen sie die Trauermär. Als sie aber in feierlicher Prozession in den Keller zogen, um den teuren Leichnam zu holen, vernahm man dort unheimliche Töne. Allen standen die Haare zu Berg. Der Pater Exorzist musste herbei, um sein Werk zu verrichten. Dann erst öffnete man das Fass. Es war leer getrunken bis auf den letzten Tropfen. Behaglich schlafend lag der Abt da und schnarchte gewaltig.
Die gleiche Sage erzählt man auch von einem Abte von *Sponheim*, einem Ritter von Schloss *Böckelheim* und einem Rheingrafen von *Grumbach*.

273. Der Weinkampf zu Wachenheim

Auf Kloster *Limburg* bei Dürkheim wohnte einst ein Abt, der war ein sehr gelehrter Herr. Er konnte mehr als Brot essen und hatte in seiner Gelehrsamkeit sogar herausgebracht, dass der Wein zum Trinken gewachsen sei. Täglich saß er dahinter, und immer wieder gelang es ihm, seinen Humpen bis auf den Grund zu erforschen. Es war ihm ein leichtes, von jedem Tropfen genau zu bestimmen, wo er gewachsen sei, und ebenso von den besten Weinen die größten Mengen zu sich zu nehmen. Wie es aber nun einmal so geht, ein Weinwirt im nahen *Wachenheim* wurde dem Abte ein wenig neidisch, weil dieser ihm im Trinken über sein sollte.
Da begab es sich, dass eines Tages der Abt bei seinem Neider Einkehr hielt, allwo schon eine lustige Schar hinter den Humpen saß. „Jetzt oder nie!", dachte der Wirt. „Heute muss es ausgetragen werden." Und er wandte sich an seinen neuen Gast mit den Worten: „Herr Abt, mir will's nicht in den Sinn, dass Ihr im Trinken mein Meister seid. Drum sei heute die Probe gemacht! Liegt Ihr zuerst unterm Tisch, dann ist mein Wingert auf ewig

frei vom Zehnten. Doch wenn Ihr mich bezwingt, dann will ich ihn *doppelt* leisten, und der Wingert soll Euer eigen sein."
„Recht so!", sagte der Abt. „Es gilt! Ihr Männer von Wachenheim seid unsere Zeugen, und frei ist für euch heute der Trunk. Lasst euch die Humpen füllen! Wir aber, Herr Wirt, trinken aus einem größeren Maß. Zwei Kannen her!"
Da gab's nun ein fröhliches Gelage, und der Kellerbursche musste sich fast die Beine ablaufen. Bald merkte man an so manchem, dass der Wein seine Wirkung tat, und auch der Abt hatte schon so einen kleinen Spitz und seine Äuglein schauten selig in die Welt. Immer fest aber stand noch unser Wirt, und es schmeckte ihm noch so gut wie am Anfang. Gerade brachte der Küfer seinen Herren ein frisches Viertel, da - plumps - liegt unser guter Abt unterm Tisch. Die andern schleppten ihn ins Bett, und als er am nächsten Mittag erwachte, da war der Zehnte verloren, und eine hübsche Summe Geldes schuldete er obendrein dem Wirte für den vertilgten Trank. Der Sieger aber lachte sich heimlich ins Fäustchen. Im Städtchen jedoch ging bald die Rede, der Wirt sei beim Wettkampfe nicht so ganz ehrlich gewesen. Wir wissen's nicht. Muss man den Wirten auch immer gleich Übles nachsagen?

274. Der Gescheideste

Es wird erzählt, bei einer großen Volksversammlung in *Neustadt* sei einmal gesagt worden, dass der Gescheideste seinen Kopf verlieren müsse. Da liefen alle Neustadter eilends davon, denn jeder hielt sich für diesen Unglücklichen.
Andere berichten, während der Französischen Revolution sei ein General über List und Verrat der Neustadter so erzürnt gewesen, dass er befahl, die drei gescheidesten Leute zu hängen. Als das bekannt gemacht wurde, lief die ganze Stadt davon, weil jeder glaubte, er sei einer von den dreien.

275. Des Pfalzgrafen Hirschjagd

Die Bürger von *Neustadt* waren einmal mit ihrem Pfalzgrafen unzufrieden und weigerten sich daher, eine von ihm entsandte Besatzung aufzunehmen. Ihn selbst jedoch, der die Irrung zu heben kam, empfingen sie mit großen Ehrenbezeugungen an ihrem Tore und geleiteten ihn zum Quartier. Und um noch weiterhin zu zeigen, dass sie nicht ihm, sondern nur einigen seiner Forderungen abhold wären, gab der Stadtrat ein glänzendes Gastmahl.

Dem erlauchten Herrn gefiel es, lange bei Tafel auszuharren und sich mit seinen Wirten aufs freundlichste zu unterhalten. Er blieb auch mit ihnen im schönsten Einvernehmen, bis er auf die strittige Sache zu sprechen kam. Da schüttelten die hochweisen Herren insgesamt die Köpfe und lehnten alle Vorschläge des Pfalzgrafen ab, soweit es sich um die Sendung einer Besatzung handelte. Der Fürst ließ die Angelegenheiten ruhen und blieb im Gespräche so heiter wie zuvor.

Nach längerer Zeit aber stand er auf und sprach: „Ich gehe jetzt ein Stündlein hinaus zum Jagen, da ich in der Nähe einen Hirsch weiß, und komme dann wieder zu euch zurück. Seid indes recht vergnügt!" Jede Begleitung verbat er sich, und so blieben die Herren beisammen und ließen sich den Wein trefflich munden. Nicht weit von der Stadt jedoch lag hinter einer Anhöhe ein starker Trupp Soldaten; zu diesen begab sich jetzt der Pfalzgraf, um sie in der Stille und unter dem Schutze der Nacht nach der Stadt zu führen. Da man ihn hier bald wieder zurückerwartete, auch an nichts weniger als einen Überfall dachte, so war das Tor noch offen. Die Mannschaft drang ein, besetzte dasselbe und umringte nachher das Haus, worin ein hochweiser und fürsichtiger Stadtrat noch bankettierte.

Darauf trat der Pfalzgraf an der Spitze von Bewaffneten in den Saal mit den Worten: „Der Hirsch ist gefangen, Neustadt besetzt, der Handel aus!" Was da die Herren für Augen machten! Aber die Schnurrbärte hinter dem Pfalzgrafen ließen keine unfreundliche Miene aufkommen. Die wohlweisen Herren fügten sich gern und wurden dann in Gnaden entlassen.

276. Der Reiterlud von Iggelheim

An einem hübschen Morgen des Spätherbstes 1603 war in dem kurpfälzischen Dorfe *Iggelheim* alles in gespannter Erwartung. Der Kurfürst, Friedrich IV., hatte eine große Jagd in dem schönen

Eichenforst ansagen lassen, der noch heute "das Lustjagen" genannt wird. Und als die Stunde der Ankunft nahte, da stand im "Jagdhof" - so hieß das Jagdschlösschen am Ende des Dorfes - alles bereit, den Landesherrn nach Gebühr zu empfangen. Auf einmal hieß es: „Sie kumme! Sie kumme!" Aller Augen richteten sich gegen eine Waldöffnung, aus welcher soeben der Kurfürst mit seiner Gemahlin Juliane und seinem Gefolge hervorgeritten kam. In scharfem Trabe erreichten sie den Jagdhof, und schon wollte der alte Pfarrherr des Dorfes das fürstliche Paar mit einer Ansprache begrüßen, als von der andern Seite ein merkwürdiger Reiter herangesprengt kam und gerade dem Kurfürsten entgegen. Es war der Lud, eigentlich Ludwig Zickramfft und nach seinem heutigen Ritt für immer der *Reiterlud* geheißen.

Eine Frau des Dorfes hatte in der Eile den Schweinestall nicht gehörig verriegelt, und der Inwohnerin gelang es, ins Freie zu kommen. Der zehnjährige Lud, der von seinem Vater rasch noch einmal heimgeschickt worden war, kam gerade vorbei. Da rief ihm ein loser Schalk des Ortes zu: „Lud, huck dich druff unn reit veer!"

Der war nicht faul und befolgte den schlimmen Vorschlag. Er hielt sich an den langen Schlappohren des Tieres fest, und es gefiel ihm anfangs gar nicht übel auf seinem borstigen Gaul. Als dieser aber plötzlich um die Ecke des Schulgartens bog und geraden Laufs dem Jagdhof zueilte, da wackelte nicht nur des Pferdes Schwänzlein, sondern auch des Reiters Herz. Das Tier sprang bis vor die Pferde der hohen Herrschaften, wandte sich dann rasch um und warf den kleinen Lud in den Sand.

Alle Zuschauer und auch der Kurfürst und seine Gemahlin brachen in ein lautes Gelächter aus. Nur einer lachte nicht, der Ortspfarrer, der gerade den Empfangsgruß sprechen wollte und nun nichts weiter hervorbrachte als einige Worte der Entschuldigung. Doch der Kurfürst ließ ihn gar nicht ausreden und sagte: „Lasst das gut sein! Der Bube soll nur auch einmal bei der Kurpfalz ein rechter Reitersmann werden!"

Der kleine Ludwig hatte sich indes aus dem Staube gemacht, und als sein Vater nach Hause kam, da wurde der kecke Reitersmann mit ungebrannter Asche eingerieben. Zu seinem Schaden hatte er aber auch noch den Spott, denn als er wieder auf die Straße kam, da riefen die Kinder: „Lud, Lud, Reiterlud!“ und der Name verblieb ihm bis an sein Ende. Doch auch der Anstifter, der dem kleinen Ludwig die tolle Reiterei zugemutet hatte, erhielt seine Strafe. Er wurde vor die Dorfältesten geladen und dort ernstlich ermahnt, die Jugend nicht mehr zu bösen Streichen zu verführen.

277. Die Kugeltaufe zu Ebernburg

Nach dem unglücklichen Ende Franzens von Sickingen zog der Erzbischof Richard von Greifenklau vor die *Ebernburg* und beschoss sie vom Geierfels her, einer Vorhöhe des Rotenfelsen.
Wie nun die erste Stückkugel in die Ebernburg einschlug, da ersuchte ein Landsknecht den Schlossprediger Sickingens, er solle die Kugel taufen. Nach dem Glauben der Landsknechte wäre dadurch die Burg unüberwindlich geworden.
Der Schlossprediger aber weigerte sich, eine solch gotteslästerliche Handlung vorzunehmen. Der Landsknecht wurde darüber so wütend, dass er mit seinen Kameraden den armen Geistlichen ergriff und in die Mündung eines Mörsers steckte, um ihn in die Luft zu schießen. Zweimal versagte das Zündkraut. Da bemerkte zum Glück der Hauptmann noch zur rechten Zeit, wie zwei Beine aus dem Mörser herausragten. Er zog den geängsteten Mann heraus. Der aber sprang sofort auf und brach in die herzhaften Worte aus: *„Und ich will sie dennoch nit täfen.“*

278. Der pfälzische Eulenspiegel

Zwei Stunden von der alten Reichsstadt Speyer liegt das ehemals zweiherrische Dorf *Iggelheim.* Zur Hälfte gehörte es der Kurpfalz, zur Hälfte den Grafen von Leiningen an.
In diesem Dorfe lebte vor mehr als 150 Jahren ein Mann mit Namen *Johannes Hott.* Der war ein Erzschalk und es fehlte ihm nichts als ein Geschichtsschreiber, der die vielen Lumpenstückchen aufzeichnete, die er allerorten ausführte, wohin er kam. Seines Gewerbes war er Musikant und hatte sein Geschäft auf Kirchweihen, Hochzeiten und ähnlichen Festen. Aber das zweiherrische Iggelheim war ihm viel zu klein. Er ging deshalb auf die umliegenden Ortschaften und kam so über Landau und

und Germersheim hinaus. Da spielte er auf dem Hackbrett und auf der Bassgeige und unterhielt alt und jung mit seinen Späßen und Streichen.

Hott hatte in *Mussbach* einen guten Freund, der war ein Jude und hieß Itzig. Derselbe half dem Hott einmal aus der Not, wie das bei Handelsleuten so vorkommt und Hott war nicht undankbar und dachte bei sich: „Itzig, das vergelt' ich dir!"

Zog nun Hott einmal nach Edenkoben, um seine Kollegen dort selbst zur Kirrweiler Kirchweihe abzurufen. In Neustadt begegnete er dem Itzig und fragte zu ihm: „Itzig, heunt Nacht schlag' ich dir die Fenster ein!" Itzig wusste, dass Hott auf der Kirchweihe in Kirrweiler zum Tanz aufspielen werde; drum schenkte er seiner Rede keinen Glauben und ging unbesorgt nach Hause. Hott legte sich nach beendeter Tanzmusik mit seinen Kameraden aufs Stroh, um sich von des Tages Mühen und Beschwerden zu erholen. Als aber die andern fest schliefen, stand er auf und lief wie der Wind nach Mussbach, klopfte dem Itzig am Laden und rief: „Itzig, jetzt schlag' ich dir Läden und Fenster ein!" Und er ging in des Nachbars Hof, holte sich eine Axt und zertrümmerte Fenster und Läden. Schnell, wie er gekommen war, lief er wieder nach Kirrweiler zurück und legte sich zu seinen Kameraden aufs Stroh. Am andern Morgen stand er mit ihnen auf, als ob nichts geschehen wäre.

Der Itzig aber machte Anzeige beim Oberamte zu Neustadt und Hott wurde vor Gericht geladen. Da er jedoch keinen guten Rock hatte, so ging er zu dem Itzig und bat ihn, weiß Gott unter welchem Vorwand oder Versprechen, ihm doch einen guten Rock zu leihen, sonst könne er nicht vor Gericht erscheinen. Itzig holte aus dem Schrank einen schönen, schwarzen Rock und Hott schlüpfte hinein. Dann gingen sie nach Neustadt und traten vor den Richter.

Hott leugnete hartnäckig und berief sich auf seine Kameraden und die beschworen einmütig, dass er in selbiger Nacht nicht von ihrer Seite gekommen sei. Es half dem Itzig nichts, wenn er erzählte: „Er hat mir selbst zuvor geklopft und gesagt: „Jetzt schlag ich dir die Fenster ein!" und des Nachbars Axt war noch im Hofe gelegen." Der Hott aber ließ nichts gegen sich aufkommen und sprach: „Dem die Axt gehört, der wird auch die Fenster eingeschlagen haben." Und zu dem Herrn Oberamtsschreiber gewandt fügte er noch hinzu: „Ihr seht nun, was für ein Kerl der Itzig ist. Der wäre imstande und tät' auch sagen, der Rock da wäre sein!" „Gottes Wunder!", schrie der Itzig, „ist er nicht mein? Habe ich dir ihn nicht geborgt?"

Es nutzte aber alles nichts; der Itzig wurde abgewiesen und ausgelacht und der Hott ging nicht nur frei aus, sondern hatte obendrein noch einen guten, schwarzen Rock.

II. Vom pfälzischen Schilda

279. Das Eselsei

Nach Pfalzschilda *) kam einst ein Butterhändler mit einem Kürbis. Auf die neugierige Frage, was das sei, erwiderte der schlaue Händler: „Das ist ein Eselsei." Und auf die weitere Frage, was das Ei koste, nannte er als Verkaufspreis 36 Kreuzer. Das fanden die Pfalzschildaer nicht teuer und sie fragten deshalb, wie man es anstellen müsse, dass der Esel aus dem Ei schlüpfe. Der Butterhändler, der seine Leute kannte, antwortete: „Das Ei muss der Älteste aus dem Dorfe ausbrüten." Bald war man handelseinig und des anderen Morgens früh nahm der alte Peter das Ei und ging, wie ihm geraten auf den Heilsberg, dort wo der Wald abgetrieben war. Er legte den Kürbis hinter einen Stock, setzte sich auf ihn und fing an zu brüten.

Der gute Peter war des Morgens, so in Gedanken mit dem Eselsei beschäftigt, weggegangen, dass er seinen Hut vergessen hatte. Es war ein heißer Tag und die Sonne brannte dem alten Manne auf den Kahlkopf und ins Gesicht, dass sich Blasen bildeten. Das war ihm nun nicht gerade angenehm; aber von dem Ei ging er nicht hinunter aus Furcht, es könnte kalt werden oder er brüte es faul. In seiner Unruhe lüpfte er sich öfter und sah zwischen den Beinen durch nach dem Ei, ob sich noch nichts von dem Esel zeige. Bei einer solchen Besichtigung kam plötzlich der

*) so wollen wir das kleine Dörfchen Westrich nennen

Kürbis ins Rollen und rollte den Berg hinunter in einen Haselnussstrauch. Aus dem sprang erschreckt ein Hase und der alte Peter, der glaubte, das sei der junge Esel, lief diesem nach und rief fortwährend: „Ei, Hutschelche, Hutschelche, kennst du deine Mutter nicht?"

280. Das neue Schulhaus

In Pfalzschilda hält man etwas auf Bildung und die Kinder müssen dort ebenso wie sonst zur Schule gehen. Da aber einst das alte Schulhaus zu klein geworden war, beschlossen sie ein neues zu bauen und das sollte so schön werden wie keines in der Umgegend war. Als der Bau fertig stand, da hatten die Bauleute, wie das manchmal so geht, die Fenster vergessen und es war stockfinster in dem Hause.
Nun wussten sie nicht, wie sie den Tag hineinbringen sollten. Die Ältesten gingen zusammen, um zu beraten, auf welche Weise man dem Übel abhelfen könne. Da fiel ihnen ein, sie wollten Säcke nehmen und den Tag hineintragen. Sie haben auch einen ganzen Tag Tag in die Säcke und in das Schulhaus getragen, und obwohl das ganze Dorf dabei geholfen hat, blieb es doch dunkel in dem schönen Bau.

281. Der englische Schneider

In unser Schilda-Dörfchen kam einst ein Mann mit einem Krebs. Da fragten die Frauen, die auch dort neugieriger sind als die Männer, was das wäre, und der Fremde macht sie weis, es sei ein englischer Schneider. „Wenn man den auf ein Stück Tuch setzt", sagte er, „und schneidet mit der Schere nach, so wie der Schneider geht, so sind die Hemden oder was es sonst geben soll, fertig." „Da lässt sich viel Geld sparen", meinte die klügste der Frauen und sie legten zusammen und erwarben den englischen Schneider um den Preis von drei Gulden. Der sollte nun auch seine Kunst zeigen und es wurde sogleich ein schönes Stück Tuch auf die Wiese gezogen und der Schneider darauf gesetzt. Genauso wie er krabbelte, schnitt ihm die Frau mit der Schere nach, und als sie am Ende war, da hatte sie das ganze Stück zerschnitten.

Als sie das merkte, fing sie an weidlich zu schimpfen und die anderen halfen auch mit, schon wegen der drei Gulden. Es kamen nun noch mehr Frauen hinzu und sie hielten Rat, was sie mit dem englischen Schneider anfangen sollten. Endlich beschlossen sie ihn in den Bach zu werfen und zu ertränken, was sie auch getreulich ausführten. Der ungeschickte Schneider nahm zwar keinen Schaden und auch der Fremde hatte zu seinem Glück längst das Dorf verlassen.

282. Die Adjunkten-Wahl

In unserem Dörfchen hatten sie Gemeinderatswahl und durften zum ersten Male einen Adjunkten wählen. Da waren sie nun recht übel dran; denn sie wussten nicht, wem sie ihre Stimme geben sollten.
Lange beratschlagten sie und kamen schließlich darin überein: „Wir fahren einen großen Haufen Heu zusammen und stellen unsere Frauen hinein, dass man nichts von ihnen sieht als den Mund. Und wer seine Frau am Mund erkennt, der wird Adjunkt."
Nun hatte die Frau des Schweinehirten zu Mittag grünes Gemüse gegessen und dabei den Mund beschmiert. Daran erkannte sie ihr Mann und so wurde der Schweinehirt Adjunkt.
Warum sollte er denn auch nicht?

283. Wie tief ist der Brunnen?

Wieder einmal, da hatten sie in der Schildagemeinde einen Brunnen gegraben, wussten aber nicht, wie tief er ist. Drum wollten sie ihn messen und rieten lange hin und her, wie sie das machen sollten. Endlich wurden sie einig und taten dann, wie sie beschlossen hatten: Der Adjunkt hing sich mit den Händen an den Wellbaum, ein Gemeinderat an seine Füße und so weiter bis nahe zum Boden des Brunnens.
Da rief der Adjunkt, dem die Last zu schwer wurde, so dass er keinen rechten Griff mehr hatte: „Haltet euch fest! Ich muss einmal in die Hände spucken." Und sie taten so, und der Adjunkt ließ die beiden Hände los und alle fielen in den Brunnen.

Der Sagenforscher Friedrich Wilhelm Hebel

Nachwort von Karlheinz Schauder

Friedrich Wilhelm Hebel ist nicht mit dem alemannischen Mundartdichter Johann Peter Hebel zu verwechseln, der in Basel geboren wurde und vor allem in Baden lebte. Der "pfälzische Hebel" stammt hingegen aus Rothselberg, einem Dorf zwischen Kaiserslautern und Kusel. Während der Alemanne mit seinem "Schatzkästlein des rheinischen Hausfreundes" in den Literaturgeschichten verzeichnet wird, hat das Wirken des Pfälzers nur regionale Bedeutung erlangt, obwohl auch er einige grundlegende und wegweisende Bücher veröffentlichte. Unser Hebel sammelte in mühevoller Arbeit pfälzische Sagen und erschloss dadurch einen wesentlichen Bereich der hiesigen Volkspoesie.

Friedrich Wilhelm Hebel wurde am 24. Februar 1875 als Sohn eines Ackerers und Wirtes, des Wilhelm Hebel und seiner Ehefrau Maria Margaretha Henn, geboren. Nach dem Kirchenbuch der protestantischen Pfarrei Rothselberg war er das jüngste von acht Kindern, seine Schwester Anna war 22 Jahre älter. Hebels Vater und Großvater betätigten sich neben ihrem bäuerlichen Erwerb als Gastwirte. Sein Elternhaus ist die in Rothselberg und Umgebung bekannte Wirtschaft Hebel, die sich "Gasthaus zum Spielmann" nannte.

Der Landbub aus dem unteren Lautertal besuchte die Präparandenschule in Kusel und das Lehrerseminar in Kaiserslautern. Nach dem Examen unterrichtete er zunächst drei Jahre in Dansenberg und Odenbach, bis er 1897 als Schulverweser in die Barbarossastadt kam. Hebel heiratete Karoline Katharine Huber, die Tochter eines Lokomotivführers; das Paar hatte zwei Kinder: Marianne

(1902) und Eduard (1904). Der fähige Pädagoge, der durch seine schlichte und aufrechte Art bekannt war, wirkte bis 1923 als Lehrer, danach als Bezirksschulrat für Kaiserslautern-Land. Hebel war Mitglied des Pfälzerwald-Vereins und langjähriger Vorstand des Beamtenheims Karlstal, Vorsitzender der Ortsgruppe Kaiserslautern des Literarischen Vereins und Mitglied der Pfälzischen Gesellschaft zur Förderung der Wissenschaften.

Der literarisch und historisch interessierte Schulmann empfand es als einen Mangel, dass er die pfälzischen Sagen nicht stärker im Unterricht einsetzen konnte, weil sie in den Lesebüchern kaum vorkamen und es keine geeignete Sammlung gab. Dabei enthalten die im Volksmund weitergegebenen Erzählungen doch in besonderer Weise das Charakteristische einer Landschaft und einer vergangenen Epoche. Als die Brüder Jakob und Wilhelm Grimm die von ihnen gesammelten "Deutschen Sagen" 1816 und 1818 in Berlin in zwei Bänden herausgaben, hatten sie es sich daher zur Aufgabe gemacht, neben den Märchen auch die Sagen und Lieder der Deutschen vor dem Vergessenwerden zu bewahren.

Hebel begann nun damit, besonders die Sagen der Pfalz und der angrenzenden Gebiete zu sammeln. Es gab zwar schon einige Versuche in dieser Art, etwa Friedrich Baaders und Laurian Moris' Buch "Die Sagen der Pfalz aus dem Munde des Volkes und deutscher Dichter". Ebenso hatten die Veröffentlichungen von Schreiber, Schöppner, Panzer, Gärtner und Schandein einige Vorarbeit geleistet. Was jedoch fehlte, war eine umfassende Sammlung auf breiter Grundlage, die nicht nur Teilbereiche berücksichtigte.

Hebel nützte die vorhandenen Quellen, indem er die bereits vorliegenden Texte sichtete und auswertete. Vor allem aber begab er sich selbst auf die Suche nach den vielfach entlegenen oder verschütteten Sagen im Land. Er rettete auf diese Weise viel wertvolles Volksgut vor dem endgültigen Verlust. Zudem rief er die Lehrer und Pfarrer sowie die gesamte Bevölkerung zur Mitarbeit auf und wurde von vielen bereitwillig unterstützt. Um die Wende vom 19. zum 20. Jahrhundert kam nach der Industrialisierung und Verstädterung auch der Heimatgedanke wieder verstärkt auf, so dass Hebels Bemühungen auf offene Ohren trafen. Es war

seine erklärte Absicht, die nach den schriftlichen Quellen und dem Volksmund zusammengetragenen Sagen ohne Ausschmückung wiederzugeben.
Um ihren ursprünglichen Charakter zu erhalten, hütete er sich davor, die Texte zu bearbeiten, wie das etwas Geib in "Die Sagen und Geschichten des Rheinlandes" unternommen hatte. In der Adventszeit des Jahres 1905 übergab er das erste Ergebnis seines Sammelns der Öffentlichkeit, gleichsam als Weihnachtsgeschenk an seine Landsleute. Der Band "Pfälzische Sagen", versehen mit Bildern, die den Text unterstreichen und ergänzen, erschien im Verlag von Eugen Crusius, der königlich-bayerischen Hofbuchhandlung in Kaiserslautern. In seinem Vorwort stellte der Herausgeber fest, als echte und eigentliche Volkspoesie sollte die Sage mit dem ihr verwandten Volkslied Gemeingut des ganzen Volkes sein. Hebel hatte den Inhalt des Buches nach regionalen Gesichtspunkten gegliedert. Die "Pfälzischen Sagen" wurden von der Bevölkerung überaus günstig aufgenommen und fanden ebenso in der Presse ein freundliches Echo. Bereits nach wenigen Monaten war die erste Auflage abgesetzt, so dass im August 1906 eine zweite Auflage erscheinen konnte. Mittlerweile wurde Hebels Bemühung auch von höchster Stelle anerkannt: das zuständige bayerische Ministerium empfahl, die Sagensammlung für die Orts- und Schulbibliotheken anzuschaffen. 1908 kam eine weitere Sammlung mit einheimischen Sagen heraus, die auch dichterische Bearbeitungen berücksichtigte, wenn sie sich eng an den Text hielten.
Hebel bekam aus allen Teilen des Landes weitere Funde seiner rührigen Mitarbeiter, so dass er an die Herausgabe einer dritten Sammlung gehen konnte. 1912 veröffentlichte er das, hier im Nachdruck vorliegende, "Pfälzische Sagenbuch", das anstelle der anfänglichen 150 nun 300 der volkstümlichen Dichtungen enthielt. Wiederum folgte Hebel seinem Editionsprinzip, nach dem die Darstellung einer Sage kurz sein und auf jegliches Beiwerk verzichten sollte. In seinem Geleitwort teilte er neueste Ergebnisse der Sagenforschung mit, die zwischen mythischen, geschichtlichen, ethischen und humoristischen Erzählungen unterscheidet. Nachdem er bisher die Texte nach örtlichen Gesichtspunkten wiedergegeben hatte, ordnete er sie nun nach sachlichen und

stofflichen Kriterien. Der Inhalt des Buches war demnach nicht mehr nach Landschaften, sondern nach Motiven gegliedert. Um auch wissenschaftlichen Anforderungen zu genügen, war der Band nicht nur mit einem Ortsverzeichnis ausgestattet, sondern auch mit einem Quellenregister versehen.
Um den Lehrern und Schülern die Begegnung mit dem heimatlichen Sagenschatz zu erleichtern und ihn auch weiten Kreisen der Bevölkerung zugänglich zu machen, brachte Hebel weniger umfangreiche und dafür wohlfeile Sonderausgaben heraus. Diese Volks- und Schülerausgaben tragen Titel wie "Deutsche Heldensagen und geschichtliche Erzählungen aus Bayerns Könighaus", "Deutsche Heldensagen für Schule und Haus", "Pfälzische Sagen, Auswahl aus dem Pfälzischen Sagenbuch". Die Broschüren wurden dazu verwendet, die hiesigen Sagenstoffe im Unterricht der Volks- und Mittelschulen zu behandeln.
1917, mitten im Krieg, veröffentlichte Hebel ein Bändchen über den "Pfälzer Humor in Sprache und Volkstum", das mit einer Umschlagzeichnung von Paul Münch geschmückt war. Nach mehrjähriger Sammeltätigkeit wollte er damit eine der liebenswürdigsten und wichtigsten Seiten der heimatlichen Wesensart aufzeigen. Seine Darstellung handelt von Pfälzer Art und Sprache, von hiesigen Redensarten und Sprichwörtern, Sprüchen und Flüchen. Er erinnert an Inschriften an Häusern und Geräten, bietet einen ganzen Dorfroman in Volksreimen und erzählt, was der Pfälzer isst und trinkt. Weitere Abschnitte beschäftigen sich mit Ortsneckereien und allerlei Berufen, präsentieren Rätselfragen und Scherzantworten, untersuchen den einheimischen Humor in Recht, Sitte und Brauch.
1925 legte F. W. Hebel unter dem Titel "Pfälzische Sagen" eine Auswahl aus den bisherigen Büchern vor. Ein Vierteljahrhundert nach seinem ersten Sagenbuch übergab er im Advent 1930 seine vierte und letzte Anthologie "Pfälzische Sagen, Neue Folge" dem lesenden Publikum. Eine Neuauflage seines Hauptwerkes, das er mit zusätzlichem Material ergänzen wollte, war unter der Bezeichnung "Neues pfälzisches Sagenbuch" geplant. Der 56-Jährige, der schon einige Zeit von einer tückischen Krankheit geschwächt und ans Bett gefesselt war, starb jedoch bereits am 6. Juni 1931 in Kaiserslautern und wurde drei Tage später auf dem Wald-

friedhof beerdigt. Die Zeitschriften "Die literarische Pfalz" und "Pfälzisches Museum", an denen er intensiv mitgearbeitet hatte, brachten ehrende Nachrufe. Nach Hebels Tod dauerte es fast drei Jahrzehnte, bis die fünfte Auflage seiner "Pfälzischen Sagen" erschien. Die Auswahl von 1958 besorgten der Kaiserslauterer Stadtschulrat Lensch und Hebels Tochter Marianne Beck-Hebel. Friedrich Wilhelm Hebel, der bescheidene Sohn des Westrichs, hat mit seinen Sagensammlungen der gesamten Pfalz einen unschätzbaren Dienst erwiesen. Indem er als erster nachdrücklich auf die heimatliche Sagenwelt aufmerksam machte und sich für sie einsetzte, rettet er damit wertvolles und unersetzliches Volksgut. Hebel erhob nicht den Anspruch, alle Texte allein zusammengetragen zu haben, sondern wies stets auf die früheren Veröffentlichungen hin und dankte wiederholt seinen unzähligen Helfern: Pfarrern und Lehrern, Eltern und Kindern für ihre Mitarbeit. Dennoch ist es sein persönlicher Verdienst, als Sammler, Anreger und Herausgeber die pfälzische Volkspoesie für alle Zeiten erhalten zu haben. Er ist vielleicht kein Großer im Reich der Wissenschaften, aber seine Arbeiten liefern einen unverzichtbaren Beitrag zur pfälzischen Volkskunde und Geschichte. Seine Sagensammlungen wurden mit ihrer einfachen Sprache zu echten Volksbüchern, zu Standardwerken des pfälzischen Schrifttums, die den Gedanken der Heimat förderten und vertieften.

Hebels Sammelwerke bilden weitgehend die Grundlage für die späteren Publikationen der hiesigen Sagen, sind Muster und Vorbild für heutige Veröffentlichungen. So etwa für die "Sagen um Kaiserslautern und Donnersberg" von Leopold Reitz, für das Bändchen "Wo es immer noch umgeht" von Helmuth A. Ulrich, für das "Pfälzische Sagenlesebuch" von Helmut Seebach, schließlich für die "Pfälzer Sagen und Legenden" von Viktor Carl, die umfangreichste und umfassendste Sammlung des heimatlichen Sagenschatzes.

Die einheimische Sagenwelt hat nicht zuletzt die Literatur bereichert; nicht nur Leser, sondern auch Dichter schöpften Anregungen daraus. Die Bedeutung dieser Überlieferungen wird daraus ersichtlich, dass nicht nur deutsche Schriftsteller, sondern ebenso Autoren wie Victor Hugo, Lord Byron und James Fenimor Cooper sich damit befassten. Von den Nichtpfälzern, die Gedichte

über hiesige Sagenstoffe verfassten, sind Clemens Brentano, Justinus Kerner, Friedrich Rückert, Joseph Viktor Scheffel, Gustav Schwab, Karl Simrock und Ludwig Uhland zu nennen.
Von den einheimischen Autoren haben in der Vergangenheit August Becker, Christian Böhmer, Martin Greif, Gustav Pfarrius, Johannes Hüll, Fritz Claus und in der Gegenwart Jakob Böshenz, Lorenz Wingerter, Paul Ginthum und Heinrich Kraus in ihren Dichtungen der heimatlichen Sage gehuldigt. So bestätigen diese poetischen Annäherungen gleichfalls den Satz der Brüder Grimm: „Die Kinder glauben an die Wirklichkeit der Märchen, aber auch das Volk hat nicht ganz aufgehört, an seine Sagen zu glauben".

Ortsverzeichnis

Die Ziffern bezeichnen die Sagennummern.